高校社科文库
University Social Science Series

教 育 部 高 等 学 校
社会科学发展研究中心

汇集高校哲学社会科学优秀原创学术成果
搭建高校哲学社会科学学术著作出版平台
探索高校哲学社会科学专著出版的新模式
扩大高校哲学社会科学科研成果的影响力

杨光富/著

国外领导人才
培训模式比较研究

Comparative Study on Training Mode of
Foreign Leaders

光明日报出版社

图书在版编目（CIP）数据

国外领导人才培训模式比较研究 / 杨光富著 . -- 北京：
光明日报出版社，2010.4（2024.6 重印）

（高校社科文库）

ISBN 978 - 7 - 5112 - 0464 - 6

Ⅰ.①国… Ⅱ.①杨… Ⅲ.①领导人员—培训—对比研究—国
外 Ⅳ.①C933.4

中国版本图书馆 CIP 数据核字（2009）第 206520 号

国外领导人才培训模式比较研究
GUOWAI LINGDAO RENCAI PEIXUN MOSHI BIJIAO YANJIU

著　者：杨光富

责任编辑：祝　菲　　　　　　　责任校对：叶乾华　师英杰
封面设计：小宝工作室　　　　　责任印制：曹　净

出版发行：光明日报出版社
地　　址：北京市西城区永安路 106 号，100050
电　　话：010-63169890（咨询），010-63131930（邮购）
传　　真：010-63131930
网　　址：http：// book. gmw. cn
E - mail：gmrbcbs@ gmw. cn
法律顾问：北京市兰台律师事务所龚柳方律师

印　　刷：三河市华东印刷有限公司
装　　订：三河市华东印刷有限公司
本书如有破损、缺页、装订错误，请与本社联系调换，电话：010-63131930

开　　本：165mm×230mm
字　　数：290 千字　　　　　　印　　张：16
版　　次：2010 年 4 月第 1 版　印　　次：2024 年 6 月第 3 次印刷
书　　号：ISBN 978 - 7 - 5112 - 0464 - 6 - 01

定　　价：68.00 元

序

　　鉴于领导人才对于国家及其社会政治经济发展的重要地位和作用，古往今来，尽管各个国家在不同的历史时期社会制度不同、领导与管理体制不同，但都十分重视对领导人才的培养。当前，随着世界多极化和经济全球化、信息化的迅猛发展，人才，尤其是领导人才的竞争已经成为国家重要的综合竞争力，而且当今时代领导人才的素质和能力面临着环境、气候、能源、公共安全、社会矛盾、国际合作等诸多问题的严峻挑战。因此，如何培养和造就数量众多的、高素质的优秀领导人才，成为世界各国重要的战略选择，这必然会促进各个国家培训机构与培训模式的创新发展。

　　2003 年，中共中央决定建立中国浦东、延安、井冈山三所国家级干部学院，以同中央党校、国家行政学院形成互补格局，以创新、完善中国干部教育培训的体系和格局。2006 年，中央又颁布了《干部教育培训工作条例（试行）》，进一步强调干部教育培训必须"创新培训内容、改进培训方式、整合培训资源、优化培训队伍、提高培训质量"。为了更好地贯彻落实中央关于加强干部教育培训的重要精神，从理论上加强对干部教育培训的研究，开发中外历史上领导教育的丰富文化资源，正确总结我们党干部教育的宝贵历史经验，科学分析当前干部教育培训中的重大理论与实践问题，并以宽广的国际视野，学习借鉴当代世界上先进的教育培训理念和培训模式的有益经验，探索创新中国干部教育培训理论，培养高层次的新一代干部教育培训的理论工作者，中国浦东干部学院与华东师范大学于 2004 年共同创建了国内第一个领导教育学博士专业点，杨光富博士是其首届毕业生。他的博士学位论文《国外领导人才培训模式比较研究》在毕业论文答辩时就得到了有关教授的较高评价。现在，在此基础上修改完成的《国外领导人才培训模式比较研究》一书即将付梓，作为他的博士生导师，我为自己学生的学术成果出版而感到欣慰，更为领导教育学专业博士毕业生的第一本专业理论著作问世而感到由衷的高兴。

对于国外领导人才培训机构与培训模式，我国教育界和党校、行政学院等干部培训机构的学者也给予了一定的关注。但是，总体上说还处于初始阶段，概览性的、介绍性的著作居多，缺乏较为系统深入的分析研究，特别是对于培训模式的专题性研究，国内在这方面的学术专著至今未见。因此，杨光富博士的学术专著《国外领导人才培训模式比较研究》一书的出版，显然具有开创性意义，填补了这一领域的空白。该书对美国、法国、新加坡和印度四国的六所学校（学院），即美国哈佛大学商学院和肯尼迪政府学院、法国国立行政学院、新加坡文官学院和李光耀公共政策学院以及印度拉芭斯国家行政学院等院校的领导人才培训模式进行了认真的全面比较研究。应该强调，上述六所院校的培训模式在当今世界的领导人才培训方面比较具有典型性，它们各具自己的办学特色，但同时又有一些共同点和规律性的东西。该书的特点在于：一是对每所学院的发展历史进行了简单的梳理，以增强每一种培训模式发展的历史感，同时揭示了领导人才的培训模式同每一国家的政治、经济、文化等因素的内在联系；二是对各培训模式特点的比较研究视野比较宽阔，内容涉及培训目标、机构设置、功能定位、招生方式、课程设计、师资来源、实习制度、教学方法等问题，故不只局限于培训的方式、方法，而是同时拓展了培训模式的本质与内涵；三是在比较分析的基础上对国外领导人才培训的特点及发展趋势进行了前瞻性的探讨，并密切联系国内干部教育培训的现状，对我国干部教育培训的改革创新提供了有益的启示。

　　《国外领导人才培训模式比较研究》实际上是一个跨学科、跨文化的研究课题，涉及领导学、教育学、管理学、政治学、心理学、传播学等多学科领域的知识，六所学院又分属于不同的国家和地区，具有不同的文化背景、办学理念和办学目标，因此是一件有较大难度的事。作者注重对第一手资文献料的研究，通过网络、期刊、书籍等多种方式，借出国学习考察的机会，广泛搜集西方领导人才教育培训的法律法规、课程设置、师资来源等素材，其中相当部分是外文原版资料，足见其对此是下了一番功夫的，在这基础上又认真研读，悉心分析，归纳其各自的特色，寻找其内在的联系和规律，因此，该著作资料丰富翔实，研究较为扎实，具有较好的学术参考价值，同时也表现了作者的良好学风。当然，这样一个课题对于一位博士生和青年教师来说是一个很大的挑战，自然会有许多不足之处，但敢于探索创新的精神是最为可贵的。

　　我期待着《国外领导人才培训模式比较研究》的出版，因为该书的出版，无论对于中国干部教育理论的创新发展和领导教育学的学科建设，还是对于不同领域和系统从事领导人才教育培训的领导和教学科研人员来说都是一件有意义的事。也希望杨光富博士继续刻苦研究，以新的学术成果来深化本课题的研究，以用它山之石攻玉之精神，继续为中国的领导人才教育培训事业和领导教育学专业的学科建设做出贡献！

奚洁人于中国浦东干部学院

2009 – 12 – 25

目　录

导　言

　　人才的选拔和培训工作是一个国家发展的一项重要战略，因此，如何教育培训人才，特别是高层领导人才，是关系到一个国家兴旺发达，甚至兴衰存亡的一个重要的方面。国外对领导人才的教育培训工作一直都非常重视，为官员的培训工作立法、规章。研究和学习国外领导人才的培训模式，从而选择一条适合具有我国特色的领导人才培训模式，是我国教育理论和实践工作者肩负的一项重要的任务。

　　文官培训是国外领导人才培训的一项重要内容。在西方国家"公务员"被称为"文官"，其英文为 Civil Servant（单称）或 Civil Service（群体）。从词义来看，在英文中的"Civil"可译为"文职的；文官的"，而"Civil Servant"一词英文大辞典的翻译为"（政府中的）公务员、文职人员、文官"①。从法律渊源来看，"Civil Servant"一词最初出现在英国，但它并非基于法律的规定，而是基于"国王的特权"。"Civil Servant"原义为"文职的仆人"，即公务员是"国王的仆人"。在中国封建社会里，大小官吏都是侍侯皇上的人。他们对皇上来说是"仆人"（Servant），但对老百姓来说，却是统治者，在英国也是这样。在近代的英国，由于官吏由国王任命，因此所有国王任命的"官吏"皆为"国王的臣仆"（Crown's Servant），其衣食住行一切生活费用列入宫廷开支，属于国王恩赐②。在英国本没有"官"这个词，"官"（Mandarin）这个词是从中国传过去的，原义指中国清朝做官的人，其释义为："社会上一种享有普通百姓所没有的（或未经法律规定的）特权的特殊人物。"③英国的文官也是一个特殊的阶层，他们有自己的语言（官话）、自己的服装（官服）、

---

　　① 霍恩比著，李北达编译：《牛津高阶英汉双解词典》（第四版），北京：商务印书馆1997年版，第243页。

　　② 周敏凯：《比较公务员制度》，上海：复旦大学出版社2006年版，第4页。

　　③ 李和中：《比较公务员制度》，北京：中共中央党校出版社2004年版，第14页。

自己的住宅（官邸）。因此，我们不把"Civil Servant"翻译为"文职的仆人"，而是译为"文官"，借用了中国的"官"这个词，这是很恰当的。

"文官"的"文"字是什么意思呢。首先，它是相对于"武官"和"法官"而言的。"文官"是相对应于"武官"而言的，"武官"的地位是由政府制定及颁布的法律所规定的，而"文官"的地位是由"枢密院令"所规定的。另外，"法官"的职责是独立行使审判权，不受行政机关干涉，有着区别其他非武职官员的特点。显然，"Civil"一词意为"文职的"，"Civil Servant"意为行政机关的文职官员，这也区别于司法部门的"法官"。其次，文官是"事务官"，区别于"政务官"。西方国家的政府工作人员由两大类组成：一类是政务官，即经选举或由任命而产生的官员，其任期有限，通常随政府的进退而进退；另一类是事务官，即文官，由考试产生的一批职业官员，其去留不受政府更迭的影响，一经择优录用，只要无重大过失，就可长期任职，又称常任文官①。从文官的英文来看，"Civil"还指"事务的、办事的"，不是"决定决策的"。因而，它又是相对于政务（Political）而言的。所以，"文官"也可理解为同"政务官"相区别的"事务官"。

除了文官培训外，国外还特别重视 MBA 和 MPA 等商业和公共管理等领域领导人才的培训工作。在这方面，哈佛大学和李光耀公共政策学院都为我们提供了很好的借鉴。

本书对哈佛大学商学院和肯尼迪政府学院、法国国立行政学院、新加坡文官学院、新加坡国立大学李光耀公共政策学院、印度拉芭斯国家行政学院六所领导人才培训机构的设置模式和功能特色、招生制度、课程设置、师资来源、实习制度和教学方法等几个方面加以研究，同时对国外领导人才培训的特点与发展趋势进行探讨，从一个侧面窥视这四个国家是如何进行领导人才培训工作的，从而为我国领导人才的培训工作的创新提供一个国际的视角。之所以选择这四个国家的六所学院进行研究，其主要的原因是它们具有一定的典型性和代表性。从区域分布上看，分别为北美洲、欧洲、和亚洲。从培训对象来看，既有文官培训，也有商业领导培训及各级各类领导培训。从国家类别来看，既有发达国家，也有发展中国家。具体到这六所学院来看，它们也都有各自的特点与优势。如美国哈佛大学商学院和肯尼迪政府学院在人才培训方面的重要特点是，在教学上通过大量的案例教学，以培训国际一流的商业和行政领导为己

---

① 竺乾威主编：《公共行政学》，上海：复旦大学出版社2000年版，第183页。

任；法国国立行政学院和印度拉芭斯国家行政学院主要是为国家的高级文官招录培训服务，其主要特点是培训和使用相结合，注重学员的实习工作；新加坡文官学院是一所市场化程度较高的培训机构，它是新加坡廉洁高效文官的孵化基地，在课程设置上以大量的短期"菜单式"课程为主，注重文官的法律素养和基本技能的培训；新加坡国立大学李光耀公共政策学院是一所新成立不久的人才培训机构，在人才的培训对象上立足为亚洲地区培养一流人才，同时聚焦亚洲问题的研究。

通过对国外领导人才培训模式的研究，本书旨在对我国赴境外干部培训、师资建设、干部培训机构设置提供一定的启发和思考。

本书由导言、八章正文和结语组成。

第一章着重对美、法、新、印四国领导人才培训制度加以研究，同时对这四国的六所领导人才培训机构的培训特色加以比较。通过研究可以发现，国外从文官制度的建立到对其培训的制度化经历了漫长的时间；另外，一个人才培训机构能在国内外有一定的立足之地，并产生一定的影响，必须办出自己的特色。

第二章主要对这六所培训机构的设置模式和功能特色加以比较。其机构设置模式各不相同，如有以哈佛肯尼迪政府学院为代表的研究机构为主的模式，有以法国国立行政学院管理机构为主的模式，有以印度拉芭斯国家行政学院为代表的院系和研究机构并重的模式等。不管是以哪种模式设置，它们都能坚持把科研和服务放到一个重要的位置，为培训和社会发展服务。

第三章着重对国外领导人才培训的招生方式加以研究。总体来说，国外文官的培训工作是招考和培训紧密结合在一起的。如法国和印度招录高级文官时，就采取招录、培训和分配一体化的模式。另外，哈佛大学商学院和肯尼迪政府学院以及李光耀公共政策学院则采用申请和面试相结合的招生制度，严格限定入学条件，把真正具有领导才干和气质的挑选出来。另外，还有其他的短期培训是采用选派和自由选择的原则。

第四章重点研究这六所培训机构主要班次的课程设置情况和特色。哈佛商学院和肯尼迪政府学院课程资源丰富多样，注重实际应用，切实关注学生的能力培养。新加坡文官学院每年都为社会推出大量的"菜单式"课程，注重学员的法律素养和计算机能力的提高，同时注重学员的公共服务意识的提高。李光耀公共政策学院在课程设置上以亚洲问题为培训的重点，有较强的特色和优势。法国国立行政学院能不断根据社会的变化而不断地调整课程。为了提高其在欧洲及世界的影响力，学院于 2006 年元月正式启用新的学制。印度行政文官的培训课程包括基础课程和专业课程两个部分。主要传授宪法、政治、社会经济和国家法律框架等方面的知识。

第五章重点对国外这六所培训机构的师资来源模式进行比较研究。按照专职、兼职教师的数量关系，可以分为专职教师为主、专职和兼职相互结合以及兼职教师为主的三种模式。哈佛肯尼迪政府学院和李光耀公共政策学院自建院之日起，就着力打造自己的理论和实践复合型的教师队伍。法国国立行政学院教师除体育和外语外，全部采用兼任的形式，由专职的课程协调员负责选聘。

第六章主要对哈佛商学院和肯尼迪政府学院、法国国立行政学院和印度拉芭斯国家行政学院的培训实习制度进行探讨。法国国立行政学院高级文官到重要部门代职实习和印度拉芭斯国家行政学院行政文官地方实习时间长达 1 年，其很多做法很值得我们学习、借鉴。

第七章主要对六所学院常用的讲授法、探究法、案例法、情景模拟法和实习锻炼法等教学方法进行比较。另外，对领导人才培训产生重大影响的哈佛大学商学院案例教学发展历程进行了专题研究。通过研究可以发现，案例教学在法学、医学、工商管理等诸多领域都被成功地应用，这为我国干部教育培训教学方式的创新提供了一个新的视野。

第八章主要对国外领导人才培训的特点和发展趋势进行了探讨。其主要的特点和趋势表现在三个方面：一是国际化——培训机构不断提升其国际影响力；二是个性化——培训内容满足不同培训对象的需求；三是法制化——培训工作做到有法可依。对于法国国立行政学院如何加强与国外培训机构的交流与合作，如何不断地进行改革以提高自己的国际影响力，本章进行了个案研究。

本书的结语部分，主要从国外领导人才培训模式的国际视角，对我国培训机构的部门设置，教学、科研和服务一体化机制以及师资构成等三个方面，对我国干部培训工作进行了借鉴和思考。

第一章

国外领导人才培训概览

国外对领导人才的培训工作一直都非常重视，为官员的培训工作立法、规章。如美国联邦政府于 1883 年设立文官委员会（CSC），负责联邦政府文官培训的管理工作。法国更加重视文官的培训工作，并从法律、机构、投资和设施等方面都给予充分的保障，并形成了鲜明的特色。新加坡文官的培训分为基本、高级、扩展及后续等四个类别，其培训是一个持续不断的过程。印度国家级别的高级文官的培训机构最著名的是印度拉芭斯国家行政学院、印度国家警官学院等。对大多数技术类文官，由相应的某种专业的职业培训机构提供入职和专业培训。另外，从美、法、新、印四国培训机构来说，它们都能结合实际情况，办出了自己的特色，并产生了一定的影响。

第一节 国外四国领导人才培训制度

一、美国文官培训制度

美国联邦政府历来重视文官录用的"专才"倾向和官员职业化的趋势。为此，美国政府非常重视对文官的培训和业务的提高工作，并视之为美国联邦政府人事管理中一项重要的职责。自 19 世纪末文官制度建立以来，美国联邦政府逐渐以法律的形式，将文官的培训系统化和制度化，并形成了一套带有美国特点的培训制度。

（一）文官制度的建立及其分类

在 1789 年至 1883 年《彭德尔顿法》出台期间，美国没有系统的文官制度。当时政府职位很少，都是政治任命。总统上台后，常常把政府的官职分配给本党在竞选中的人员及其亲信，久而久之，形成了政党分赃制。1853 年和 1855 年，国会先后通过两个法律，美国国会通过改革文官法案，内容包括成立全国考试委员会，通过竞考选用官员，对现行政府官员加以分类定位管理等①。1871 年成立了美国历史上第一个独立的文官机构——三人文官委员会，统一负责官吏制度的改革。1877 年，总统海斯命令首先在海关和税务人员中采用考试录用制度，并禁止其参与政治活动。而 1881 年 7 月，加菲尔德总统被刺事件则成为美国政府取消分赃制、实现功绩制的导火线。

1883 年 1 月，国会通过了《文官制度法》，通称《彭德尔顿法》（The Pendleton Act of 1883）。它是美国文官制度的基本法，它"不仅在美国历史上第一次确立了联邦政府人事管理的三项原则，即竞争考试、职务常任（Tenure）原则和政治中立原则，而且将上述三项原则法律化与制度化。"②它的产生标志着美国现代文官制度的初步形成。

在美国，广义的文官是指联邦政府行政机构中和军人相区别的所有政府雇员。立法部门的参议员和众议员、国会的雇员以及司法部门的法官等不在此列。美国的文官分为政治任命官员和职业文官两大类，狭义的文官仅指职业文官③。职业文官属于业务类常任文官，担任政府日常业务工作，其身份受文官法规保护，无重大过失可任职至退休。

（二）文官培训的相关法律

1917 年，美国国会通过了《史密斯—休斯法》（Smith-Hughes Act of 1917），这是历史上第一次由联邦政府出资对文官进行职业培训的尝试④。该法从此"开始了美国联邦政府文官培训管理与建立培训制度的历程"⑤。1958 年，美国国会又通过了《在职文官培训法》（Government Employee Training Act of 1958），该法进一步规定："对在职文官进行培训是联邦政府各机构和部门必须承担的责任和义务"⑥。此后，文官的培训迅速发展，并开始走上系统化和制度化的道路。

---

① 周敏凯：《比较公务员制度》，上海：复旦大学出版社 2006 年版，第 19 页。

② Ronald N. Johnson, et al. , The Federal Civil Service System and the Problem of Bureaucracy: The Economics and Politics of Institutional Change. Chicago: The University of Chicago Press, 1994, p33.

③ 卓越：《比较政府》，福州：福建人民出版社 1998 年版，第 177 页。

④ Jack Rabin, et al. , Handbook on Public Personnel Administration and Labor Relations, New York: Marcel Dekker, Inc. , 1983, p193.

⑤ 石庆环：《20 世纪美国文官制度与官僚政治》，长春：东北师范大学出版社 2003 年版，第 179 页。

⑥ Jack Rabin, et al. , Handbook on Public Personnel Administration and Labor Relations, New York: Marcel Dekker, Inc. , 1983, p194.

1970 年，国会又通过了《政府间人员交流法》（Intergovernmental Personnel Act of 1970）。这一法案不仅规定在职文官必须接受培训，而且鼓励联邦政府与州和地方政府之间的文官进行跨机构与部门的交流①。

1978 年，美国颁布《文官制度改革法》，设立"人事管理总署"（Office of Personnel Management）。人事管理总署建立后，在文官培训上投入了相当大的精力，特别是帮助各机构和部门建立管理文官培训委员会。"自 1979 年开始，在人事管理总署的领导下，联邦政府主要机构和部门的政府资源委员会的建立，标志着 20 世纪美国联邦政府长期以来对文官培训正规化与规划化达到了一个具有代表性的高峰点。"②

（三）文官培训工作的管理

美国联邦政府于 1883 年颁布《彭德尔顿法》，设立了主管文官考试与管理机构的新机构——文官委员会（Civil Service Commission），负责联邦政府文官的培训的管理工作。1978 年，美国颁布了《文官制度改革法》（Civil Service Reform Act of 1978），这是对美国文官制度的一次重大改革。根据 1978 年的《文官制度改革法》，这次改革将文官委员会的职能一分为三，即设立"人事管理总署"（Office of Personnel Management）、"功绩制保护委员会"（Merit Systems Protection Board）和"联邦劳动关系局"（Federal Labor Relations Authority）三个机构负责管理联邦文官③。美国现在文官的培训由人事管理总署的录用发展局负责，该局的主要职责有两个方面，"一是负责高、中级官员和管理人员的培训；二是负责对特殊培训项目的审批和拨款。"④

美国文官的培训类型多种多样，大致分为高等学校提供的行政学研究生课程、短期培训和行政官员"快升系列"项目等。培训主要在联邦高级管理培训中心、美国联邦行政学院（Federal Executive Institute）进行。另外，美国有 200 多所高校开设公共管理硕士（MPA）、公共政策硕士（MPP）和公共事务硕士（MPA）等课程，主要面向政府部门文官及公共机构的管理者。其中哈

---

① Jack Rabin, et al. , Handbook on Public Personnel Administration and Labor Relations, New York：Marcel Dekker, Inc. , 1983, p194.

② David G. Garson, "Personnel Training and Development" at：Jack Rabin, et al. , Handbook on Public Personnel Administration and Labor Relations, New York：Marcel Dekker, Inc. , 1983, p194.

③ The Civil Service Reform Act of 1978, Washington D. C. ：Government Printing Office, 1978. pp95～454.

④ 徐振寰主编：《外国公务员制度》，北京：中国人事出版社 1995 年版，第 466 页。

佛大学肯尼迪政府学院在美国高级文官的培训中占有十分重要的地位。

二、法国文官培训制度

法国政府把文官培训作为提高行政管理现代化水平，实现社会、经济发展战略的重要条件，使之在现代文官制度中处于突出的地位。尤其自 20 世纪 70 年代以来，更加重视文官在工作过程中的培训与提高，从法律、机构、投资、设施等方面都给予保证，收到了显著效果，从而在西方实行文官制度的国家中独具特色。

（一）文官制度的发展

法国文官制度的确立经历了长期而曲折的过程。在 1789 年法国大革命爆发前，法国实行的是"恩赐官职制"。资产阶级大革命摧毁了封建王朝的统治，使法国的选官、用官制度发生了根本性的变化。19 世纪至 20 世纪前半期，法国政局一直动荡不定，使文官制度的建立受到严重的影响，政府在官员任用上交替使用"恩赐官职制"和"政党分肥制"[1]，这导致官场营私舞弊、行贿受贿、致行政效率低下等现象层出不穷。因此，一些议员纷纷提出制定相应的法规，如加强对国家公职人员的管理。20 世纪初，法国议会成立了"研究委员会"，专门研究如何在法国建立新的、统一的文官制度。1936 年，勃鲁姆总理委托一个咨询委员会，草拟统一的文官考核、晋升和纪律等方面的法规。经过不断努力，法国文官制度逐步得以确立起来。

二战之前，法国文官制度虽已基本建立，但是总体来说，还存在着不统一、不完善等一系列问题。为此，戴高乐政府以英美文官制度为蓝本，在 1945 年设立专门管理公职服务的"公职管理总局"和负责考选、培训高级文官的国立行政学院。同时制定、颁布了一系列重要的文官法规与章程。如 1946 年 10 月颁布了《法国文官总章程》，1958 年对此章程重新加以修改，1959 年 2 月颁布了经两次修改后的《法国文官总章程》[2]。此后，历届政府对章程又不断地补充，陆续制定了 7 个重要的补充条例。同时，法国各个部门根据《文官总章程》的基本原则，结合本部门的工作性质和特点，制定出本部门文官管理的专门管理法规。如《法官章程》、《议会工作人员章程》、《安全人员章程》、《教师章程》、《军官和士兵章程》等等。可以说，战后戴高乐政府的文官制度建设为法国现代文官制度奠定了基础。

---

① 李和中：《比较公务员制度》，北京：中共中央党校出版社 2004 年版，第 142 页。
② 周敏凯：《比较公务员制度》，上海：复旦大学出版社 2006 年版，第 54 页。

（二）文官培训的制度与保障

法国政府非常重视文官的培训工作，国家从法律、机构、投资和设施等方面都给予充分的保障，使文官的培训取得显著效果，并形成了鲜明的特色。

1. 文官培训的法律制度

早在 1971 年，法国国民议会通过继续教育法案对文官的培训与进修专门作出规定。1985 年，法国政府在法律上又作出更为详尽的规定："行政机关有权要求文官参加培训；文官有权要求参加培训；文官每 3 年至少需要参加 1 次更新知识、提高能力的培训或进修；凡为提高工作能力而进行的培训或进修，费用全部由国家承担。"[1]

2. 文官培训的经费保障

除了立法规定文官进行培训外，法国政府还从国库中支付大量的资金用于文官的培训，如 1988 年支付 1500 万法郎，1990 年增加到 5500 万法郎，1991 年支付约 1 亿法郎[2]。

另外，各部门也要按照工资总额提取一定比例的款项用于文官的培训。如法国政府规定，每个部门用于教学培训的经费占文官工资总额约 1.2%，到 1992 年不少于 2%，继续培训经费和岗前经费相等，二者之和占文官工资总额的 5.7%[3]。法国政府对文官的培训经费不仅在法律上加以保障，并且逐年增加。如 1987 年为 137 亿法郎，占工资总额的 5.47%；1988 年为 148 法郎，占工资总额的 5.70%；1989 年为 169 亿法郎，占工资总额的 6.32%。由此可见，法国文官培训经费逐年增长也是搞好文官培训工作的重要保障。

（三）文官的分类与培训机构

1. 文官分类

按照法国法律规定，法国文官分为 4 个大类，即 A、B、C、D 类。这 4 个类别按照文官的文化水平和所担任工作的性质进行划分，每一类别均规定有相应的职能范围、工资标准等，并要求有相应的文化水平。如 A 类文官担任领导、计划、决策性的工作，具有正式的高等教育毕业文凭，这类文官一般由国家行政学院选训后，自二等任用，三级起叙，有 20% 可升任最高级；B 类文官担任执行计划、设施决策的工作，具有高中文凭；C 类文官担任执行计划、

① 李德志：《人事行政学》，北京：高等教育出版社 2001 年版，第 209 页。
② 徐振襄主编：《外国公务员制度》，北京：中国人事出版社 1995 年版，第 218 页。
③ 张修学主编：《国外著名行政院校概览》，北京：国家行政学院出版社 1999 年版，第 227 页。

实施决策的辅助性工作，一般属于操作岗位，具有初中毕业文凭；D 类文官担负最简单性质的工作，属于勤杂人员，具有小学文凭①。

2. 培训机构

法国文官的培训机构已形成网络，覆盖整个法国的各行政大区、省和市镇，因此，法国文官的培训教育机构在西方国家中较为完善和成熟。具体来讲，主要有属总理直接领导的国家级的国立行政学院，属公职部领导的 5 所地方行政学院，属各部门领导的 70 所专门技术学院，属部门和地方政府领导的 28 个培训中心②。除此之外，法国的一些大专院校，如巴黎政治学院、国际公共行政管理学院、欧洲经济管理学院、巴黎高等商业学院等也为文官的培训提供服务。

本书所涉及的法国国立行政学院是根据戴高乐的建议于 1945 年创建的，是一所颇有特色的专门培训国家 A 类高级行政官员的高级文官的学院。其学员选拔过程十分严格，授课教师均为兼职，而且绝大多数是政府高级行政官员。学制两年，实习不少于一年，整个过程强调实践性而不是理论性，着重培养学生的实践能力，包括：组织协调、分析综合、口头和文字表达、领导能力、创造性和法制观念。法国国立行政学院创立至今，为国家培养了大量的高级文官和企业高级管理人才，其中有的还担任了总统、总理、议长、部长等职务，被誉为法国高级行政官员的摇篮。

五所地方行政学院是为法国培养 A 类专员级文官的学校，其学员主要是中央各部外派机构的文官。另外，法国中央各部委都有自己的培训中心，每个培训中心都下设若干个培训骨干单位，这些培训中心在培训各专业干部方面都发挥着十分重要的作用。全国各大区设立了 26 个培训地方文官的分中心，主要培训 B、C 类的地方文官。

总之，法国文官的培训机构健全、组织得当，如此庞大的培训网络，足以担负起全国文官的各类培训任务。

三、新加坡文官培训制度

新加坡共和国（The Republic of Singapore）位于马来西亚半岛南端，面积

---

① 高健生、张明亮、张茅才、于振江、郭立：《世界各国公务员制度》，太原：山西人民出版社 1989 年版，第 72 页。

② 纳麒、何军：《目标：培养高素质的国家公务员——法国公务员培训制度探析》，《云南行政学院学报》1999 年第 6 期，第 67 页。

约620平方公里，人口约261万。作为亚洲"四小龙"之一的新加坡，国土面积微小、自然资源和人力资源匮乏，发展时间又很短，为何短短几十年就异军突起？追其原因，除了经济、政治、地理等因素之外，还和它有一套比较完善合理的公共行政管理制度和一支素质优良的文官队伍有关。

（一）新加坡文官的分类与管理机构

新加坡的文官制度形成于1819年，新加坡最早的奠基人斯坦福特·拉夫勒斯爵士（Sir Stamford Raffles）为这个岛国的行政管理打下了基础。当时，新加坡属于英国殖民地，在殖民政府的统治之下，"文官只是为了维持日常行政而存在，而没有国家发展与建设的任何使命"①。1959年，新加坡作为一个自治政体问世，"自此，文官制度伴随国家社会与经济的发展也开始了它改革完善的历程"②。

新加坡现有文官约有12万人，其中政府部门雇用约6.2万人，法定公共机构雇用约5.1万人的文官③。

新加坡文官范围比较广，主要包括以下三类："（1）政府各部门的工作人员（不包含所属法定机构的和公司的人员）；（2）独立机构的工作人员；（3）小学教师。但各部部长、副部长、独立机构的正副首长、公务委员会的委员等均不属于文官范畴。"④。

文官的系统结构从横向看，可以分为行政管理类、专业类和部门类三类。行政管理类是指直接参与部长制定决策的人员，这类文官工资待遇最高。目前这类文官只有180人左右，平均每个部门10～15人。专业类文官主要是指医生、教师、工程师、律师等。部门类文官主要是指移民局官员、警察、监狱官、消防人员等。

文官从纵向看，可分为五等，即超级、一、二、三、四级。（1）超级是指高级主管人员，如各部门常务秘书及部门首长等，相当于中国的局级干部，大约500多名；（2）第一级是指专业和管理人员，如行政员、经理、主任等；（3）第二级是指执行人员，如执行员、高级书记等；（4）第三级是指文字人员，如打字员；（5）第四级是指办事辅助及外勤人员等。

---

① 徐振襄主编：《外国公务员制度》，北京：中国人事出版社1995年版，第35页。

② 李和中：《比较公务员制度》，北京：中央党校出版社2003年版，第259页。

③ 张修学主编：《国外著名行政院校概览》，北京：国家行政学院出版社1999年版，第560页。

④ 骆沙舟、吴崇伯：《当代各国政治体制——东南亚诸国》，兰州：兰州大学出版社1998年版，第187～188页。

目前，新加坡文官男女比例相当，充分体现男女平等的理念。如一级文官中女性约占 50%；二、三级文官中女性约大于 50%；四级文官中女性约小于 50%①。

（二）新加坡文官的进修、培训制度

新加坡文官制度的基本原则是"严肃、高效、廉政、务实"②。文官队伍历来以高效、廉洁著称。高效、廉洁风气的形成，得益于政府建立的一套严格的文官制度以及长期不懈的反腐倡廉运动，这也和新加坡培训制度密切相关。

1. 培训的法律规定

新加坡是一个以法治著称的国家，法律规定严密，在文官培训方面也不例外。为此新加坡有关法律规定了文官的培训的经费标准，通常不低于年薪的4%③。文官参加培训既是一种权利，又是一种义务，作为文官所在的政府部门必须从经费上落实。文官工作满三年后就可以提出要求，要求政府提供助学金资助。

另外，文官的培训结果与年终考核密切挂钩。没有完成规定课时的培训，文官的评定等级、晋升、年终花红都会受到影响。这两种措施与文官管理和考核措施相结合，就充分显示出它的作用。

文官所在部门必须保证文官参加规定时间的培训，不得以经费和人手少或其他理由加以阻挠。为了适应竞争的日趋激烈和科技愈加发达的现代社会的需要，政府还不断通过修改法律增加文官法定培训时间。据统计，1997 年每位文官必须接受 5 天 40 小时的培训，占整个工作时间的 2%；1998 年达到 7.5 天 60 小时，占工作时间的 3%；1999 年为 10 天 80 小时，占工作时间的 4%；2000 年又增加到 12.5 天，100 小时，占工作时间的 5%④。这样的增长幅度以及在法律上作如此明确的规定在全世界也是不多见的。由此可见新加坡政府对文官培训的重视。正是有了培训时间的法律保障，文官才能充分享有培训的权利，不断通过培训提高自己的适应能力。

2. 培训的类别

---

① 李和中：《比较公务员制度》，北京：中央党校出版社 2003 年版，第 261 页。

② 骆沙舟、吴崇伯：《当代各国政治体制——东南亚诸国》，兰州：兰州大学出版社 1998 年版，第 187 页。

③ 潘福能：《新加坡公务员培训模式及对我国市级干部培训的启示》，《唯实》2003 年第 7 期，第 55 页。

④ 张修学主编：《国外著名行政院校概览》，北京：国家行政学院出版社 1999 年版，第 568 页。

新加坡文官的培训分为基本、高级、扩展及后续等四个类别，其培训是一个持续不断的过程。各类别的文官培训方式对培训对象及培训目的都有具体的规定，详见表1-1。

表1-1　新加坡文官培训类别①

培训类别	基本类	高级类	扩展类	后续类
定　义	培训使你能够胜任你的工作。你应在刚进入文官队伍中6个月，或开始一项新的工作，或提升到一个更高的职位时接受这一培训。	附加的培训使你能在你现在的工作上有出色的表现。	进一步的培训使你能超越你现在的工作，并能处理随机出现的相关工作及适当时机的较高需要的工作。	这一培训未必和你现在的工作有关，而是从长远着想，使你的工作能力增强。
培训对象工作年限	第一年	第二、三年	第四到六年	第七年或更长的时间

从上表中，我们可以看到，新加坡文官从入职的第一年就必须参加基本类培训；第二至三年参加高级类培训；第四到六年参加扩展类培训；第七年或更长的时间参加后续类培训。可以说，在职文官每年均有接受培训的权利。

3. 培训的程序与规定

新加坡政府要求，文官所在部门主管的一项重要的责任就是要根据工作需要及手下每个人的实际，制定并落实其培训计划，并列为上级考核该部门主管政绩直至影响其职位升迁的硬指标。另外，从国家层次来讲，每年财政部常务秘书和公共服务委员会要求各部常务秘书提交下一年度的培训计划。常务秘书制定计划时，必须说明训练的时间和人数，需训理由（如晋升资格、使用新设备等）、训练的层次（如大学教育训练、研究院教育训练、实务训练等），参加训练人员的职业、教育资格和经验、训完后的任用，前往训练的国家、学校及预定出发的日期等②。

国家对参加培训的学员行为也作出了相应的规定：（1）要以全部时间从事训练课程的研究；（2）参加培训期间所举行的各种考试；（3）住在所规定

---

① 张修学主编：《国外著名行政院校概览》，北京：国家行政学院出版社1999年版，第561页。
② 骆沙舟、吴崇伯：《当代各国政治体制——东南亚诸国》，兰州：兰州大学出版社1998年版，第192页。

的学校、招待所或住所；（4）学习及纪律行为务必使公共服务委员会满意；（5）保证依规定行事；（6）遵守常务秘书和公共服务委员会的各种指示①。

另外，政府还要求所有的受训者在培训结束后进行培训总结。受训者应于培训结束后1个月向常务秘书和公共服务委员会提出受训报告，对培训内容及获益情况加以切实评价，并对如何提高公共行政效率提出自己的建议。

4. 培训的项目与机构

新加坡文官可根据自己的情况对培训提出申请，其主要的培训项目有5个：（1）攻读研究生项目，要求至少有三年工作经验，可到国内外脱产进行研究生学习；（2）管理培训项目，对象是在政府机构及公共组织中担任高级职位，45岁以下者；（3）其他短期培训项目，对象为具有三年良好表现，50岁以下者；（4）非政府资助攻读研究生项目，由本人自费或外部奖学金资助参加的学习。

在以上培训项目中，新加坡文官培训的主要机构新加坡文官学院（其前身为1971年成立的职员培训学院，1979年改为现名。）承担绝大多数的培训任务。其主要任务就是通过对文官的各种培训，提高文官的素质，以促进公共行政目标的有效实现②。另外，文官还可以到国内外大学进行研究生项目或其他短期培训，这类机构如新加坡国立大学李光耀公共政策学院、美国哈佛大学肯尼迪政府学院等。

四、印度文官培训制度

（一）文官制度的建立与发展

印度是世界上最早实行国家文官制度的国家之一。其历史可追溯到18世纪英国东印度公司（East India Company）统治时期。东印度公司是英国资产阶级对亚洲进行垄断贸易和经济掠夺、占领市场的一个享有特权的殖民事业公司，该公司是英国对外掠夺机构中油水最多的一个，公司内部非常腐败。当时其官员制度也由带有封建色彩的恩赐官职制转为带有资产阶级烙印的政党分肥制，英国的权贵们常常安插自己的子弟和亲信到公司任职，以便于个人发财。因此，担任行政事务的文官由公司董事会任命，几乎全是同公司董事们有各种各样关系的英国人，"卖官鬻爵"成了董事们的一项主要

---

① 骆沙舟、吴崇伯：《当代各国政治体制——东南亚诸国》，兰州：兰州大学出版社1998年版，第193页。

② 李德志：《人事行政学》，北京：高等教育出版社2001年版，第267页。

收入。

鉴于公司用人制度的腐败，英国议会决定对东印度公司进行改革。1853年，英国议会组织了以牛津大学麦考莱（Macaulay）为首的调查委员会，负责考察东印度公司的人事任用制度的弊端。调查后形成了《麦考莱调查报告》（the Macaulay Committee Report），报告建议公开考试取士，改革东印度公司的人事制度。主张英国文官考试应注重一般的知识与能力，要以"牛津与剑桥这两所大学的课程为标准"①。这个报告为日后印度文官主要来自牛津、剑桥大学奠定了基础。之后，英国议会通过一项法案，撤消了由公司董事任命文官的权力，并决定实行公开竞争考试性招考制度，英国臣民（包括印度人）都可以参加考试。因此，《麦考莱调查报告》"为印度文官制度奠定了体系和基础"②。这既是英国近代文官制度的肇端，也是印度文官制度的先河。

由于英国对印度人担任印度文官职务作了各种各样的限制，因此，那时担任"印度文官"的，主要是英国人，而不是印度人。印度独立后，政府立即采取各种措施，大力扩充文官队伍。20世纪50年代，印度政府在执行第一个五年计划时，决定对原有的文官制度进行改革。它强调，必须把具有高等学历和专门经验的人才吸收到政府机构工作，必须及早对年轻的官员进行经济管理的培训，政府的高级职位应当招聘有专门知识和经验的人才担任。经过调整，印度的文官不仅整体素质得到了提高，而且在数量上也明显地有所增加。1939年，中央文官（the central government）数量是80万人，而到了1951年，人数上升到120万人③。

（二）文官的分类与等级

1. 文官的分类

印度"文官"这个概念，有广义和狭义之分。广义的"文官"，包括除军队以外的全部文职人员在内，狭义的"文官"专指政府中的常任官员。从文官的归属和使用来看，印度的文官可分为三大类：全印文官（all-India Services）、中央文官（the Central Civil Services）和邦文官。

（1）全印文官

全印文官是在联邦和各邦之间通用的。1951年印度议会通过《全印文官

---

① J. M. Compton, Open Competition and the Indian Civil Service, 1854 ~ 1876, The English Historical Review, April 1968, p267.

② S. R. Maheshwari, Public Administration in India Oxford University Press, 2005, p20.

③ S. R. Maheshwari, Public Administration in India Oxford University Press, 2005, p39.

法》（the All-India Services Act），该法规定，这类文官虽然是由联邦公职委员会通过公开竞争性考试统一招收的，但他们分属于各邦，管理权属于各联邦政府。不过，联邦政府在需要时有权调用这些人。

印度刚独立时，只有两种全印文官，即行政官（the Indian Administrative Service）和警官（the Indian Police Service）①。目前印度主要有三大全印文官，即印度行政官（Indian Administrative Service，IAS）、印度警官（Indian Police Service，IPS）和印度森林官（Indian Forest Service，IFS）②。

（2）中央文官

印度中央文官分为科技类（non-technical）和非科技类文官（non-technical）两类文官。科技类文官包括中央工程人员、中央电机人员、铁路工程师、铁路信号工程师、铁路电务工程师、铁路机械工程师、中央电讯工程师、电报通讯人员、勘测人员、中央公路工程师（一等）、中央动力工程人员、给水工程人员、铁路仓库工作人员等等。非技术类包括中央秘书人员、中央速记（助理）人员、中央办事员、外交官员、审计官员、海关和货物税官员、所得税官员、铁路会计人员、邮政人员等等③。以上两类中央文官在1962年以前统归联邦内政部管理，股长级以下人员已分归中央各部管理。各部设有管理这些人员的专门机构。

（3）邦文官。邦文官由各邦自行招收、管理，并在邦范围内使用。

2. 文官的分等

印度文官的分等，主要是由他们所从事工作的重要程度和所担负责任的性质和大小决定。目前印度有三大类文官，均分为四等。一等（包括副秘书级和下秘书级）和二等（包括股长级和助理官员级）是官员，三等是办事员，四等是勤杂人员（包括清扫工）。印度狭义的"文官"，指的就是二等以上的官员。三等以下的人员，只是政府的"雇用"。

（三）文官的培训类型、内容与机构

为了培训官员，1947年开办了印度行政官训练学校。1948年开办了中央警官训练学校（1967年改名为国立警官学院）和中央秘书人员训练学校。1957年开办了另一所印度行政官员学校，以便指导有10年左右官龄的行政官

---

①　S. R. Maheshwari, Public Administration in India Oxford University Press, 2005, p120.

②　All India Services, http：//www. answers. com/topic/all-india-services.

③　S. R. Maheshwari, Public Administration in India Oxford University Press, 2005, p167~169.

的进修。1959 年印度行政官训练学校与印度行政官学校合并为"拉芭斯国家行政学院"。1960 年以后，其他中央文官组织也陆续开办了一些训练学校。1966 年，印度政府决定在内政部设立"行政和人事改革局"，负责研究处理行政和人事管理改革问题。

1. 培训的类型

印度文官都必须接受两类培训，一是对新进文官的入门培训（induction training），另外一类培训是不间断的在职培训（in-service training）。

（1）入门培训

根据印度政府的规定，新录取的全印文官（the All India Services）以及中央系统（Central Services）A 类文官（一等，非技术性的）都必须在印度拉芭斯国家行政学院接受为期 15 周的基础课程（Foundation Course）培训，以便使他们了解印度的宪法和社会经济结构。课程内容包括：宪法、经济、文化、法律、公共行政、国家和社会服务机构、科学技术、初等心理学、印地语等。

在学完基础课程之后，新招募的印度行政系统政府文官（the IAS Officer Trainees）还必须继续接受专业课程－I（IAS Professional Course，Phase－I）、地方培训阶段（District Training）以及行政系统文官专业课程－II（IAS Professional Course，Phase－II）的培训。

学员在完成基础课程之后，新招募的印度行政系统政府官员（the IAS Officer Trainees）必须参加印度行政系统文官专业课程－I 阶段 24 周的学习。之后，学员被分配到地方为期进行 52 周的地方培训（District Training）。主要是在邦里或县里的各个部门分别实习一周时间，目的在于了解各部门工作运转程序和熟悉人员，为以后协调工作关系打基础。

在完成地方培训后，学员再次返回印度拉芭斯国家行政学院，进行行政系统文官专业课程－II（IAS Professional Course，Phase－II）的培训。其课程内容有意识地使学员巩固吸收在地方培训所获得的经验。

（2）在职培训

学院还为已经工作 6 至 9 年、10 至 16 年以及 17 至 20 年三类资历的印度行政系统的文官（IAS）提供在职培训①。这种培训对所有的官员都强制执行，

---

① Huque, Ahmed Shafiq, Public service in a globalized world: central training institutes in India and Hong Kong, Aldershot, Hants, England; Burlington, VT 2004, p74.

每个官员在他的职业生涯中都必须参加一些列入规定的培训。在职培训课程一般时间为两个星期，以便向不同级别的官员提供适合他们的知识和技能。在职培训的目的在于更新学员的知识、技能和信息，同时也为来自国家不同部门的学员提供了一个交流思想、见解和经验的机会。

课程强调在培训中给学员提供新的管理思想、技巧和技能，给参加入门课程培训（induction course）的学员一个全印的视角。学员也要参加地方的实践活动，让他们了解全印的公共服务运转情况。

对二等的和附属性的文职人员，一般不安排系统的培训，而是强调在职培训，直接录用的勤助员级人员和中央秘书人员中的股长级官员在中央秘书人员训练学校接受训练。经济人员和统计人员的训练分别由经济增长学院和统计人员训练所负责组成。其他人员在有经验的官员的指导下，结合工作进行训练。

近十多年来，印度政府对已工作多年的行政官员的进修和副秘书以上官员的短期"轮训"工作比较重视。对官员的各种训练，除了依靠各有关部门自己开办的训练院校外，还和国内著名大学密切合作。此外，通过同外国签定的科学、技术和文化合作协定，选派少数人员去国外接受训练。

2. 培训的内容

（1）培训目标

印度文官培训是专业知识、理解能力和技能全面发展的过程。其培训是为了"更好地激发、推动受训人员拓宽他们的知识范围，提高他们的创新能力，形成一个科学态度，并把它渗透到职业道德中去。"[1]其具体目标是："政府部门的培训是为了个人和组织更好地履行自己的职责，更新、提高专业知识和技能；促进受训人员更好地了解专业要求，从而他们提高对工作中涉及到的专业、社会经济、政治环境等方面的感受能力，并带来对工作的正确态度。"[2]

（2）培训内容

其培训内容根据社会和政治环境的变化而不断地进行变化。对正在变化的要求，政府机器将必须不断地与之相适应。因此，文官的培训内容主要集中在

---

① Objectives of Training for the Civil Services, http：//www. civilservices. gov. in/lbsnaa/research/trdc/NTP/ntp02. htm#OBJTRG, 2006 – 05 – 08.

② National Training Policy, http：//www. civilservices. gov. in/lbsnaa/research/trdc/NTP/NTP01. htm, 2006 – 05 – 08.

以下几个方面①：

①应对能力（Responsiveness）。主要是为了应对民主的需求、公民和组织的期待以及科技发展等方面的挑战。

②承担责任（Commitment）。主要致力于民主的价值、合作的观念、参与决策等几个方面。

③熟悉各方面知识（Awareness）。要知道科技、经济和社会方发展等诸方面的知识。

④传授科学知识（Infusion of scientific temper）。

⑤责任心（Accountability）。主要为了保证在每一个专业领域都有超乎寻常的表现。

3. 印度国家高级文官的培训机构

印度国家级别的高级文官的培训机构最著名的是印度拉芭斯国家行政学院（the Lal Bahadur Shastri National Academy of Administration, Mussoorie）、印度国家警官学院（the National Police Academy, Hyderabad）等。对大多数技术类文官，由相应的某种专业的职业培训机构提供入职和专业培训。

周期性的在职培训主要由中央和地方培训机构分别负责。在印度每个邦（State）一般均有一所行政文官培训学院（Administrative Training Institutes, ATI)②，它是每个邦的最高级别的培训机构。各邦文官培训学院也负责个邦范围内的各类文官的入职培训。

另外，印度还有其他的专门的职业培训学院为高级文官提供培训。这类培训学院主要有：4 所印度管理学院（Indian Institute of Management, IIM）（它们分别在 Ahmedabad, Bangalore, Calcutta and Lucknow）、印度公共管理学院（the Indian Institute of Public Administration, IIPA）（在 New Delhi）以及印度行政管理人员学院（the Indian Institute of Public Administration）（在 Hyderabad)③。

另外，印度政府还建立了由人事部部长所领导的国家培训委员会（Na-

---

① National Training Policy, http：//www. civilservices. gov. in/lbsnaa/research/trdc/NTP/NTP01. htm, 2006 – 05 – 08.

② A Brief Overview of Existing Network, http：//www. civilservices. gov. in/lbsnaa/research/trdc/NTP/ntp04. htm#SECTIONI, 2006 – 04 – 22.

③ Institutional Arrangements for Training, http：//www. civilservices. gov. in/lbsnaa/research/trdc/NTP/ntp04. htm#SECTIONI, 2006 – 04 – 22.

tional Training Council），用以建议政府制订涉及印度有关问题的培训政策、培训计划和课程。

第二节　六所学院概况：各具特色的领导人才培训机构

一、哈佛商学院和肯尼迪政府学院：以培训国际一流领导为己任

（一）哈佛商学院——培养世界一流的商业领导

创建于 1636 年的哈佛大学是美国最古老、最著名的大学。在 300 多年的发展历程中，哈佛大学几经磨难、不懈追求，树立了自己研究和教学的三 A 原则，即学术自由（academic freedom）、学术自治（academic autonomy）和学术中立（academic neutrality）[1]。在正确的治学和办学理念指导下，哈佛大学为美国以及世界培养了无数的政治家、科学家、作家和学者。

美国教育界有这么一个说法：哈佛大学可算是全美所有大学中的一项王冠，而王冠上那夺人眼目的宝珠，就是创建于 1908 年哈佛商学院（Harvard Bnsiness School，HBS）。它拥优越的研究条件。如它有世界上最先进的教学设施和最大的商学院图书馆，包括 60 多万册藏书和 6000 种期刊；它拥有自己的出版社，即哈佛商学院出版社（Harvard Business School Press）；它还有一份创刊于 1922 年的学术刊物——《哈佛商业评论》（Harvard Business Review）[2]。

它从一开始就以培养出类拔萃的高级管理人才为办学宗旨[3]。几十年来，它形成了卓有成效的 MBA 教育模式，以造就总经理式的通才为培养目标，非常重视学生的素质培养。它最大的特色就是案例教学，无论必修课还是选修课，其教学方法普遍采用案例教学法。其每门课程至少备有二三十个案例，学生每人每天要分析两三个案例，在为期两年的学习期间，须分析和研讨 800 多个案例，它让学生在逼真的模拟环境中体验管理实践，从而有效地开发学以致用的能力[4]。

正因为独特的商业领导人才培训模式，它成为美国培养商业领导人才的最著名的学府，被美国人称为是商人、主管、总经理的西点军校。美国《幸福》

---

① 陈振明主编：《美国 MPA 十大名校》，北京：中国人民大学出版社 2003 年版，第 25 页。

② 朱国宏：《哈佛帝国》，上海：上海人民出版社 2002 年版，第 108 页。

③ Harvard Business School History，http：//www.hbs.edu/about/history.html.

④ 黄培伦：《"哈佛"怎样培养管理人才》，《南风窗》1996 年第 8 期，第 33 页。

杂志的调查显示，美国 500 家最大公司的高层管理人员中，有大约 20% 是哈佛商学院的毕业生①。他们活跃在各公司的总裁、总经理、董事长等显赫位置上。他们所经营和管理的公司，是全美甚至全世界声名卓著、资产雄厚、独霸一方的超级企业。据统计，在工作 15 年以上的毕业生中，大约 1/3 的人今天都有了自己的公司。在商学院 40% 以上的人表示，他们的目标是建立自己的公司②。因此可以说，哈佛商学院在为美国和世界上其他国家培养大批一流的商业领导人才方面功不可没。

（二）哈佛肯尼迪政府学院——培养世界一流的政界领袖

哈佛大学肯尼迪政府学院（the John F. Kennedy School of Government, KSG）前身是建立于 1936 年的哈佛大学公共行政研究生院（Graduate School of Public Administration）。该院起初是从经济管理系中分离出来的，最早是给一年制的利塔沃（Littauer）奖学金开设公共行政课程。这一课程后来发展成半脱产的公共行政硕士课程。20 年后，这个课程的培养对象发展到包括梅森学者项目（the Mason Fellows）——发展中国家涌现出的领导人。

在 20 世纪 60 年代中期，学院开始构建公共政策课程。它更多地是建立在经济学和分析性研究的基础之上，而教少依赖传统公共行政的管理原则。这一课程后来发展成为两年制的公共政策硕士课程（Master in Public Policy, MPP），并于 1969 年招收了第一批学生③。同时，哈佛也试图为已故的约翰·肯尼迪总统建造一座纪念馆。在学院的领导下，由肯尼迪家人及朋友修建的政治研究所在政府理论研究和现实政治活动之间发挥了桥梁作用，随后，学院改名为肯尼迪政府学院以纪念已故的总统。

学院目前培训的重点主要集中在以下四个主要的领域："（1）研究生学位计划；（2）高级官员培训；（3）研究；（4）政治研究所"④。

目前学院的学位教育包括公共政策硕士、公共行政全球发展方向的硕士、公共行政硕士、在职公共行政硕士以及三个方向的博士学位。其中公共行政硕士教育始于 20 世纪 70 年代。经过多年的发展，肯尼迪政府学院的公共政策与公共行政类职业硕士项目连续多年被中立的高等教育权威测评机构《美国新

① 庚晋、周艳琼、白木：《哈佛商学院：美国总裁级人才的引擎》，《四川会计》2001 年第 5 期，第 55 页。

② 晨光：《商界奇才的摇篮——哈佛大学商学院》，《世界文化》2001 年第 1 期，第 21 页。

③ History of the Kennedy School, http://www.ksg.harvard.edu/main/history.htm.

④ 麦金生主编：《哈佛肯尼迪政府学院读本》，成都：四川大学出版社 1998 年版，第 3～4 页。

闻和世界报道》（U. S. News & World Report）评为全美第一，是有志于投身政府和公共服务的公共管理精英梦寐以求的求学圣地。"经过几十年的努力，肯尼迪政府学院为美国乃至全世界培养了一大批的领导者、公共管理人才。"①墨西哥的两位前总理、哥斯达黎加和新加坡的前总统、秘鲁和巴基斯坦的前总理以及香港前财政司司长、现任香港行政长官曾荫权都是肯尼迪政府学院的学生。

二、新加坡文官学院和李光耀公共政策学院：从文官到为亚洲培训领导人的飞跃

（一）新加坡文官学院②——新加坡廉洁高效文官孵化基地

新加坡于 1971 年成立了职员培训学院（the Staff Training Institute），隶属于财政部预算署。当时的任务是培训行政执行类文官③。1974 年，培训的对象扩大至其他类别的文官，培训内容也有所增加。1975 年，职员培训学院改名为文官职业发展学院（the Civil Service Staff Development Institute）。1979 年 4 月，文官职业发展学院又改名为文官学院（Civil Service Institute，CSI）。CSI 后来又该名为公共行政和管理学院（the Institute of Public Administration and Management，IPAM）。1981 年 4 月 1 日起，文官学院隶属于公共服务委员会。1983 年 2 月 3 日，文官学院又转而由新成立的财政部公共服务署管理，因为这时文官的培训和职业发展事项都改由公共服务署（the Public Service Division）统一负责了。

为了开发公共部门的领导，1993 年，学院成立了公共政策发展学院（the Institute of Policy Development，IPD）。1996 年，公共行政和管理学院（IPAM）和公共政策发展学院（IPD）一起，改名为今名——新加坡文官学院（the Civil Service College，CSC）。学院除了培训工作外，还特别注重学院的社会服务功能，学院于 2001 年 8 月成立了学院专家咨询团（CSC Consultants，CSCC），它由人事指导部（the Personnel Guidance Unit，PGU）和 1996 年成立的公共服务咨询团（Civil Service Consulting Group，CSCG）两个部门合并而成。

新加坡文官学院的主要任务有两个：一是为公共服务开发一流的领导人

---

① 陈振明主编：《美国 MPA 十大名校》，北京：中国人民大学出版社 2003 年版，第 28 页。

② 新加坡文官学院，新加坡当地译作"新加坡民事学院"，我国相关文章和著作又称其为"新加坡公务员学院"。为了统一，本文按其英文名称译作"新加坡文官学院"。

③ CSC history，http：//www. cscollege. gov. sg/page. asp？ id = 151.

才；二是为新加坡公共服务提供一个卓越的学习和发展的中心①。具体来讲，其任务就是通过对新加坡文官进行各种培训，尤其是管理监督培训、文秘培训、语言培训和其他有关培训，通过工作改进小组的活动，提高每个文官的素质，促进新加坡文官制度目标和计划的实现。新加坡文官培训的内容包括五个方面：管理发展培训；执行、监督与技术培训；文秘发展培训；生产力和质量发展培训；核心技能培训。新加坡文官培训贯彻理论联系实际的原则，注重实际能力培养，主要采用座谈讨论、行为模拟、案例研究、实地调查、角色表演等方式，将讲座减少到最低限度，最大程度地鼓励参与。在技能排序中，还采用实验操作法，在行为姿势培训中采用角色反串法等方法。文官学院的老师主要是聘请来的，他们具有丰富的理论素养和实际工作经验，讲授起来生动有趣效果很好。

文官学院属于财政部公共服务署的一部分，并受到它的领导。学院本身实行院长负责制，它由三个部分组成：计划及发展部，培训部，行政部。计划及发展部和培训部负责培训课程的开发、规划、实施和评估，并负责工作改进小组的课程；行政部负责后勤事务，并组织考试，还管理着一个资料中心。该院自成立至今已为新加坡培训了大量的领导人才，是新加坡廉洁高效文官的孵化基地。

（二）李光耀公共政策学院——亚洲地区领导人才培训高地

1. 李光耀公共政策学院的由来

李光耀公共政策学院（the Lee Kuan Yew School of Public Policy）正式成立于 2005 年 4 月 4 日。学院的前身是 1992 年在新加坡国立大学开设的小规模公共政策课程（Public Policy Programme）。

2003 年 9 月 16 日，在李光耀资政 80 华诞祝寿晚宴上，新加坡总理吴作栋宣布了两项计划：一个计划是制作新加坡历史记录片，让有兴趣认识及研究新加坡历史的人士有一个很好的参考；另外一项计划是政府将在新加坡国立大学设立李光耀公共政策学院。

该学院是以新加坡内阁资政李光耀名义而建立的。李光耀（Lee Kuan Yew）1923 年 9 月 16 日生于新加坡，新加坡莱佛士学院毕业。1940 至 1950 年在伦敦经济学院、剑桥大学和中殿律师学院学习，1950 年获中殿律师学院律师资格。1950 年回国从政后，他积极推动经济改革与发展，在其任内推动了

---

① CSC Mission, Vision, Values, http：//www.cscollege.gov.sg/page.asp? id = 24.

开发裕廊工业园区、创立公积金制度、成立廉政公署、进行教育改革等多项政策。从而成功地使新加坡在 30 年内发展成为亚洲最发达的国家之一。李光耀在新加坡有很高威望，在国际上也享有很高的美誉。

吴作栋总理在宣布这两项计划时指出，拟议设立的公共政策学院以李光耀命名，是要对这位把新加坡成功推向第一世界国家的领导人，"予以恰当和持久的肯定"，同时也表扬他对有关新加坡、本区域和世界课题的洞察力。另外，吴作栋也指出："新加坡从第三世界国家跃升为第一世界国家，这方面，它可提供一定的经验和想法。"①

2. 学院旨在为亚洲地区各国培养领导人才

李光耀指出，该学院的设立的目的是"为研究本区域政府的各种治国体制，同时也为区域内的文官提供严格的训练，传授实施妥当政策的最佳作法"②。它是亚洲地区第一所以英语授课的公共政策学院，它旨在使新加坡成为学习公共政策的"全球参照点"（global reference point）③。也就是说，李光耀公共政策学院主要为亚洲地区各国培养一流的领导人才。这种思想源自李光耀的人才思想，尤其是他的精英治国的思想。

早在 1971 年，他在《国家成功的要素》的著名演讲中，就把"一批有干劲，愿意付出代价，而又受过良好教育，且训练有素的人口"列为新加坡成功的五大要素之一④。

他认为一个国家的财富与势力主要受到三大因素制约，即天然资源、人才资源和科学与工艺的技能⑤。针对新加坡自然资源处于劣势的情况，李光耀指出，这个国家如果还想获得财富、势力，求得生存、发展，它唯一可以依赖的便是人才资源。他强调道："我们应该牢记着，人才资源可以补救天然资源的缺乏。我坚信：人定胜天。"⑥

另外，李光耀坚信人才是新加坡成功的关键，而国家只能由少数精英来治

---

① 《吴总理宣布两计划：制作新加坡历史记录片、设李光耀公共政策学院》，《联合早报》，2003 - 09 - 17。

② Lee Kuan Yew, Keynote Speech by Minister Mentor Lee Kuan Yew at the Official Opening of the Lee Kuan Yew School of Public Policy, http：//www. bridgesingapore. com/Keynote% 20Speech% 20by% 20MM% 20Lee% 20at% 20LKY% 20School. pdf, p1.

③ NUS Annual Report 2005, http：//www. nus. edu. sg/annualreport/2005/ar2005. pdf, p32.

④ 新加坡联合早报编：《李光耀 40 年政论选》，北京：现代出版社 1994 年版，第 137 页。

⑤ 新加坡联合早报编：《李光耀 40 年政论选》，北京：现代出版社 1994 年版，第 131 页。

⑥ 新加坡联合早报编：《李光耀 40 年政论选》，北京：现代出版社 1994 年版，第 134 页。

理。他说："在政界、政府、内阁、行政服务和法定机构里，都必须要有能干和有才华的人，这是不言而喻的。""顶尖人才一旦挑起重任，他会把其他能干的人集中起来，并且把他们组成一支有结合力的队伍，使计划顺利推行。"①

人才从何处来？李光耀认为，只有通过教育来解决，如果教育问题解决了，其他所有问题也能解决。他引用英国国防部与内阁的一位顾问的话说："在尼日利亚，每个人平均的收入每年是 64 美元；在美国每人的平均收入每年是 2800 美元。在尼日利亚，平均每 1000 人只有一个人受过 12 年以上的教育；在美国每 1000 人却有 300 多人受过 12 年以上的教育。"他总结说，"你有天才，没有受训练，没有受教育，没有被培养起来是没有意义的，国家与人民是不会富强起来的。"②因此，李光耀说："我们所面临的最重要问题是如何选择和如何锻炼能解决问题的年轻人。"③

正是在李光耀这种人才思想的指导下，新加坡成功地在 30 年内发展成为亚洲最发达的国家之一。如今新加坡的成功经验也为其他国家效仿提供了榜样，这样可以减少失败的风险。李光耀曾畅谈新加坡建设的经验："根据新加坡的经验，从头学起要付出相当高的代价……风险最少的办法就是选择有经验和有内行的向导。"④并且他还指出，相互之间的学习可以加快发展的速度，他说："在今天这个信息瞬息即到世界，相互认识和学习是导致改变的有力因素，它能加快发展和进步的速度。"⑤。

在李光耀公共政策学院成立仪式上的主旨演讲中，他再次提出了国家之间相互学习的重要性。他举例说，印度独立后有充足的英镑结余，也有良好的治理制度和许多一流的体制。中国的基础设施及人口都在日本占领时期遭受破坏与蹂躏，接着爆发了内战，其发展明显落后于印度。但如今中国却已迎头赶上印度，并在多个领域超越印度。另外，从中印两国私营部门比较来看，印度的私营公司虽然不能同美日最顶尖的私营企业相提并论，但是它却仍然有几个接近世界一流水平的私营企业；而中国却始终未能造就出著名的私营企业，哪怕中国如今在科研上的投资已是高居全球第三位。针对这种现象，李光耀指出："中印两国正在勤恳刻苦地研究彼此的经验，汲取对方可取的强处，两国将能

①　新加坡联合早报编：《李光耀 40 年政论选》，北京：现代出版社 1994 年版，第 453 页。
②　新加坡联合早报编：《李光耀 40 年政论选》，北京：现代出版社 1994 年版，第 132 页。
③　许先国：《论李光耀行政英才思想》，《理论月刊》2003 年第 7 期，第 60 页。
④　新加坡联合早报编：《李光耀 40 年政论选》，北京：现代出版社 1994 年版，第 143 页。
⑤　新加坡联合早报编：《李光耀 40 年政论选》，北京：现代出版社 1994 年版，第 145 页。

相互激励、共同前进。"①因此，李光耀指出：该学院的建立，可以为"中国、印度、本区域和世界提供一个中立平台（neutral venue），供学者和决策官员聚集交流，探讨一个社会为什么能成功。在这么一个中立平台上，学者能对现有的不同社会体制自由客观地进行对比，总结出有利的经验②。为此，学院在在成立之日，学院还组织了题为"把握全球化：中国和印度之经验教训"（Managing Globalization：Lessons from China and India）的论坛③。该论坛首次请到了来自中国和印度这两个亚洲经济新巨人的代表，共同探讨全球化带来的机遇和挑战。

除了为亚洲各国的学者和官员提供一个研究和讨论的平台外，目前学院设立了公共政策硕士（MPP）、公共行政硕士（MPA）、公共管理硕士（MPM）3个硕士课程。为了给亚洲的各国官员提供相互交流和学习的机会，学院2005年8月已正式招收50名亚洲各国的官员，参加公共政策硕士和公共管理硕士为期1~2年的学习④。

三、法国国立行政学院和印度拉芭斯国家行政学院：招录、培训和任用相结合的培训基地

（一）法国国立行政学院

法国国立行政学院（Ecole Nationale d'Administration，ENA）简称埃纳，成立于1945年，是根据法国政府1945年10月9日政令（Ordonnance）创建的公共机构，隶属于总理⑤。它在法国高等教育机构中具有独特的地位，学生自入学起即为国家高级文官，毕业后进入国家行政机关或其他的公共机构担任高级文官职务。它办学独具特色，入学考试、实习、教学等紧紧围绕着为政府行政部门培养业务素质高、实际工作能力强的高层次文官的目标开展，为法国培养和输送了大批优秀的管理人才，被誉为法国"高级文官的摇篮"。

1. 学院建立背景

---

① Lee Kuan Yew, Keynote Speech by Minister Mentor Lee Kuan Yew at the Official Opening of the Lee Kuan Yew School of Public Policy, http：//www. bridgesingapore. com/Keynote% 20Speech% 20by% 20MM% 20Lee% 20at% 20LKY% 20School. pdf，p5.

② Lee Kuan Yew, Keynote Speech by Minister Mentor Lee Kuan Yew at the Official Opening of the Lee Kuan Yew School of Public Policy, http：//www. bridgesingapore. com/Keynote% 20Speech% 20by% 20MM% 20Lee% 20at% 20LKY% 20School. pdf，p9.

③ NUS Milestones, www. nus. edu. sg/corporate/timeline/milestones. pdf，p29~30.

④ NUS Milestones, www. nus. edu. sg/corporate/timeline/milestones. pdf，p30.

⑤ ENA History, http：//www. ena. fr/en/index. php？page = institution - en/history.

该校的建立源于对法国历史上两次重大耻辱的反思，即普法战争和第二次世界大战。普法战争是普鲁士和法国为争夺欧洲霸权在1870年至1871年进行的一场规模巨大、影响深远的战争。这场战争直接导致法兰西第二帝国的垮台和巴黎公社无产阶级革命的爆发。普法战争的失败使法国当局认识到，法国和德国的差距主要在国民素质方面，国民素质的差距是战争失败的主要原因。1882年，法国两次颁布《费里法案》①，该法案"不但确定了国民教育义务、免费、世俗化三项原则，而且将这些原则的贯彻实施予以具体化。"② 在该法案的推动之下，法国到19世纪末已全面普及初等教育，国民素质也得到了极大的提高。

第二次反思是对二战的反思。在第二次世界德国发动的"闪电战"中，号称"欧陆第一大陆军"的法国竟不堪一击。因此，第二次反思主要在政治体制和领导人才方面，他们认为战争的失败主要是由于官员的腐败和昏庸无能。

法国当时的公职制度产生于拿破仑时代，其间几经帝国和共和，历尽沧桑，到了第二次世界大战时，已形成了一支庞大的文官队伍。但是缺乏统一的考试，由各高级文官职类或各行政部门自行举办考试，自行录用公务人员。这种考试录用制度存在很多的问题：文官录用标准不统一，录用工作缺乏严格的规范，各职类、各部门录用的人员素质差别很大，等等。同时，各职类各部门自行遴选官员，还导致了政府部门各自为政、世袭和裙带风盛行、腐败现象泛滥等严重的弊端。

面对严峻的现实和根深蒂固的传统，戴高乐将军领导的临时政府进行了深刻的反思，决定对当时的公职制度进行重大的改革。他把这一重任交给了米歇尔·德勃雷（Michel Debré）③。在这个重要的关头，米歇尔·德勃雷受命主持和领导一个由四人组成的公职制度改革临时使团。经过广泛深入的调查和研究，该团起草一项法令，这便是著名的《1945年10月9日法令》。该法令的核心是创建国立行政学院，《法令》规定：

——国立行政学院由总理直接管辖，学院行政领导由院长负责，设立校务委员会，院长由总理发布任命，校务委员会主席由行政法院副院长兼任；

① 朱尔·费里（1832～1893），法国19世纪共和派政治家，原为巴黎律师，1880年、1883年两度出任内阁总理。

② 吴式颖主编：《外国教育史教程》，北京：人民教育出版社1999年版，第373页。

③ 米歇尔·德勃雷（1912～），法国政治家，1959年至1962年任法国总理。

——国立行政学院为行政法院、审计院、外交官员团、省政长官团、财政总督察以及其他文官团或经行政法院与财政部及有关部共同核准，并以政令发布的某些团体或机构培养高级公职人员。

2. 学院的招录、培训、分配一体化的制度

根据法国1945年10月9日法令规定，法国国立行政学院学校招收两类学生：一类为大学生；另一类为政府在职官员（serving officials）①。根据法国政府1983年1月19日颁布的法令，从1983年起，文官考试除内部考试和外部考试以外，还增加第三种考试。这一考试主要面向除大学生和公职系统以外的人士，使招生来源更加多元化，同时也为了广泛地吸收各界优秀人士为国家和公众利益服务。但出于种种原因，该类考试在1986年曾一度中断。1990年1月2日，法国政府颁布了第90—8号法令予以恢复，1991年重新开始招生②。因此，目前法国国立行政学院入学考试有三种：外部考试（大学毕业生）、内部考试（在职文官）和第三种考试（其他工作人员）。招生比例是一、二类占45%，第三类占10%③。ENA入学考试的难度很大，它要求考生不仅具备国家行政管理主要专业的广博而扎实的基础政府知识，而且要具备多种能力。考试分为初试（笔试）和复试（口试）。初试通过后即可参加复试（具体考试情况详见本书第三章第二节内容）。ENA是通往高级行政职务的通道，报考的人很多，但每年只招大约100人左右，所以竞争非常激烈。

无论如何，法国国立行政学院之父——米歇尔·德勃雷在学院建立之初所提出来的双重考试制度，即外部考试和内部考试，再加上学院增加的第三种考试，几十年来为法国招录了大批优秀的高级文官。它还面向妇女招生。在这之前，法国大的文官职类和行政机关是妇女的禁区，而法令规定面向妇女招生，这为她们进入高级官员队伍打开了通道，不能不说是体现男女平等参政的一大进步。同时，它还建立学用结合的培训制度，这要求学院在培训的过程中要注意教学与实习，理论培训与实践培训有机地结合起来。德勃雷等人在《法令》中提出的这些基本原则至今仍是法国国立行政学院办学的宗旨。

对招录来的学生，学院还要对其进行27个月的培训，2006年之前，培训

① Parris Henry, Twenty Years of I' Ecole Nationale d' Administration, Public Administration, Winter65, Vol. 43, Issue 4, p395.

② 潘小娟：《埃纳与法国行政——法国国立行政学校》，北京：中国法制出版社2000年版，第16页。

③ 乔丹林：《法国国家行政学院介绍》，《中国工商管理研究》1994年第5期，第56页。

大约分为三个阶段：首先是为期一年的行政实习，要求学员参加文官系统的日常工作，在行政部门中进行实际训练；其次是为期半年的社会实习，要求学员深入社会，到工商业等各个社会行业进行调查研究，熟悉各个行业的情况。最后是为期一年半的课程学习，学员们必须学习法律、经济、社会事业、国际关系、公共财政和外语等主要课程。三年培训期满后，由专门的委员会对毕业生进行笔试和口试，根据成绩排列名次，毕业生严格按名次顺序挑选政府提供的空缺职位。

（二）印度拉芭斯国家行政学院

1. 印度拉芭斯国家行政学院发展历史

1958 年 4 月 15 日，印度内政部部长提议建立国家行政学院，该学院应该对印度所有新招募的高级水平的文官提供培训。内政部（the Ministry of Home Affairs）还决定把印度行政系统文官培训学校（the IAS Training School）、德里行政系统文官培训学院（Delhi and the IAS Staff College）以及西姆拉培训学院（Shimla）三所培训机构合并，组成国家行政学院①。初期设在新德里（New Delhi），后移至摩苏里（Mussoorie）。

学院最初的名字为国家行政学院（the National Academy of Administration）直属印度政府内政部。1972 年 10 月，它的名字改为拉尔·芭哈杜尔·夏斯特里行政学院（Lal Bahadur Shastri Academy of Administration）。

1973 年 7 月，学院又增加"国家"两个字，成为"拉尔·芭哈杜尔·夏斯特里国家行政学院"（Lal Bahadur Shastri National Academy of Administration），并延用至今②。

学院以印度第二任总理拉尔·芭哈杜尔·夏斯特里（Lal Bahadur Shastri）的名字命名。他生前以简朴、忘我的工作精神赢得了人民的尊敬和爱戴。学院以其命名的寓意在于要求每一个学员将来在工作岗位上都能弘扬总理的作风，都能够亲近人民，兢兢业业地勤奋工作，甘当人民英雄，全心全意为人民服务。这既是国家行政学院的培训指导思想，也是国家培训文官的根本目的。该学院以印度农业和软件产业的官员培训为立足点，在印度国家的崛起中发挥着极其重要的贡献，其培训官员的做法对发展中国家的中国有一定的启发意义。

---

① LBS National Academy of Administration Annual Report 2002 – 2003, http：//www. civilservices. gov. in/lbsnaa/research/trdc/annualreport/ar2002_ 2003. doc，2006 - 9 - 6.

② 为了统一，本书一律把拉尔·芭哈杜尔·夏斯特里国家行政学院"，简称为"印度拉芭斯国家行政学院"（LBS Academy of Administration）。

2. 印度拉芭斯国家行政学院主要职能

学院座落在摩苏里（Mussoorie），它是印度最高级别的培训机构。该学院目前主要的职能有以下几个方面①：

（1）为新招募的全印文官（all-India Services）和中央文官（Central Services）A 类文官（一等，非技术性的）提供入职（基础课）培训；

（2）通过提供三明治的课程（Sandwich Course）为新招募的行政官（IAS）进行培训；

（3）为所有晋升到行政官（IAS）的人员进行为期 5 周的入职培训；

（4）为行政官提供在职/进修培训（In-service/Refresher Training）。其中工作 6～9 年、10～16 年和 17～20 的人员培训时间为 3 周；一周垂直整合培训课程（vertical integration）；

（5）为中央和地方培训机构提供一个交流的平台，以便解决在工作中遇到的各种问题；

（6）承担各种研究任务（studies）和研究项目（research projects），其目的是改进培训工作，同时完成政府给予的各种各样的研究任务；

（7）作为一个促进行政管理创新的示范中心和建设高地；

（8）开发公共管理的方面的素材，如案例教学、角色扮演（role-play）、实践锻炼等，促进相关的行动研究等，解决公共管理中出现的各种问题；

（9）承担由联合国发起的开发项目（UNDP）课程。

在上面所有的职能中，其重要的职责是为全印文官系统（the All India Services）和中央文官系统（the Central Services）A 类文官提供基础课程培训和专业课程培训。另外，它为新招募的印度行政系统（the Indian Administrative Service，IAS）的文官提供职业培训。学院也为印度行政系统（IAS）的中高级文官提供在职培训（in-service training）以及为从各邦（the state）新提拔到印度行政的系统（IAS）的文官提供入职培训（induction training）。学院还为非政府组织、企业部门（corporate sector）和印度及国外的政府提供各种"量体裁衣式"培训课程（customised courses），以满足他们的研究和培训需求。

学院共有查尔维尔（Charleville）、Glenmire 和 Indira Bhawan 三个校区。每个校区都有其特别的定位。Charleville 主要负责新招募文官的培训，同时也提

---

① Ahmed Shafiqul Huque, Lina Vyas, Public Service in a Globalized World: Central Training Institutes in India and Hong Kong, P60, Ashgate Publishing Company 2004.

供"量体裁衣式"课程（customised courses），即根据用户需要开展培训。Glenmire 校区是国家行政研究院（National Institute of Administrative Research，NIAR）所在地，它是学院研究和发展重要的一翼。而 Indira Bhawan 校区为在职培训服务，同时它也开展一些专业课程（specialised courses）培训、项目培训（programmes）以及研讨与实践班（workshops and seminars）等。

3. 拉芭斯国家行政学院行政文官的招录、培训、分配制度

拉芭斯国家行政学院和法国国立行政学院一样，是一所招录、培训和分配相结合的培训机构。1955 年，印度政府颁布了《印度行政官竞争性考试任命规则》，明确规定印度行政官考试应由印度联邦公共服务委员会（the Union Public Service Commission，UPSC）负责。整个考试过程分为预考（Preliminary Examination）、正式考（Main Examination）和面试（Interview）三个阶段，前后历时整整一年。通过最后考试的人，还需在印度拉芭斯国家行政学院继续学习两年。

印度行政文官在拉芭斯国家行政学院的整个培训过程分为基础课程（the Foundation Course）、行政文官专业课程－I（the IAS Professional Course Phase－I）和行政文官专业课程－II（the IAS Professional Course Phase－II）三个阶段的培训。其中第一个阶段的培训是基础课程培训，时间为 15 周，该课程主要目的在于"向接受培训的政府官员传授宪法、政治、社会经济和国家法律框架等方面的知识，提高学员对这方面的洞察能力"①。在学完基础课程之后，新招募的印度行政文官必须参加印度行政文官专业课程－I 的学习。其目的在于"开发和强化（hone）他们在公共服务部门前 10 年工作中将承担的各种职责的专业能力"②。在完成印度行政文官专业课程－I 后，受训人员还被派去参加一年（周）的地方实习（district training）。学员分配到地方，在邦里或县里的各个部门实习，其目的在于"了解各部门工作运转程序和熟悉人员，为以后协调工作关系打基础"③。在完成地方培训后，学员再返回印度拉芭斯国家行政学院进行为期 3 周的行政文官专业课程－II 的培训，其课程内容有意识地

① Lal Bahadur Shastri National Academy of Administration Annual Report 2003 ~ 2004，http：// www. lbsnaa. ernet. in/lbsnaa/research/trdc/trdc. htm，p4.

② Lal Bahadur Shastri National Academy of Administration Annual Report 2004，http：// www. lbsnaa. ernet. in/lbsnaa/research/trdc/trdc. htm，p5 ~ 6.

③ Lal Bahadur Shastri National Academy of Administration Annual Report 2002 ~ 2003，http：// www. lbsnaa. ernet. in/lbsnaa/research/trdc/trdc. htm，p5.

"巩固吸收学员在地方培训所获得的经验……对地方培训进行反思的机会，以便更好地了解行政管理工作所遇到的各种问题，从而让他们提前知晓到在他们工作最初几年里将面临的各种问题和情景"①。

两年多学习和实习期满，印度公职人员委员会根据其成绩，把他们分配到中央及各邦的政府部门工作。他们或留机关工作，或当副县长，级别均为次秘书。至于今后如何发展，取决于个人资历与工作成绩。总之，拉芭斯国家行政学院和法国国立行政学院一样，承担国家高级文官的招录、培训以及分配的任务，其很多做法很值得我们借鉴和思考。

① Lal Bahadur Shastri National Academy of Administration Annual Report 2004，http：// www. lbsnaa. ernet. in/lbsnaa/research/trdc/trdc. htm，p7.

第二章

培训机构设置功能比较

从西方高等教育发展史角度来看，教学、科研和服务是现代大学的三大职能。从中世纪大学的创立到德国柏林大学创建之前，大学主要承担的是教学的职能，以此来传播文明、培养人才。1809 年洪堡创立了柏林大学并确立了大学的"教学和科研相结合"的原则①。美国学者法伦（Daniel Fallon）指出："教学和研究相结合，明确地确立了学者在大学中的地位，同时它证实了在知识的新领域学术探索方法的价值"②。而大学的服务职能确立于 20 世纪初以"威斯康星思想"（Wisconsin Idea）著称于世的威斯康星大学。针对本书而言，由于国外这六所领导人才培训机构部门设置有所不同，直接影响到它们在教学、科研和服务三种职能中各有侧重，并形成了自己的办学特色。

第一节　领导人才培训机构设置结构比较

一、主要由研究机构组成的模式

（一）哈佛肯尼迪政府学院十大研究机构

哈佛大学肯尼迪政府学院办学的模式是教学与研究并举，它除了能提供各级各类培训课程外，还十分重视政府工作中的重大问题以及社会问题的研究工作。因此，该学院机构设置主要是以研究机构为主，该院目前有 10 大著名的研究机构，并吸引着国内外一大批学者以及各个领域的专家对国内外的重大问题进行研究。该院目前有如下 10 大研究机构。

---

① 贺国庆、王保星、朱文富等：《外国高等教育史》，北京：人民教育出版社 2003 年版，第 198 页。

② Daniel Fallon, The German University: A Heroic Ideal in Conflict with the Modern World, Colorado Associated University Press 1980, p28.

1. 住房研究联合中心（Joint Center for Housing Studies）。

2. 肖瑞斯坦媒体、政治和公共政策研究中心（Shorenstein Center on the Press, Politics and Public Policy）。

3. 企业与政府研究中心（The Center for Business and Government）。

4. 马尔科姆·维耶纳社会政策研究中心（Malcolm Wiener Center for Social Policy）。

5. 陶布曼州与地方政府研究中心（Taubman Center for State and Local Government）。

6. 罗伯特和勒内·贝尔福科学及国际事务研究中心（Robert and Renee Belfer Centet for Science and Informational Affairs）。

7. 哈瑟非营利组织研究中心（Hauser Center for Nonprofit Organization）。

8. 国际发展研究中心（The Center for International Development）。

9. 卡尔人权政策研究中心（Carr Center for Human Right Policy）。

10. 公共领导研究中心（Center for Public Leadership）。

哈佛肯尼迪政府学院 10 大研究机构的设置是以所研究的问题进行分类的，如这些机构涉及住房、媒体、地方政府、国际事务、非营利性组织、人权等诸多问题，这些问题也是当前国内外所涉及的重大问题。因此，哈佛肯尼迪政府学院的机构主要以研究中心为主，其主要任务是对国家和社会的专门问题进行研究。

（二）李光耀公共政策学院两大研究中心

李光耀公共政策学院是新加坡国立大学的一个独立学院，学院的管理机构是学院管理委员会（Governing Board）。管理委员会主席由新加坡东亚研究所（the East Asian Institute）主任王光武（Wang Gungwu）教授担任。其成员包学院院长在内，共有 15 名。他们由公共政策流域内著名的学者、国家高级官员以及来自私营部门的领导组成①。学院除了这个管理委员会对学院进行全面管理外，其主要的机构和哈佛肯尼迪政府学院一样，是以研究中心为主。为了使学院成为一个公共政策研究、教育和研讨的中心，李光耀公共政策学院在成立不久，就成立了两个卓越的研究中心：一是亚洲和全球化研究中心（The Centre on Asia and Globalisation）；二是亚洲竞争力学院（The Asia Competitiveness Institute）。

---

① Governing board, http: //www. spp. nus. edu. sg/about_ us_ 1. htm#abtintro.

1. 亚洲和全球化研究中心

亚洲和全球化研究中心（The Centre on Asia and Globalisation）于 2006 年 8 月成立。该中心作为一流的学者和决策者从事有效研究和战略对话的催化剂，主要致力于全球化治理卓越化。让他们成功地选择亚洲成长的重要性是如何反映在世界管理机构中的（the world's governing institutions）。

除了研究和出版外，该中心还组织学术研讨、学术会议、政策对话（policy dialogues），对亚洲现存的焦点问题及其在界定和管理全球化事务中的潜在作用进行探究①。

该中心的主任是安·弗洛琳尼（Ann Florini）博士，她是李光耀公共政策学院客座教授（Visiting Professor）及布鲁金斯学会（the Brookings Institute）高级研究员（Senior Fellow）。

2. 亚洲竞争力学院

今天，竞争力与经济增长和生活水平的提高有明显的联系。一个国家的竞争力决定它所能够吸引投资的数量和质量，并且决定国家的发展道路和国民的生活水平。竞争力与经济的生长和生活水准的提高有极其密切的联系。因此，对每个国家来说，国家竞争力是公共政策领域中所涉及到的一个主要问题。另外，当一个区域里的国家发展的时候，它们将对了解和影响它们国家的工业竞争力相关因素的兴趣会日益增长。

正是因为上述原因，2006 年 11 月 28 日，学院建立了第二个主要的研究机构——亚洲竞争力学院（the Asia Competitiveness Institute），从而在研究亚洲国家竞争力研究方面起引领的作用。学院的目标是"成为亚洲竞争力思想上的引领者（a thought leader），影响本区域内政策的制定（regional policy - making），并通过促进经济的增长，最终提高人们的生活水平。"②

这个学院的主任是新加坡南洋理工大学南洋商学院（the Nanyang Business School at the Nanyang Technological University）前院长梁文松（Neo Boon Siong）教授。他是战略（strategy）、管理（management）和组织变革（organisational change）等领域的专家，他在会计金融学（accounting and finance）、信息系统（information systems）、研究（research）、商业咨询（business advisory）、管理教育（management education）和公司管理（corporate governance）等众多领域

---

① The Centre on Asia and Globalisation，http：//www. spp. nus. edu. sg/CAG/index. htm，2006 - 12 - 14
② The Asia Competitiveness Institute，http：//www. spp. nus. edu. sg/centres. htm，2006 - 12 - 15.

有 25 年的从业经历。他目前在众多国际组织中担任职务。接下来，他将带领学院开展研究计划以及举办论坛，让公共与私人领域领导人针对竞争力课题展开对话。

亚洲竞争力学院将使新加坡能够在区域发展战略领域（the strategic areas of development）提供相关的专家意见（expertise）和智力领导（intellectual leadership），并具有一定的话语权。亚洲竞争力学院同样也获得新加坡政府，尤其是贸易工业部（the Ministry of Trade and Industry）强有力的支持。

这两个中心的成立是为了"吸引世界顶尖的学者和潜在的合作伙伴研究亚洲的作用及对全球化的贡献，同时也是为了研究亚洲国家的竞争力等相关问题。从而更好地迎接挑战。"①另外，学院还创立了一个论坛，以便为世界各地的学者、实践家、政治家提供一个交流的平台。

二、院系和研究机构并重的模式

院系和研究机构并重设置的机构主要以印度拉芭斯国家行政学院为代表，该院实行的是院长负责制，并下设联合院长和副院长等职，该院行政组织结构图如图 2 - 1②。

除了行政机构外，该院机构设置最大的特色是院系和研究机构并重的模式。各院系主要的任务是为学院的培训提供教学服务，而研究中心主要为学院的培训和国家的发展提供决策。目前该院主要有以下 5 个重要的研究机构：（1）国家行政研究院（National Institute of Administrative Research，NIAR）；（2）农村研究中心（Centre for Rural Studies，CRS）；（3）灾难管理中心（the Centre for Disaster Management，CDM）；（4）国家文化资源中心（the National Literacy Resource Centre，NLRC）；（5）合作社和农村发展中心（Centre for Co-operatives and Rural Development，CCRD）。

除了研究机构外，和一般行政学院不同的是，该院主要以院系的模式设立，目前该院设立如下几个系承担院里不同的培训任务：公共行政和社会管理系（Faculty of Public Administration and Social Management）、管理系（Faculty of Management）、法律系（Faculty of Law）、经济学系（Faculty of Economics）以及印度历史和文化系（Faculty of History and Indian Culture）、政治理论和印

---

① http：//www. spp. nus. edu. sg/centres. htm，2006 - 12 - 15.

② Huque，Ahmed Shafiq，Public service in a globalized world：central training institutes in India and Hong Kong，Aldershot，Hants，England；Burlington，VT，p62.

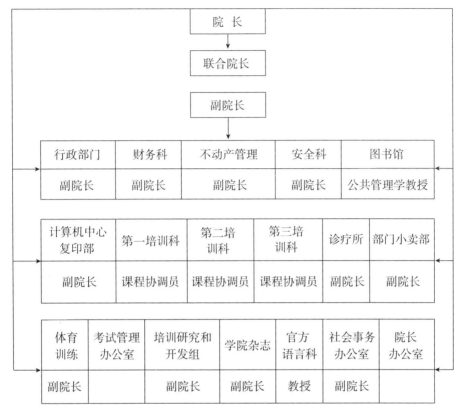

图 2-1 印度拉芭斯国家行政学院组织结构图

度宪法系（Faculty of Political Concepts and the Constitution of India）、国家安全事务系（Faculty of National Security Affairs）、北印度语和区域语言系（Faculty of Hindi & Regional Languages）、计算机信息系统系（Faculty of Computers and Information Systems）。

三、以管理机构为主的模式

这类机构主要以法国国立行政学院为主，这样的机构设置最大的特点是，能保证培训工作的正常、高效运转。

根据 1945 年 10 月 9 日法令规定，法国国立行政学院行政领导由院长负责，设校务委员会。法国国立行政学院实行的是校长负责制，设校务委员会辅助其工作，学院组织机构构成情况详见图 2-2。

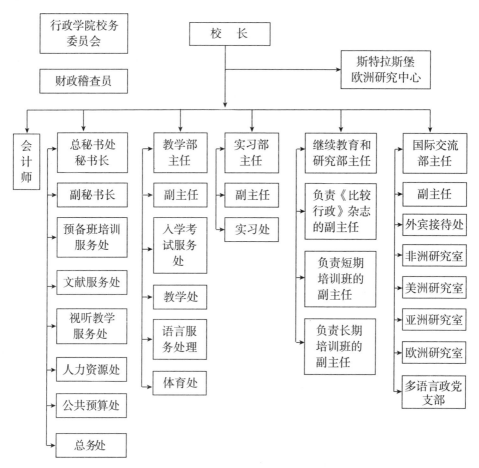

图2－2　法国国立行政学院组织机构图①

从法国国立行政学院组织机构图中，我们可以看出，学院只有一个研究中心，即斯特拉斯堡欧洲研究中心。其他主要机构是由总秘书处（Secrétariat Général）、教学部（Direction des études）、实习部（Direction des stages）、继续教育和研究部（Direction de la formation permanente et de la recherche）以及国际交流部（Direction des relations internationales）5个职能部门组成，共同辅助校长工作。其学院机构主要体现管理的职能，其具体职能如下。

---

① An organization, a staff and its services —all available to ENA's students and teachers, http: // www. ena. fr/en/index. php? page = institution – en/presentation/organization, 2006 – 10 – 27.

1. 校务委员会

校务委员会每年至少召开3次会议，或根据要求也可临时召开会议。总理府财政总稽核和国立行政学校的会计师以咨询的名义列席校务委员会，具有发言权。其主要职责是：讨论学校的大政方针，并作出决定；批准学校的预算；审核和受理学制、教学的组织、校规、纪律处分、应有的保障等一切与学校运行有关的重大问题[1]。校务委员会早期为16人，20世纪80年代增至20余人[2]。其人员由部长会议颁布法令任命，每届任期4年，除学生代表和行政人员代表外，可连续任职。其人员组成主要有以下几个方面：（1）主席。由法国行政法院副院长担任。以文官中职位最高的行政法院副院长兼任校务委员会主席，"这既表示国家和政府对该校的重视，亦在借助其在行政管理领域所具阅历和威望来辅助校长，并保证学校大政方针不偏离建校宗旨及紧密结合当前政府治理方向"[3]。（2）法定人员3名。包括行政和公职总局局长，高等教育总局局长和国际行政管理学院院长。（3）政府行政部门代表4~6名。如来自法国的经济、财政和工业部、外交部、内战部等。（4）大学和其他高等院校或科学技术领域的公共机构代表2~3名，其中至少1人必须是政治学院院长。（5）文官组织代表4名。根据国家公职最高委员会中代表文官的工会联合会的提名任命。（6）公职系统以外的社会知名人士3人。主要根据其职业、职务和能力进行选择。（7）在校学生代表2名。每届1人。这2名代表各有1名以同样方式选举产生的候补人。（8）校友会代表1人。（9）经选举产生的学校在职行政工作人员代表2名。这2名代表各有1名以同样方式选举产生的候补人。

从上面可以看出，校务委员会人员组成有这样几个特点：首先，绝大部分委员是校外人士，其中多数是政府或其他职业部门的高级管理人员，这有助于学校密切社会，尤其是联系公共管理的实际；其次，委员会在校生和校友代表约3人，学生对学校的办学方针、重大行政措施及关系到学生利益的事务有充分的发言权，校务委员会成为有关部门、校方与学生对话的适合场所。

2. 总秘书处

总秘书处设秘书长1名，通常在校内人员中选任。秘书长负责处理日常行

① 潘小娟：《埃纳与法国行政：法国国立行政学校》，北京：中国法制出版社2000年版，第151页。

② 刘君桓、李爽秋编著：《法国国家行政学院》，长沙：湖南教育出版社1990年版，第143页。

③ 刘君桓、李爽秋编著：《法国国家行政学院》，长沙：湖南教育出版社1990年版，第145页。

政、财政和人事方面的日常工作，是学校行政工作的主管，在院长缺席或其他情况下，可以执行院长职权。总秘书处下设预备班考前培训服务处、文献服务处、视听教学服务处、人力资源处、公共预算处和总务处多个部门。

总秘书处管理的事务十分繁杂，几乎包罗了除实习、教学和在职培训以外的学校其他所有的行政工作。它的主要职责有以下几点：（1）入学考试的各项准备工作，包括起草文件、提供咨询、考生资格审查、秘书工作等；（2）考前预备制度的各项管理工作；（3）学生的行政管理和社会服务工作，包括社会保险的注册、代表的选举、服兵役问题等；（4）预算和财务管理；（5）后勤和总务管理；（6）人事管理；（7）秘书工作和档案资料的收集与管理；（8）与学生代表、毕业生及毕业生协会的联系；（9）与各考前预备培训中心的联系等①。

3. 实习部

实习部主任由总理根据校务委员会提名任命，设副主任 1 名协助其工作。实习部主要任务是：主管学生实习的准备工作、组织工作及监督检查、负责制订实习计划、安排实习单位、指导实习工作、负责评定实习成绩。实习期间，实习主任及副主任深入各实习点考察了解，直接和学生接触，听取实习情况汇报，提供具体指导帮助②。

该部的任务虽然比较单一，但工作量非常大。不论在实习开始之前、实习过程之中，还是实习结束之后，该部都有许多深入细致的工作要做。由于国立行政学院的实习生不仅遍布整个法国，而且还有为数不少的实习生分布在世界各地，因此，仅实习访问一项就要花费很多的精力和时间。

4. 教学部

教学部主任也是由总理根据校务委员会任命。设副主任 1 名及顾问 3 名协助其工作。3 名顾问分管经济学科、理科、语言学科。入学考试服务处、教学处、语言服务处和体育处属教学部领导。

教学部主管教学事宜，其主要职责是：负责制订教学大纲；组织入学考试和考前预备培训班考试；选择教学方法，推动各科的教学；安排课程、配备教师；组织名次排名考试；在教学过程中积极引导和指导学生，保证各项教学与

① 潘小娟：《埃纳与法国行政：法国国立行政学校》，北京：中国法制出版社 2000 年版，第 154 页。

② 刘君桓、李爽秋编著：《法国国家行政学院》，长沙：湖南教育出版社 1990 年版，第 147 页。

研究任务的顺利完成①。

5. 继续教育和研究部

继续教育和研究部成立于 1982 年，是法国国立行政学院相对年轻的一个部门，由校长助理专门负责。它是为适应国立行政学院行政管理的发展和加强在职高级文官培训的需要而成立的。该部主要负责两个方面的工作：一是研究国家行政管理中出现的新问题，思考行政管理现代化的对策；二是负责在职高级文官及高级管理人员的培训工作，主要包括应用性培训部和部际培训两个方面。

除了上述三种主要模式外，还有其他的模式。如新加坡文官学院的机构主要有负责教学的政策发展学院（The Institute of Policy Development，IPD）和公共行政管理学院（IPAM）以及负责为社会服务提供咨询的学院专家咨询团（CSC Consultants，CSCC）和组织优化服务中心（Public Service Centre for Organisational Excellence，PSCOE）组成的，其中心任务就是为官员培训提供教学以及为社会的发展提供决策咨询服务，具体情况详见下节的论述。

第二节　领导人才培训机构功能特色比较

一、哈佛肯尼迪政府学院：重视对国际重大问题的研究

（一）研究问题的主要领域

哈佛大学肯尼迪政府学院目前有 10 个研究机构，这十个研究机构以所研究的问题而设立的，其研究的问题涉及社会生活中方方面面，详见下表：

表 2-1　肯尼迪政府学院研究机构及其研究内容②

研究中心名称	研究内容
住房研究联合中心	由肯尼迪政府学院与建筑设计学院合作创办，研究有关住房问题以及住房在社区建设中的角色，涉及住房市场和经济、人口、社会发展趋势之间的动态关系，并给政府、企业和非营利组织提供相关的知识、政策和策略。

① 潘小娟：《埃纳与法国行政：法国国立行政学校》，北京：中国法制出版社 2000 年版，第 155 页。

② KSG Research Centers，http：//www. ksg. harvard. edu/main/centers. htm.

续表

研究中心名称	研究内容
肖瑞斯坦媒体、政治和公共政策研究中心	研究媒体与政治的各种关系，如研究媒体是如何影响政治进程和政府机构的。
企业与政府研究中心	研究在美国经济与全球经济中企业与政府的关系以及相关政策问题。
马尔科姆·维耶纳社会政策研究中心	研究刑事审判、健康、贫困、福利、劳动教育以及人权服务等政策问题。
陶布曼州与地方政府研究中心	研究教育、公共财政预算、创新、公共管理、领导与治理、土地使用、城市经济、基础设施与环境以及战略计划与通信等政策问题。
罗伯特和勒内·贝尔福科学及国际事务研究中心	研究国际安全事务、环境与资源问题以及科技政策等问题。
哈瑟非营利组织研究中心	研究与非营利组织相关的政策问题以及试图在实践者与教育非营利组织管理的知识之间架起一座桥梁。
国际发展研究中心	该中心利用硬科学、社会科学、伦理学以及政治学的新方法去理解和改变全球贫困及政治环境等问题。
卡尔人权政策研究中心	研究政府、政府间以及个人政策对全球人权的影响。
公共领导研究中心	研究美国及全球公共领导问题。

作为美国"思想库"一部分的肯尼迪政府学院的研究机构，为政府部门、大的社会集团、企业等部门在政治、经济、外交、军事、科技、社会等各个领域、各个层次的决策和开发进行调查研究、出谋划策、提供各类咨询及参考的建设性意见。因此，这些研究机构在研究问题时，能针对国内外的重大问题进行研究。如罗伯特和勒内·贝尔福科学及国际事务研究中心，除教学和国际安全方面的培训外，"其研究主要围绕国际安全的重大挑战、科学技术与国际事务的关系等重大课题进行，并在相关政策性研究中力图保持领先地位。"[1]如卡

---

① 杨易：《哈佛大学贝尔福研究中心》，《国际问题研究》1999 年第 2 期，第 55 页。

尔人权政策研究中心研究重点也主要集中在重大的国际人权事件，以及美国政府和世界各国政府的人权政策。如该中心过去和现在主要研究的主题有：国际安全和人权项目（National Security and Human Rights Program）、种族大屠杀和大规模暴行（Responses to Genocide and Mass Atrocity）、恐怖主义与人权（Terrorism and Human Rights）、国际对艾滋病的反应（International Responses to the HIV/AIDS Pandemic）、宗教和人权（Religion and Human Rights）、社会心理学对社会冲突的研究（Social Psychology to Conflict Escalation）等①。

这些研究中心的研究大多以项目的形式进行，如罗伯特和勒内·贝尔福科学及国际事务研究中心目前主要围绕以下 5 个研究项目进行研究：（1）国际安全项目（International Security Program，ISP），主要就美国国家利益和面临的国际安全威胁进行分析研究，论证在政策运作过程中进行有效仲裁、干涉的机会。（2）环境与自然资源课题（Environment and Natural Resources Program，ENRP），主要研究环境等问题与国际关系的相互影响。（3）科学、技术和公共政策项目（Science，Technology，and Public Policy Program，STPP），分析科技政策对国际安全、资源、环境和发展的影响，以及技术革新、信息基础建设等之间的交叉影响。（4）强化民主法规的项目（Strengthening Democratic Institutions Project，SDIP），该项目主要是针对俄罗斯、乌克兰和前苏联其他加盟共和国，支持其民主化过程、建立自由市场经济、加强国际关系中的合作。（5）美国州内的冲突、冲突预防、冲突解决项目（WPF Program on Intrastate Conflict，Conflict Prevention，and Conflict Resolution），该项目主要分析种族、信仰及其他冲突的原因，并寻求解决预防和限制的方法②。

这些研究中心的研究成果也充实了学院的教学培训的内容。如"卡尔人权政策研究中心"组织不同学科相互合作，开展人权研究学术活动，以及征集和资助人权研究项目。除此之外，该中心还进行人权教育和学术活动。如 2004～2005 年，该中心还和哈佛法学院的"人权项目""在校内开设人权课程，以及通过人权活动奖学金、人权法律诊所、指导学生参与校外人权

---

① the Carr Center Past and Current Program Areas，http：//www. ksg. harvard. edu/cchrp/programs. shtml.

② Policy and Research Centers，Programs，and Institutes，p5，http：//ksgaccman. harvard. edu/publications/rr2001_ index. htm.

实践活动的双重功能。"①在教学方面，该中心和人权项目 2004～2005 年为哈佛大学开设了 261 门与人权有关的课程。这些课程反映了教师正在进行的科研课题，同时也从另一个侧面反映了人体观念和内容的发展趋势，其内容几乎涉及到所有人权内容，给人权问题感兴趣的学生提供了足够的选择②。

除了开展重大问题研究外，这些研究中心还举行各种学术论坛，肯尼迪政府学院政治研究所（The Institute of Politics，IOP）开展的学术论坛（Forum）尤为著名。该所宗旨很明确，即促进学术界的沟通和交流，鼓励年轻人。它不是一般的学术研究所，因其在全美乃至全世界的联系与影响，实际上是美国政治活动的一个重要的场所。政治研究所的重要活动之一就是在论坛举行高层次的演讲和讨论会，每周至少一次。参加担任论坛主讲的人大多是政治经验丰富的各国政要，很多人都以有机会在此演讲为荣，自创办以来有数不清的名人曾在这里登场。从该所网上公布的学术论坛看，2005 年 2 月 2 日至 4 月 27 日三个月的时间内，共举办了 35 场讲座，担任论坛讲座的主要是哈佛大学和其他高校著名专家、肯尼迪政府学院世界各地的校友和国内外政要③。如 2005 年 2 月 2 日的一个名为《海啸：应急措施、防御和重建》的小组论坛，就邀请了来自印度、印尼、斯里兰卡等国的肯尼迪政府学院的毕业生和专家一起进行讨论。这些校友本身也是自己国家的领导人或者某方面的专家。"自论坛于 1978 年建成以来，已安排了演讲 1700 多次，吸引了 50 万多人直接参加，另外，有几百万人则通过互连网和电视欣赏论坛的盛况。"④ 通过参加论坛，让学生走进政治家和社会积极分子，感受他们的个人风采和领袖魅力，欣赏他们的口才和政治智慧，洞察他们的政治动机，聆听他们对亲历的政治事件的处理过程，了解他们对自己当初决策的得失分析。一个故事就是一个案例分析，在尘埃落定之后听当事人的故事和诠释，鲜活生动，感染力强，对学生们的启发和教诲，往往胜过读 10 部理论专著。

总之，肯尼迪政府学院通过各研究中心的研究活动和学术论坛，极大地推动了学院的教学培训工作，因为，研究围绕实际问题展开，教师在研究中

---

① Henry J. Steiner, The University's Critical Role in the Human Rights Movement, Harvard Human Rights Journal, Vol. 15, p321～322.

② 黎尔平：《哈佛大学的人权教育和研究》，《人权》2005 年第 6 期，第 40～41 页。

③ JFK Jr. Forum Video Archive：2005，http：//www.iop.harvard.edu/events_ forum_ archive.html.

④ The John F. Kennedy Jr. Forum, http：//www.iop.harvard.edu/events_ forum.html.

找到解决问题的答案，而学生通过参与获得信息和教师指导，认识和处理现实问题的能力得到提高。另外，研究活动也可以增进交流，因为高水平的国际化科研与培训活动，吸引大批学术界、政府部门、非营利组织和工商企业的领导者走进肯尼迪政府学院，大大增加了学生与学界领袖、政府高官和组织领导相互了解与学习的机会，进而为获得广阔的职业发展空间奠定基础。

（二）哈佛大学社会服务理念历史分析

教学、科研和服务是现代大学的三大职能。一般认为，服务职能肇始于美国依据 1862 年的莫里尔法案而诞生的赠地学院，确立于 20 世纪初以"威斯康星思想"（Wisconsin Idea）著称于世的威斯康星大学。

20 世纪初，威斯康星大学鲜明地举起了"大学必须为当地服务"的旗帜。1904 年，威斯康星大学在范海斯（Charles R. Vanhise）校长的领导下提出了"威斯康星计划"，他认为大学的基本职能包括："（1）把学生培养成有知识、有能力的公民；（2）进行科学研究，创造新文化、新知识；（3）传播知识，使广大人民能够应用知识解决社会各方面的问题。"[1]威斯康星大学尤为重视第三种职能，范海斯强调："州立大学的生命在于她和州的紧密关系中。州需要大学来服务，大学对于州负有特殊的责任。"[2] 在这种思想的指导下，该校教授直接参与议会委员会的法律起草工作、为州政府提供决策咨询意见等，从而开创了美国高等学校为政府直接服务的先河[3]。

受威斯康星思想等赠地学院社会服务理念的影响，哈佛大学也提出了"大学为国家服务"的口号。时任哈佛大学校长的查尔斯·埃利奥特（Charles W. Eliot，1834 ~ 1926）指出："威斯康星大学是一所优秀的州立大学，它之所以取得这样的地位，是由于它向州部门提供了专门的知识，向大众提供了讲座，把大学送到了人民当中。"[4]在一个社会发展迅速的时代，哈佛大学应如何发展？对此埃利奥特认为，"我们需要培养出学者、艺术家、工程师……但是，我们首先要培养出一个能够帮助、指导并控制自己民族的人。""进校增长

① 顾明远、梁忠义：《世界教育大系·美国教育》，长春：吉林教育出版社 2000 年版，第 141 页。
② 陈学飞：《当代美国高等教育思想研究》，大连：辽宁师法大学出版社 1996 年版，第 31 页。
③ 杨光富：《美国赠地学院发展研究》，华东师范大学 2004 年硕士学位论文，第 45 页。
④ 劳伦斯·阿瑟·克雷明著，单中惠等译：《学校的变革》，上海：上海教育出版社 1994 年版，第 187 页。

智慧，出校服务国家和人类。"①为此，他认为："大学有三个主要的直接职能：首先是教学；其次是以书籍等形式大量汇集已获得的系统知识；第三是研究。"②

1933 年，科南特（James Bryant Conant）出任哈佛大学校长，他也非常重视研究和服务在大学职能当中的作用，他说："如果我们试图用一句话来概括高等教育的目标的话，那么最好概括就是寻求真理，今天大学首要的任务是寻求真理，这也一直是大学的首要任务。"③ 可以看出，科南特特别强调通过科学研究来增进知识和学问。同时他也赞同埃利奥特关于大学为国家服务的思想，这在二战期间得到了充分的体现。如在二战期间科南特所在的大学"也适时地转变为一座战略思想库和致命武器的军火库。不仅科南特校长本人成为美国防务研究委员会的重要成员，而且哈佛大学的一些著名的科学家都参与了曼哈顿工程，满足了战争对科学研究的需求④。自此，大学的服务职能理念已深深扎入哈佛大学这片土壤之中了。

通过对哈佛大学研究和为社会服务职能发展的历史回顾，我们可以看出，自 20 世纪初以来，哈佛大学一直把教学、科研和为社会服务作为学校的重要职能。因此，哈佛大学肯尼迪政府学院及其他院系的研究中心在研究方面之所以取得如此之大的成就，除了有哈佛强大的经济作为后盾外，这和哈佛大学的科研为社会服务的理念是密不可分的。

二、新加坡文官学院：注重培训和服务的完美结合

新加坡文官学院主要由负责教学任务的政策发展学院（IPD）、公共行政管理学院（IPAM）、学院国际部（CSCI）以及为社会提供决策服务的学院专家咨询团（CSCC）、组织优化服务中心（PSCOE）等 5 个部门组成，通过研究，我们可以发现该院的机构设置充分体现了该院培训和服务的两大职能，具体机构情况详见图 2 - 3。

---

① Richard Norton Smith, The Harvard Century, Simon and Schuster, 1986, p28 ~ 29.

② William Bentinck - Smith, The Harvard Book, 350 Anniversary Edition, Harvard University Press, 1986, p22.

③ William Bentinck - Smith, The Harvard Book, 350 Anniversary Edition, Harvard University Press, 1986, p25.

④ 陈利民：《办学理念与大学发展——哈佛大学办学理念的历史探析》，青岛：中国海洋大学出版社 2006 年版，第 88 页。

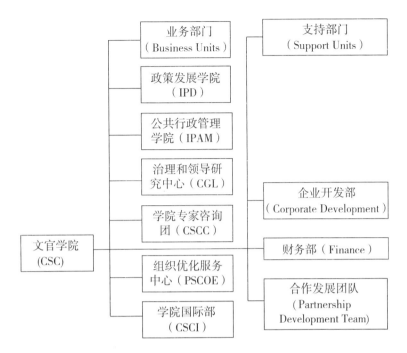

图 2 - 3　新加坡文官学院组织结构图①

（一）政策发展学院和公共行政管理学院——为学院培训提供保障

学院的政策发展学院（IPD）、公共行政管理学院（IPAM）以及学院国际部（CSCI）的主要职能是为国内外的官员培训提供教学方面的保障。

如成立于 1993 年的政策发展学院（The Institute of Policy Development, IPD），其主要任务是着眼于领导者的发展，为高级文官举办政策发展与领导科学课程。它以培养和发展公共部门领导者的价值观、人文素质以及管理与政策分析能力为目的，促进整个民族的持续发展。它的培训项目主要面向公共部门官员，但也对来自私营部门的人员开放。该院提供三个方面的培训项目：（1）里程碑课程（Milestone Programmes），主要为官员职业发展的关键阶段提供培训；（2）专题实践和研讨课（Workshops and Seminars），这类短期的课程不断地促进公共部门领导的知识和技能；（3）演讲和论坛（Talks and Forums），主要为著名的演讲者和参与者提供交流思想和经验的

---

① CSC Annual Report 2005 ~ 2006, p12, http：//www. cscollege. gov. sg/page. asp? id = 50.

机会①。

公共行政管理学院（IPAM）主要是为各级文官提供各类培训课程，开发他们的潜能，提高他们的管理水平，并努力把每个公共官员培养成为各项变革的积极参与者，增强文官队伍在国家管理中的核心作用。IPAM 目前主要提供 5 个核心培训领域课程：（1）治理（Governance）；（2）领导学（Leadership）；（3）公共行政（Public Administration）；（4）21 世纪公共服务及管理优化与创新（Public Service 21 and Managing for Excellence Initiatives）；（5）个人发展与绩效（Personal Development & Effectiveness）这 5 个领域课程由 16 门课程组成，主要是为了满足新加坡文官系统的培训需求，其目的是强化新加坡文官的核心价值②。

学院的政策发展学院和公共行政管理学院主要为本国的培训服务，而学院国际部（CSC International，CSCI）主要为"对新加坡公共改革和管理感兴趣的国际组织服务，其主要的目标是帮助国际组织的能更好地进行治理，并促进全世界的政府间的合作和交流"③。它在与国际机构的合作方面有着丰富的经验。目前主要为国外提供各种公共治理和行政领域方面的培训课程和咨询服务，其领域包括：（1）公共政策制定；（2）人力资源管理；（3）财务管理；（4）社会及；（5）医疗保健管理④。

通过以上分析，我们可以看出，这三个部门主要为学院的培训提供服务，如 2004~2005 年度它们为学院提供了大量的课程，详见 2004~2005 年度 IPD、IPAM 以及 CSCI 主要的培训课程。

为了顺利完成教学培训任务，它们还下设各类机构，为顺利完成教学任务提供保障，如公共行政管理学院内设以下机构：（1）课程组：负责开发课程，工作人员约 10 名；（2）培训组：负责实施培训任务，工作人员 20 多名；（3）系统组：负责学院技术后勤保障，工作人员 10 多名；（4）行政组：负责学院行政事务，工作人员不到 10 名；（5）业务组：负责招生等办学具体业务，工作人员 2 名⑤。

---

① About IPD, http：//www. cscollege. gov. sg/page. asp？id = 134.
② IPAM（Institute of Public Administration & Management）—Training Programmes, http：//www. cscollege. gov. sg/page. asp？id = 64.
③ CSCI International Programmes, http：//www. cscollege. gov. sg/page. asp？id = 148&pf = 1.
④ 课程和服务, http：//www. csci. gov. sg/cn/programmes – services. html.
⑤ 张修学主编：《国外著名行政院校概览》, 北京：国家行政学院出版社 1999 年版, 第 572~573 页。

表 2 - 2　2004～2005 年度 IPD、IPAM 以及 CSCI 主要的培训项目①

部门	主要培训课程	
	里程碑课程	专题实践和研讨
政策发展学院（IPD）	行政部门高级领导课程（LAP） 高级管理课程（SMP） 治理和领导课程（GLP） 行政人员基础课程（FC） 行政发展课程（EDC）	公共政策观点研讨（PPPS） 公共政策发展研讨（DPPS） 情景模拟实践（Scenario Planning Workshop，SPW）
公共行政管理学院（IPAM）	领导学（Leadership） 组织发展（Organisational Development） 人力资源管理和发展（Human Resource Management and Development） 交流学（Communications） 治理（Governance） 创新与企业（Innovation and Enterprise） 公司行政（Office Administration） 服务质量（Service Quality） 公共政策（Public Policy） 知识管理（Knowledge Management） 金融学（Finance） 信息教育（Infocomm Education） 个人发展（Personal Development） 组织优化（Total Organisational Excellence） 普通管理学（General Management） 法律（Law） 组织知识（Organisational Learning）	
国际部（CSCI）	e - 政府（e - Government） 公共部门管理变革（Managing Change in the Public Service） 公共部门改革（Public Sector Reform） 公共部门财政管理（Financial Management for the Public Sector） 促进产业关系和谐（Promoting Harmonious Industrial Relations） 社会和经济发展（Social and Economic Development） 公共部门人力资源管理和开发 （Human Resource Management and Development in the Public Sector） 公共治理和行政（Public Governance and Administration） 城市陆地交通（Urban Land Transportation） 城市规划（Urban Planning） 英语交际能力（English Language and Communication Skills）	

① 资料来源：Annual Report 2004～2005，http：//www. cscollege. gov. sg/page. asp？id = 50, p14.

（二）专家咨询团和组织优化服务中心——为社会决策咨询提供服务

除了培训工作外，新加坡文官学院还特别注重学院的社会服务功能，为此学院于 2001 年 8 月成立了学院专家咨询团（CSC Consultants，CSCC），它是由人事指导部（the Personnel Guidance Unit，PGU）和公共服务咨询团（Civil Service Consulting Group，CSCG）两个部门合并而成的①。

人事指导部成立于 1996 年，是新加坡总理公署（Prime Minister's Office）下设的公共服务署（Public Service Division）的一个部门。它主要的任务是"进行人员的挑选、安置和开发等工作"②。而公共服务咨询团（CSCG）也成立于 1996 年，是新加坡文官学院的一个部门。"它为组织的发展、人员的开发和体制的改进提供咨询，以便帮助组织运转、调动公共部门的积极性"③。因此，它的主要任务包括三个方面：（1）为政府部门提供咨询服务，包括改革培训政策方面的咨询，目标是协助政府最大可能地开发其人才资源；（2）指导学员回工作单位后如何运用在学院学到的知识与技能；（3）就文官培训与国外机构建立联系和发展合作与交流，提供国外文官培训及公共机构革新方面的信息④。

新成立的 CSCC，除了承担人事指导部和公共服务咨询团原有的任务之外，它主要为客户提供一个广泛的人才服务，同时为组织的发展提供咨询服务。其重要使命是"帮助公共机构在挑选、开发和聘用人员方面进行优化，并取得良好的成效"⑤。

咨询团有 20 多成员，除设正副主任 2 名外，其他成员分为人员挑选和评估小组（Selection and Assessment Team）、组织开发咨询小组（Organisation Development Consulting Team）、管理和统计小组（Admin & Statistics Team）三个部分⑥。其成员都是由受过专门训练的心理学和管理学方面的专家组成，每个咨询者都是某个领域的专家，这样就可以保障为组织和人员的发展提供专业化的建议。它主要提供 5 个方面的咨询服务⑦：（1）员工的挑选与评估（Selec-

① CSC Consultants Our History http：//www. cscc. gov. sg/history. htm.

② More About PGU，http：//www. cscc. gov. sg/history. htm.

③ More About CSCG，http：//www. cscc. gov. sg/history. htm.

④ 张修学主编：《国外著名行政院校概览》，北京：国家行政学院出版社 1999 年版，第 574 页。

⑤ CSCC Our Mission，Vision and Values，http：//www. cscc. gov. sg/mission. htm.

⑥ CSCC Our People，http：//www. cscc. gov. sg/staff. htm.

⑦ CSCC competencies，http：//www. cscc. gov. sg/competencies. htm.

tion and Assessment）；（2）制度的发展（Systems Development）；（3）领导和文化开发（Leadership and Culture Development）；（4）人员开发（People Development）；（5）国外项目（Foreign Programmes）。

除了新加坡政府部门、学校、企业等客户外，它还为东南亚、太平洋和印度洋、南美和加勒比海等地区的众多国家服务[1]。除了学院专家咨询团为社会提供决策服务外，学院还成立了组织优化服务中心（Public Service Centre for Organisational Excellence，PSCOE）帮助公共机构构建能力，从而实现组织的优化。它成立于2001年，作用主要是承担能力的构建，主要集中在以下几个方面：（1）和公共机构一起分享好的实践经验和规范，促进同类组织的相互学习；（2）为组织的的早期发展提供好的实践经验；（3）研究组织优化的方法和实践，从而提高公共机构的能力[2]。

三、李光耀公共政策学院：研究立足亚洲发展相关问题

李光耀公共政策学院现有两个研究中心：一是亚洲和全球化研究中心（The Centre on Asia and Globalization）；二是亚洲竞争力学院（The Asia Competitiveness Institute）。这两个研究中心研究的都是与亚洲发展相关的问题，即一方面是研究亚洲国家的竞争力问题，另一方面是研究亚洲和全球化问题，这和学院的培训立足新加坡和亚洲问题是相一致的。

（一）亚洲国家竞争力研究院——着力进行亚洲国家竞争力研究

1. 研究任务——如何提高亚洲地区经济竞争力的问题

随着东南亚和太平洋地区的国家进入了持续发展的新阶段，东盟各国如何在亚洲经济竞争中立于不败之地？亚洲国家如何在自己一些特色产业中提高自身的优势？这些问题都提到决策者议事日程上了。李光耀公共政策学院院长纪梭（Kishore Mahbubani）指出："经济发展的初级阶段，问题相对容易一些……但是，随着竞争的不断升级，困难也越来越大。"[3]为满足不同部门的需求和期望，要求政府文官通过培训学会从不同的学科角度分析问题。新加坡国立大学李光耀公共政策学院的成立就是为了给亚洲地区的官员提供合适的知识和训练课程，使得学生能采用多学科方法制定和实行政策方案。与学院培训目

① CSCC Foreign Clientele, http：//www. cscc. gov. sg/fc. htm.

② PSCOE About Us http：//www. pscoe. gov. sg/statichtml/aboutus. aspx.

③ Pearl Forss, Asia Competitiveness Institute set up to develop competitiveness in ASEAN region, http：//www. channelnewsasia. com/stories/singaporelocalnews/view/243810/1/. html.

标相呼应的是亚洲竞争力学院的成立，其主要的任务是"研究所致力与企业以及政府官员共同研究亚洲地区如何提高经济竞争力的问题"①。李光耀公共政策学院院长纪梭在其成立仪式的致词中也强调："亚洲竞争力学院的战略目标是协助发展亚洲国家的经济竞争力，与李光耀公共政策学院要改善亚洲管理的更大使命在策略上是相辅相成的。对于协助亚洲领袖拥有概念与工具来推行更具竞争力的政策，亚洲竞争力学院将显著地加强公共政策学院在促进这方面的能力。"②

哈佛大学商学院战略与竞争力学院麦克·波特教授（Michael Porter）指出，亚洲国家竞争力研究院的建立"为私营和公共部门的领导者提供了一个平台，让他们有机会讨论影响新加坡经济竞争力的因素。它也加强和相关的组织的联系与合作，并使它逐渐成为东盟地区专家和机构网络中心，以便于区域间竞争力问题研究的合作和交流"③。为了更好地研究亚洲各国的竞争力问题，亚洲竞争力学院已经和麦克·波特领导的哈佛商学院战略与竞争力学院（The Institute for Strategy and Competitiveness，ISC））签署正式的合作协议。它主要在亚洲竞争力研究方面为亚洲竞争力研究学院提供专家方面的意见和智力支持。哈佛商学院战略与竞争力学院主要为亚洲竞争力研究学院提供分析样板（analytical template），同时它也为亚洲竞争力研究学院提供有关资料和和及其科学的研究方法。另外，哈佛商学院教授、管理学大师麦克·波特（Michael Porter）将担任亚洲竞争力学院国际咨询团（ACI's International Advisory Panel）主席。麦克·波特32岁即获哈佛商学院终身教授之职，是当今世界范围内竞争战略和竞争力方面公认的第一权威。波特博士获得的崇高地位缘于他所提出的"五种竞争力量"、"三种竞争战略"。他在李光耀公共政策学院担任咨询团主席，主要为学院的研究议程（research agenda）和战略发展（strategic development）提供指引。

亚洲竞争力学院还和哈佛大学商学院战略与竞争力院（the Institute for Strategy and Competitiveness）建立了正式的联系。战略与竞争力学院由竞争力专家麦克·波特（Michael Porter）领导。亚洲竞争力学院将进行严谨的学术研究及深入的资料收集，并使它成为国家竞争力资料的"知识库"（repository）。

---

① Pearl Forss, Asia Competitiveness Institute set up to develop competitiveness in ASEAN region, http: //www. channelnewsasia. com/stories/singaporelocalnews/view/243810/1/. html.

② 《哈佛商学院教授波特任竞争力学院咨询团主席》，《联合早报》2006 年 11 月 30 日。

③ The Asia Competitiveness Institute, http: //www. spp. nus. edu. sg/ACI/index. htm, 2007 – 1 – 4.

另外，学院还对部门和国家水平的竞争力进行跟踪研究。来自学院的研究者将选择性地为政府和公司承担相关的咨询项目（consultancy projects），并对他们提供关于竞争力和经济计划的建议。

学院除了加强与哈佛大学的合作外，还成立了一个"国际顾问团"（International Advisory Panel，IAP）。顾问团提供关于战略方向的建议，检查研究学院的培训课程和活动（programmes and activities），并加强它与重要项目、人员和资源的联系，从而使亚洲竞争力学院达到它的愿景和使命（vision and mission）。哈佛商学院教授、管理学大师麦克波特（Michael Porter）将担任亚洲竞争力学院国际咨询团（ACI's International Advisory Panel）主席，为学院的研究议程（research agenda）和战略发展（strategic development）提供指引。其成员主要由著名的公立和私立部门的领导组成。

学院最初的研究活动除了建立数据库外，还包括以下几个方面：（1）哈佛案例研究中关于新加坡竞争力的研究；（2）新加坡国家竞争力报告；（3）新加坡国家竞争力报告；（4）进行印尼和越南国家竞争力研究的项目①。

ACI还指导一些培训课程（training programmes），让分析家和决策者获得相关的观念、手段和方法，以便他们研究和开发国家、区域的竞争力。它还为公共和私立部门举办论坛，让它们交换竞争力方面的问题的意见，从而引导它们开发更有效的政策，并加以执行。亚洲竞争力研究学培训的主要内容是：（1）开设竞争力微观经济学课程，作为学院的选修课程；（2）开设为期5天的行政官员课程（executive program）；（3）为东盟各国政府开设一些量体裁衣式的课程②。除了研究项目和相关研究外，亚洲竞争力研究学院也开展下列活动：（1）出版竞争力研究报告；（2）开展对东盟国家竞争力发展的案例研究；（3）举行关于新加坡发展竞争力的年度论坛。（4）为政府和公司承担相关的咨询项目（consultancy projects）③。

2. 研究目标——力争成为亚洲地区的"知识库"（repository）

亚洲竞争力学院将使新加坡能够在区域发展战略领域（the strategic areas of development）提供相关的专家意见（expertise）和智力领导（intellectual

---

① Michael E. Porter, Singapore Competitiveness: A Nation in Transition, http://www.spp.nus.edu.sg/20061128%20Singapore%20ACI%20Launch%20-%20FINAL%20-%2020061125，pdf p22.

② Michael E. Porter, Singapore Competitiveness: A Nation in Transition, http://www.spp.nus.edu.sg/20061128%20Singapore%20ACI%20Launch%20-%20FINAL%20-%2020061125，p22.

③ The Asia Competitiveness Institute, http://www.spp.nus.edu.sg/ACI/index.htm, 2007 - 01 - 04.

leadership），并具有一定的话语权。亚洲竞争力学院同样也获得新加坡政府尤其是贸易工业部（the Ministry of Trade and Industry）强有力的支持。

李光耀公共政策学院创立亚洲竞争力学院是为了"在东盟地区（the ASEAN region）构建一个智力领导和网络，以便更好地了解和开发竞争力。"

ACI 致力于区域地经济增长和生活水平的提高。它也将作为一个有关竞争力信息区域性的"知识库"（repository），以便能对经济政策和发展的长期趋势进行分析。它引导研究以了解政策和经济发展的模式，并开发适用不同情况的发展模式。

（二）亚洲和全球化研究中心——研究亚洲和全球化问题

该中心于 2006 年 8 月成立，成立之初就提出了成为"全球化治理和世界问题"研究的卓越化中心的目标。主要研究的问题有国际机构、治理能源政策和其他紧迫的问题。目前研究的问题领域主要有两个方面，即全球治理（global governance）和能源政策（energy policy）①。其全球治理研究的范围从国际机构如世界银行，到联合国（World Bank），还研究非正式的但其治理体制日益增强的机构。能源的研究主要强调能源安全、能源的可持续性和能源政策的制定等。

除了研究和出版外，该中心还组织研讨、学会会议和政策对话等活动，对亚洲存在的紧急问题以及亚洲在管理全球事务中的潜在作用进行探讨。随时可以召集区域内有关专家和各级领袖，对世界上最紧迫的问题进行探讨，并提出解决的办法。

该中心另一块重要的研究和交流亚洲和全球化研究问题的阵地是《亚洲公共事务》（The Asian Journal of Public Affairs）学术期刊，每年出版两期，同时读者可以通过网络的形式进行免费阅读。该学术期刊主要对涉及亚洲和大洋州地区的公共事务问题进行探讨。该期刊还通过公共政策、公共管理、国家关系、国际政治经济和经济学等多学科的角度，对亚洲地区的政策制定进行分析并加以影响，其内容包括案例研究、书评、著名学者专家的评论等。

四、印度拉芭斯国家行政学院：为印度农业发展服务

印度是一个以农业为主的国家，农业人口占全国人口的 75%，农业劳动力占全国劳动力的 64%，农业对国民的贡献率为 28%②。为了更好地为印度

---

① ABOUT CAG, http：//www. spp. nus. edu. sg/CAG/index. htm.
② 马加力：《关注印度——崛起中的大国》，天津：天津人民出版社 2002 年版，第 13 页。

这个农业大国服务，印度拉芭斯国家行政学院在研究机构设置上着力为农业的发展服务。

在农业研究方面，学院为此设立农村研究中心（Centre for Rural Studies，CRS）、灾难管理中心（The Centre for Disaster Management，CDM）、合作社和农村发展中心（Centre for Cooperatives and Rural Development，CCRD）三个研究中心，各中心的职能如下：

（一）农村研究中心

1989 年，印度政府农业发展部（the Ministry of Rural Development）把一个名为"印度改革并行评价"（Concurrent Evaluation of Land Reforms in India）的研究项目委托给印度拉芭斯国家行政学院，其主要的任务是对印度的土地改革进行评估。后来，农业发展部又在国家行政学院成立了农村研究室（the Village Study Unit），该研究室开展"缓解贫穷项目"（Poverty Alleviation Programmes）的评估工作。1998 年，土地改革研究室（LRU）和农村研究室（VSU）合并为"农村研究中心"①

农村发展部和计划委员会（The Ministry of Rural Development and Planning Commission）规定农村研究中心有以下的职责：（1）对租佃、土地记录、土地合并、土地浪费、无家可归、农村发展等情况进行问卷调查；（2）对印度文官在地方实习遇到的各种问题，如土地改革、农村发展，消除贫困项目加以研究，并不断更新资料；（3）对租佃改革、土地财产和政府对地产利用的情况进行评估，并对农村发展项目执行中出现的问题提出相关的措施和政策；（4）农村研究中心也进行诸如土地改革管理、工资就业、公共财产资源、当代耕地运动、性别研究、消除贫困项目等问题的研究和培训工作；（5）中心一项主要的任务是组织学院基础课程（Foundational Course）培训阶段的受训官员的乡村参观项目（Village Visit Programme），让受训文官了解农村情况②。

除了以上职责外，该中心还组织各种研讨和专题实践活动，这些活动主要涉及印度土地改革方面，如关于比哈尔（Bihar）、拉贾斯坦邦（Rajasthan）、奥里萨邦（Orissa）等印度各邦的土地改革实践课（Workshop），其他的研讨主题包括：土地市场和农村贫困（Land Market and Rural Poverty）、妇女拥有

---

① the Centre for Rural Studies, CRS, http：//www. civilservices. gov. in/lbsnaa/research/crs/index. htm.

② Objectives, http：//www. civilservices. gov. in/lbsnaa/research/crs/objectives. htm.

土地权利（Women's Access and Right to Land Ownership）、土地档案计算机化（Computerisation of Land Record）等。自 1991 年至 2004 年，该中心组织了 23 次这类的专题研讨和实践课①。

还中心还出版了 20 余本关于印度农业和农村方面的学术专著②，可以说，该中心在这方面的研究颇有建树。

（二）合作社和农村发展中心

合作社和农村发展中心（Centre For Cooperatives And Rural Development，CCRD）成立于 1995 年。它主要的任务如下：（1）承担农村合作社研究；（2）研究农村贫困人员面临的各种问题，向地方政府提出补救的政策；（3）研究合作社和农村发展机构在减轻贫困方面的成功的措施；（4）为印度文官的培训开发案例研究、提供教学援助、组织现场参观（field visit programmes）等，为在职培训提供案例研究、提供教学援助、现场参观等方面的课程③。因此，该中心的主要任务是为印度的农村合作社的研究服务，并承担相应的教学和培训工作，如为基础课程提供诸如"合作社：政策与环境"（Co-operatives：Policy & Environment）、"作社：演变范例"Co-operatives：The Evolving Paradigm）等方面的培训工作④。

（三）灾难管理中心

作为农业大国，印度也是灾难多发国家，为此 2003 年 8 月学院成立了灾难管理中心（The Centre for Disaster Management，CDM）。该中心由印度政府内政部（The Ministry of Home Affairs）建立，下设在印度拉芭斯国家行政学院。其主要功能是为"事故控制系统（the Incident Command System）的官员提供灾难管理方面全面的培训"⑤。该中心已经开展了大量的培训项目，并结合全球灾难管理方面最好的实践经验，提出适合印度实际情况的国家灾难管理

---

① Workshops/Training Modules/Seminars Organised by Centre for Rural Studies, http：//www. civilservices. gov. in/lbsnaa/research/crs/workshop – seminar. htm.

② DETAILS OF THE PUBLICATIONS—External Publication, http：//www. civilservices. gov. in/lbsnaa/research/crs/external – pub. htm.

OR：DETAILS OF THE PUBLICATIONS—Internal Publications, http：//www. civilservices. gov. in/lbsnaa/research/crs/internal – pub. htm.

③ Centre For Cooperatives And Rural Development (CCRD), http：//www. civilservices. gov. in/lbsnaa/research/ccrd. htm.

④ Activities of the Centre, http：//www. civilservices. gov. in/lbsnaa/research/ccrd. htm.

⑤ Center at a Glance, http：//www. civilservices. gov. in/lbsnaa/research/cdm/index. htm.

战略。该中心还和美国农业森林服务部（Department of Agriculture – Forest Services）开展灾难管理方面的合作项目。

本章小结

通过上述研究，我们可以看出，国外领导培训机构的部门设置各不相同，有的是以研究机构为主，有的是以管理机构为主或两种并重，还有的采取以院系为主的模式。不管培训机构是以哪种模式设置，它们都有一个共同特点，那就是它们都在教学为主的前提下积极地开展科学研究。如哈佛肯尼迪政府学院、李光耀公共政策学院、印度拉芭斯国家行政学院都能结合自身特色开展研究工作，从而更好地发挥其教学、科研和服务三大职能，更好地为培训和社会实践和决策服务，并形成了自身的培训特色。这也为我国干部培训如何走教学—科研—服务一体化之路提出一个新的思考。

第三章

招生制度比较

自 19 世纪末英国建立文官招考制度以来，国外文官的培训工作就和招考紧密结合在一起，如法国和印度招录高级文官时，就采取招录、培训和分配一体化的模式，新加坡的文官培训采取的是招考和单位选派相结合的招生制度。除此之外，哈佛大学商学院的 MBA 商业领导、哈佛大学肯尼迪政府学院和李光耀公共政策学院的 MPA 及 MPP 采取的则是申请和面试相结合的招生制度。可以看出，国外领导人才的培训招考制度采取的方式各不相同，但每一种招生模式都有其可借鉴之处。

第一节　六所学院招生制度主要模式

本文涉及的美国、法国、印度和新加坡四个国家的六所领导人才培训机构，就其培训的生源来说，主要有以下三种模式。

一、申请和面试相结合的模式

申请和面试相结合的招生制度主要以哈佛商学院和肯尼迪政府学院以及新加坡国立大学李光耀公共政策学院为代表。这类招生制度最大的特色是针对学位教育，如哈佛大学商学院的 MBA、哈佛大学肯尼迪政府学院、新加坡国立大学李光耀公共政策学院的 MPA 和 MPP 学位教育等。

这类领导人才培训机构入学竞争十分激烈。如哈佛商学院是世界顶尖的商学院，每年有来自世界各地的 6000 多名报考者，竞争 800 个名额，入学率一般在 16% 左右。2003 年，大约有 8500 名学生申请哈佛商学院，但只有 12% 的人能够获得"入场券"①。2005 年，有 7000 人申请，结果只录取 800 名，录取

---

① 管城：《造钱工厂——哈佛商学院揭密》，《文史天地》2005 年第 4 期，第 5 页。

率仅为11%①。下面以哈佛大学商学院为例，介绍这类机构是如何招生的。

（一）注重学生的工作经历

哈佛商学院认为：有一定工作经验的人，在攻读 MBA 学位时，无论是课程讨论，还是小组案例分析，都可以得到较多的启发和理解，并且也更容易将其所学应用于实际的工商业中②。作为申请者，在工作经验方面应尽量表现出自己在工作中的贡献、成就以及在工作中尤其是在"管理"方面有什么收获。

（二）具有担任领导的才干与气质

由于申请的人数很多，竞争非常激烈。其对申请者的要求很高，除了要有优异的本科学习成绩外，还要有丰富的工作经验，但更重要的是其要求学生要有担任领导的才干和气质。在哈佛商学院的入学手册上这样写道："优秀的潜在管理才能是唯一的入学标准。"③ 不过根据哈佛大学商学院的入学要求，学校的招生委员会在录取学生时一般要考虑学生的三个基本条件④：（1）领导潜力（Leadership Potential）；（2）超常的学术能力（Strong Academic Ability）；（3）良好的个人素质和个性（Personal Qualities and Characteristics），包括是否具有责任心和道德感，能否赢得别人的信任等。

因此，申请人可以将自己在大学时参加社团或课外活动所做的事情的情况，列出一张编年的活动表，以给审核入学的人了解被申请人是否真正掌握一个社团活动的重点，从中考察其领导才能。

（三）体现个性特点的推荐信和简历

除了以上要求外，这类机构招生还特别重视个人的简历资料、大学时代教授的推荐和工作单位的介绍。因此，书面材料仍是最基本的选拔依据，这些材料也为学生提供了一个在各方面充分展示自己能力和个性的机会。如哈佛商学院的入学申请表有21页之多，颇像写自传，在洋洋数千言的九篇文章里，除回答一般性的问题外，学生必须陈述入学动机，剖析自己的优缺点，列举兴趣嗜好，还要列出自己的三项突出成就及其原因⑤。你还要能证明你有完成两年学业的充分能力；你必须有正确的道德观念；你必须显示出创造性的思维能

---

① 乔佳义：《哈佛商学院 MBA 教育的特点及启示》，《高等教育研究》1996 年第 4 期，第 75 页。

② 章达东：《MBA 教育质量控制系统研究》，厦门：厦门大学出版社 2002 年版，第 43 页。

③ 向洪、王雪、张强主编：《读懂哈佛丛书：哈佛人才》，青岛：青岛出版社 2005 年版，第 39 页。

④ Harvard MBA Admission Criteria, http：//www. hbs. edu/mba/admissions/admissioncriteria. html.

⑤ 唐庆华：《哈佛经理学院亲历记》，生活·读书·新知三联书店 1997 年版，第 3 页。

力；你要有大学时代掌握的牢固的理论基础；你还必须有一个健康的体魄。能否顺利通过选拔的关键，是你必须找到一种方法，使你有别于众多的报考者，必须突出自己的个性特点。另外，这类培训机构还特别重视申请者的推荐信。推荐信主要来自两个方面：一是原来工作单位的；二是所毕业大学教授的。推荐信的内容要求对被推荐人的领导及管理能力、道德行为表现以及智力水平作出评价。

此外，入学标准还要参考学生的管理能力测验（GMAT）的成绩。管理能力测验是美国为申请管理学校而专设的统一考试项目，用来测验学生的语言、数学和推理能力。该测试每年在世界各地举行五次。哈佛学生的 GMAT 平均分数一般在 650 分左右。新加坡国立大学李光耀公共政策学院的 MPA 和 MPP 学位教育对国外学生的英语水平也作出了一定的要求，一般情况下，其 TOEFL 分数不低于 580 或 IELTS 分数不低于 6.5。

除了学员提交申请材料外，这类培训机构通过对简历进行筛选，并进行面试，从而最终决定录用名单。通过层层筛选和把关，真正把那些具有领导潜质的申请者挑选出来，再对他们进行进一步的培训。

二、招录、培训和分配一体化的模式

这类领导人才培训招生制度主要以法国国立行政学院和印度拉芭斯国家行政学院高级文官招生制度为代表。

法国国立行政学院的文官培训采取的是典型的招录、培训和分配一体化的招生制度。该学院自创立以来，每年都通过招录考试来选拔和培训法国 A 类文职行政官。培训结束后，学院根据学生的排名，依次选择工作岗位。

该院每年录用 100 人左右，依据平等、中立的原则实施录用考试的全过程。其招生对象主要来自三个方面：一是通过外部考试，面向各名牌大学毕业生；二是通过内部考试，招收大学毕业后有五年以上工作经历的文官；三是通过第三种考试，招收除行政机关以外的其他所有部门的工作人员。考试内容包括经济、法律、外语、历史、作文、绘画、体育等。整个考试分笔试和口试两个阶段，口试由 12 名主考官当场随机提问。可以说，学员都是通过层层考试筛选以后选拔出来的年青精英人才。

2006 年之前，学员通过选拔考试进校后，首先进行为期一年的实习。实习地点分别在中央政府、地方政府、驻外使馆、欧盟机构、公共和私营企业等部门，时间长达 2 年。在实习期间，学员不是从事具体的操作工作或管理，而是委以重任，担任行政首长或经理助手，有职有权。

学员实习结束后，要回到学院进行课堂学习。在学习期间，频繁考试、测试，并根据实习和考试成绩对学员进行排名。每个人的综合成绩排名至关重要，综合成绩排名来自于每门课和每份报告以及实习的评定，规则详细而又严格。学员修业期满，其工作由政府统一安排，严格按照成绩排列名次，由高到低进入政府各层机构担任某个职务，从此他们开始了高级文官的职业生涯。

除了法国国立行政学院的外，印度拉芭斯国家行政学院也是采取招录、培训和培训一体化的招生制度，具体情况详见本章第二节的有关内容。

三、招考和单位选派相结合的模式

这类招生主要以新加坡文官学院为代表。新加坡招录文官员是通过考试招聘的方式进行的，其考试招聘须经公共服务委员会批准，每年进行 2 至 3 次。考试招聘首先依据求职者的学历和在学校时的学习成绩，凡符合某些职务所应具备资格条件者，可由文官服务委员会、财政部和用人机构组成的 3 人小组面试后选任为文官。一般情况下，应聘第一类文官者在大学学习成绩必须列为一、二等，并取得荣誉学位；学习成绩列为三、四等的学生只可聘为第二类文官；聘为行政管理类的文官要求更高，除大学学习成绩优异外，小学、中学的学习成绩也必须优秀，并且在校期间要有一定的社会活动能力。

对于某些职位，如果拟任人员未具备所需资格条件，应由政府举办专门的考试来招聘。考试大体分为 3 种：初任考试、晋升考试和特种考试。（1）初任考试：指经由考试及格而初任文官的竞争性考试。每年举行 1 次，分为高级职务人员考试、中级职务人员考试、一般执行职务人员考试 3 种。由于新加坡一般文官级别的不同，其对应试者的学历资格要求也不相同：应试为第一类文官者须大学毕业；应试为第二类文官者须高中毕业；应试为第三类文官者须初中毕业；应试第四类文官者须初中或小学毕业。（2）晋升考试：文官由较低类晋升较高类，或在同类同职组内晋升职等的，通常需经晋升考试，升类者须具备较高类应考资格；升职等者需有升职年资。这两种考试通常每年举行 1 次。（3）特种考试：文官经特种专业知识（如法律知识）或语言（如中文、英语、马来语）考试及格的，可领取相应的津贴、奖金或晋升工资。

通过考试招聘的文官需进入新加坡文官学院进行培训。除此之外，新加坡文官的培训工作采取分散实施的形式。每年财政部常务秘书和公共服务委员会要求各部常务秘书提交下一年度的培训计划。

第二节 国外文官招生制度专题研究

一、国外文官考试录用制度发展历史

（一）国外文官考任制最初在英国的确立

英国是国外最早实行文官考试录用制度的国家。19 世纪 40、50 年代，英国完成了工业革命，工业资产阶级迫切需要一个既节省开支又具备很高行政效率的政府来保护和发展经济，可当时的文官制度已经不适合经济的发展，因此必须对其进行改革。其改革之举始于东印度公司（East India Company）。鉴于公司用人制度的腐败，英国议会决定对东印度公司进行改革。1853 年，英国议会组织了以牛津大学麦考莱（Macaulay）为首的调查委员会，负责考察东印度公司的人事任用制度的弊端。调查后形成了《麦考莱调查报告》（the Macaulay Committee Report）。在调查的基础上，委员会提出一个改革东印度公司的人事制度报告，建议"以公开竞争考试的形式录取人员。"①该报告成为东印度公司考试录用人员的蓝本，甚至有人认为"这是英国政治史上重大的改革"②。

1853 年，英国首相格拉斯顿委派斯坦福·诺斯科特爵士和查尔斯·屈维廉爵士两人调查英国文官任用情况，第二年他们提出了《诺斯科特—屈维廉报告》（The Northcote – Trevelyan Report），即《关于建立英国常任文官制度的报告》在报告中，尖锐地指出："英国文官体系因遭腐败而受到损害，同时也因为缺乏激励而有所削弱……像文官这样的重要的行政管理职位应该从英国绅士中择优录用。"③报告提出了四项重要的原则性建议："一是将政府的行政事务工作分为智力工作和例行工作两大类；二是凡初任人员都应按规定的年龄从学校毕业，通过竞争考试表明具有通才智力后才能被择优录用；三是对各部人员实行统一管理，各部之间人员可以互相转调和提升；四是高级文官职位的提升以上级的年终考核报告为依据，低级事务人员的提升则多以年资为基础。"④

根据以上四项原则建立起来的文官制度，把政府官员分为两大类：一类是

---

① 朱庆芳主编：《公务员考试录用实务》，北京：中国人民大学出版社 1994 年版，第 8 页。
② 李和中：《比较公务员制度》，北京：中共中央党校出版社 2004 年版，第 75 页。
③ J. M. Compton, Open Competition and the Indian Civil Service, 1854 ~ 1876, The English Historical Review, April 1968, Oxford University Press, p265.
④ 龚祥瑞：《文官制度》，北京：人民出版社 1985 年版，第 44 ~ 45 页。

随内阁更迭而进退的政务官，另一类是常任的事务官。更重要的是，它规定了事务官必须考试录用，并建议设立一个考试委员会，按照才能和教育程度录用应考的年轻人。但报告遭到了保守党的反对，只采纳了《报告》中的部分建议。

1854 年 10 月，英国在克里米亚战争中失利，其原因归结于政府机构的混乱、政府官员的昏庸无能和玩忽职守，从而迫使阿伯亭内阁辞职。1855 年 5 月，继任的帕默斯顿内阁颁布了《关于录用王国政府文官的枢密院命令》，对文官制度进行改革。1855 年，独立主持考试的文官事务委员会成立①。

1870 年 6 月，枢密院进一步宣布："凡未经过考试并持有文官事务委员会及格证书者，一律不得从事事务官。"②从此以后，一切文官职位的任命必须根据文官委员会的规定，通过公开竞争考试录用。至此，英国的文官考试录用制度已初步确立，并受到美国、法国、印度、新加坡等众多国家效仿。

（二）国外文官考任制在世界范围内的普遍确立

19 世纪中叶，国外政府文官系统日益暴露出许多弊端，它远远不能适应各国政治、经济、社会发展的需要，因此改革旧的文官考录制度就成为了改革的突破口。现代文官考录制度就是在这样的背景下形成并发展起来的。但由于各国国情的不同，其文官考录制度形成过程也不尽相同，现主要介绍印度、法国、美国几个有代表性的国家，从中可以发现国外文官考录制度的发展轨迹。

1. 印度

印度是亚洲南部一个历史悠久、人口众多、幅员辽阔的国家。由于长期受到英国的殖民统治，其文官考录制度受英国的影响甚大，其历史可以追溯到 19 世纪英国东印度公司统治时期③。鉴于公司用人制度的腐败，英国议会决定对东印度公司进行改革。在《麦考莱调查报告》的建议下，公司决定公开考试取士，改革其人事制度。该报告还主张，英国文官考试应注重一般的知识与能力，要以"牛津与剑桥这两所大学的课程为标准"④。这个报告为

---

① 李和中：《比较公务员制度》，北京：中共中央党校出版社 2004 年版，第 75 页。

② 朱庆芳主编：《公务员考试录用实务》，北京：中国人民大学出版社 1994 年版，第 9 页。

③ 孙正民、崔爱如编著：《国外公务员制度与工资立法》，北京：法律出版社 1993 年版，第 218 页。

④ J. M. Compton, Open Competition and the Indian Civil Service, 1854 ~ 1876, The English Historical Review, April 1968, p267.

日后印度文官主要来自牛津、剑桥大学奠定了基础。之后，英国议会通过一项法案，撤消了由公司董事任命文官的权力，并决定实行公开竞争考试性招考制度。英国臣民（包括印度人）都可以参加考试。因此，《麦考莱调查报告》"为印度文官制度奠定了体系和基础"①，这既是英国近代文官制度的肇端也是印度文官制度的先河。但由于英国对印度人担任印度文官职务作了各种各样的限制，因此，那时担任"印度文官"的，主要是英国人，而不是印度人。

印度独立后，根据颁布的宪法第 315 条规定，原来负责招募印度文官的公共服务委员会（Public Service Commission）改名为联合公共服务委员会（Union Public Service Commission），并规定其主要的职责是"通过竞争性考试招募官员"②。经过调整，印度的文官不仅整体素质得到了提高，而且在数量上也明显地有所增加。1939 年，中央文官（the central government）数量是 80 万人，而到了 1951 年，人数上升到 120 万人③。1955 年，印度政府颁布了《印度行政官竞争性考试任命规则》，该规则是"印度通过竞争性考试的方法任命行政官的专门性法规"④。它对考试的掌握、条件、资格、原则、任命等事项都作了具体、明确的规定。

2. 美国

美国在 1789 年至 1883 年《彭德尔顿法》出台期间，没有系统的文官制度。当时政府职位很少，都是政治任命。总统上台后，常常把政府的官职分配给本党在竞选中出了的人员及其亲信，久而久之，形成了"政党分赃制"。然而，"政党分赃制"从其产生之日起就遭到了抨击，因为大批更换政府人员导致社会周期性动乱；另外，政府工作人员的素质也得不到保证，工作效率低下。为了克服其弊端，1853 年和 1855 年美国国会模仿英国的文官制度，先后通过两个法律，规定"文官录用之前须经过考试"。尽管当时参加考试的仅限于"被提名的少数人"，但考试制度毕竟作为一种新型制度在"美国人事行政管理中开其先河"⑤。虽然法案进行了实施，但由于过于简单，效果不大，基

---

① S. R. Maheshwari, Public Administration in India, Oxford University Press, 2005. p20.

② Union Public Service Commission a Breif, http：//www. threeauthors. com/upsc – exams/upsc. asp？x =1，2006 – 10 – 23.

③ S. R. Maheshwari, Public Administration in India, Oxford University Press, 2005, p39.

④ 国家公务员考试课题研究组编写：《国家公务员考试实用手册》，北京：企业管理出版社 1995 年版，第 388 页。

⑤ 卓越：《比较政府》，福州：福建人民出版社 1998 年版，第 180 页。

本流于形式。

1866 年以后，美国分赃制度弊端日益暴露出来，于是人们呼吁进行吏制改革，主张考试用人。1871 年成立了美国历史上第一个独立的文官事务组织，即三人文官委员会，统一负责官吏制度的改革。1876 年，总统海斯命令首先在"海关、税务、内政等政府重要机构试行公开竞考选任文官的方法"①。

人员中采用考试录用制度，并禁止其参与政治活动。而 1881 年 7 月，加菲尔德总统被刺事件则成为美国政府取消分赃制，实现功绩制的导火线。

但直到 1883 年，美国的文官考录制度才正式确立。1883 年 1 月，国会通过了《彭德尔顿法案》（Pendleton Act），即《文官制度法》。该法确定了美国文官制度"功绩竞考、职位常任和政治中立"三项重要原则②。法案规定"只有通过竞争考试的入选者方可获得职位"。该法的通过是现代美国文官制度的形成的开端，但它最大的功绩在于它"打破了政党分肥的格局，确立了体现平等原则的考试录用文官制度。"③《彭德尔顿法》是美国文官制度的基本法，它的出台标志着美国文官制度的形成。从此以后，文官考试制度作为美国文官制度的组成部分而被确定下来。

3. 法国

在近代史上，法国政府部门在文职官员的录用上交替使用"恩赐官职制"和"党政分赃制"④。从而造成官场的营私舞弊、行贿受贿等现象层出不穷，政府部门工作效率低下，并进而危及法国资产阶级的根本利益及其统治地位。因此，一些议员纷纷提出制定相应的法规，如加强对国家公职人员的管理。

20 世纪初，法国议会成立"研究委员会"，专门研究在法国建立新的、统一的文官制度问题⑤。二战之前，法国文官制度虽已基本建立，但是总体来说，还存在着不统一、不完善等一系列问题。为此，在 1945 年，戴高乐政府设立"公职管理总局"和国立行政学院，统一考选、培训高级文官⑥。

1946 年 10 月，法国又参照英国的做法，制定出文官总章程草案，并提交

① 周敏凯：《比较公务员制度》，上海：复旦大学出版社 2006 年版，第 19 页。
② 周敏凯：《比较公务员制度》，上海：复旦大学出版社 2006 年版，第 19 页。
③ 李和中：《比较公务员制度》，北京：中共中央党校出版社 2004 年版，第 106 页。
④ 徐振寰主编：《外国公务员制度》，北京：中国人事出版社 1995 年版，第 182 页。
⑤ 李德志：《人事行政学》，北京：高等教育出版社 2001 年版，第 201 页。
⑥ 徐振寰主编：《外国公务员制度》，北京：中国人事出版社 1995 年版，第 182 页。

法国国民议会讨论通过，作为正式法律颁布，于 1959 年对这一法律文件又作出百余处修改，至此，全国统一的文官制度才正式形成。

1983 年 7 月 13 日，法国政府颁布的《文官权利和义务法》第 16 条规定："文官通过竞争性考试录用，除非法律有例外规定。"①再次强调了法国文官的招录制度，从而使法国形成了比较完善的文官招录制度。

除了上述几国外，德国、日本分别在 18 世纪初、19 世纪末建立了具有本国特色的文官招录制度。

二、法国国立行政学院招考制度

考试录用是文官选用的主要制度，也是文官制度的重要组成部分。法国国立行政学院采取考试录取的方式招生学员，符合报考的资格条件的报考者，只有通过极为严格的录用考试，方可被录取。鉴于招考对提高学员的整体素质、保证将来为国家和公众利益提供高质量的服务所具有的重要意义，法国国立行政学院在其创建之初，就建立了较为完备的招考制度，以保证能通过平等公正的竞争选拔出最优秀的、最具有丰富国家行政管理潜能的人才，对其进行培训，为国家和公共服务。这一制度在后来的发展过程中得到了不断的改进和完善。

（一）法国国立行政学院招考的原则

法国国立行政学院招收文官基本的原则有两条，即平等原则和公开的原则。

1. 平等的原则

1789 年，法国《人权宣言》第六条规定："在法律面前，人人平等，所有的公民都可以平等地担任所有的公职，除他们的能力和才华造成的差别外，不应有其他任何差别。"② 因此，法国文官招录的平等原则是源于《人权宣言》的这一规定，其平等的原则是指"公民在担任公职方面具有平等的权利与机会，不论个人政治派别、种族、宗教、信仰、性别（除个别特殊岗位）、年龄和婚姻家庭如何，人人在'分数'目前平等，对他们录用的条件只是看其是否具备任职所需的知识和技能。"③

1949 年和 1958 年法国宪法都在序言中宣布忠于人权宣言所规定的这一原

---

① 潘小娟：《埃纳与法国行政——法国国立行政学校》，北京：中国法制出版社 2000 年版，第 234 页。

② 王德禄、蒋世和：《人权宣言》，北京：求实出版社 1989 年版，第 15 页。

③ 徐振寰主编：《外国公务员制度》，北京：中国人事出版社 1995 年版，第 203 页。

则，1983 年～1986 年文官章程再度重申了这一原则。1983 年 7 月 13 日，法国政府颁布的《文官权利和义务法》第 6 条第 2 款规定："不能以政治的、工会的、哲学的和宗教的意见为由，或者因性别或种族的原因对文官作出任何区别对待。"①因此，法国国立行政学院在招收文官时唯一的条件是胜任职务的能力，除此之外，没有任何其他条件。

2. 公开的原则

1983 年 7 月 13 日，法国政府颁布的《文官权利和义务法》第 16 条规定："文官通过竞争性考试录用，除非法律有例外规定。"②因此，法国政府为了得到一流的人才，其招录文官是通过竞争性考试公开进行的。考试录用中的公开原则有着双重的涵义。首先是考试的公开性：考试的程序与录用条件要公开，考试名次要公布于众，报考人对考试成绩有疑问，可以依法提出申诉、要求复核。其次是考试的竞争性：报考人的录用按其考试分数排列名次，鉴别优劣，优者录用。在 1959 年 2 月 4 日颁布的《法国文官总章程》第 18 条中就明确规定："每次竞考都要由考试委员会根据报考的人成绩，并根据榜上的名单顺序提名任用。"③

（二）法国国立行政学院招考的条件和内容

根据法国 1945 年 10 月 9 日法令规定，法国国立行政学院学校招收两类学生：一类为大学生；另一类为政府在职官员（serving officials）④。这是法国国立行政学院之父——米歇尔·德勃雷（Michel Debré）在学院建立之初所提出来的双重考试制度，即外部考试和内部考试。通过外部考试招收受过严格高等教育培训的大学毕业生，而通过内部考试招收具有一定实际工作经验的年轻文官。

根据法国政府 1983 年 1 月 19 日颁布的法令，从 1983 年起，文官考试除内部考试和外部考试以外，还增加第三种考试。这一考试主要面向除大学生和公职系统以外的人士，使招生来源更加多元化，同时也为了广泛地吸收各界优

① 潘小娟：《埃纳与法国行政——法国国立行政学校》，北京：中国法制出版社 2000 年版，第 23 页。

② 潘小娟：《埃纳与法国行政——法国国立行政学校》，北京：中国法制出版社 2000 年版，第 234 页。

③ 周敏凯：《比较公务员制度》，上海：复旦大学出版社 2006 年版，第 247～248 页。

④ Parris, Henry, Twenty Years of I'Ecole Nationale d'Administration, Public Administration, Winter65, Vol. 43, Issue 4, p395.

秀人士为国家和公众利益服务。但种种原因，该类考试在 1986 年曾一度中断。1990 年 1 月 2 日，法国政府颁布了第 90—8 号法令予以恢复，1991 年重新开始招生①。因此，目前法国国立行政学院入学考试有三种：外部考试、内部考试和第三种考试。

报考法国国立行政学院的考生除了必须具备《法国文官总章程》规定的担任公职所必需具备的一般条件，即具有法国国籍，享有公民权利，品行优良，在应征入伍方面正常地符合法律规定，具有履行公职要求的身体条件外，还必须具备国立行政学院特别的资格条件。参加不同类型考试考生的报考条件略有不同，主要差别在于年龄、受教育程度和职业经历等方面。

1. 外部考试的资格条件

外部考试面向大学生，参加考试的考生必须具备下列条件：

（1）在考试当年的 1 月 1 日不满 28 周岁；

（2）持有国家高等教育第二阶段文凭或政治学院文凭，或持有公职部长根据国立行政学院董事会在征询了国民教育部长的意见后，提出建议确认的名单上列出的具有相同水平的学历或文凭。

法国有关政令还规定，在法律和经济专业学完高等教育第二阶段第一年课程，成绩优秀的，也可以报考，无须读完第二阶段的全部课程。在特殊情况下，不具备上述有关学历要求，但接受过相同水平培训的报考者，在通过专门委员会的严格审查批准后，也可以获准参加国立行政学院的入学考试②。

2. 内部考试的资格条件

内部考试面向法国文官和公务人员，参加内部考试的考生必须具有下列条件：

（1）在考试当年的 1 月 1 日不满 46 周岁零 9 个月。

（2）在考试当年的 12 月 31 日以前在文官或国家公职人员的岗位上，在地方行政单位或公共机构中实际任职 5 年以上，实习期和在某一学校或机构参加的为进入公职某一职类而开设的培训不包括在内。

3. 第三种考试的资格条件

第三种入学考试面向除行政机关以外的其他所有部门的工作人员，参加第

---

① 潘小娟：《埃纳与法国行政——法国国立行政学校》，北京：中国法制出版社 2000 年版，第 16 页。

② 法国普通大学教育分为三个阶段：第一阶段为期 2 年，毕业后获得学士学位；第二阶段也为 2 年，毕业后获得硕士学位；第三阶段攻读博士学位，期段因不同学科而异，一般为 3～5 年。

三种考试的报考生必须具备下列条件：

（1）在考试当年的1月1日不满40周岁。

（2）在考试当年的1月1日以前在行政机关以外的其他部门从事一项或若干项职业活动总共至少8年以上，或担任一个或若干地方领土单位民选议会成员职务总共至少8年以上。但是，只有报考者不是以文官、法官、军人或公务人员的身份从事这些活动或行使这些职务的期限，才予以计算。

（三）近期招生制度的改革：三类入学考试对欧盟籍公民开放

法国国立行政学院采取录用的方式招考学员，符合报考资格条件的报考者只有通过极为严格的录用考试方可被录取，一经录取入学，即获得文官资格。目前主要通过三类竞考招收学员。"外部"竞考：对象为年龄在28岁以下并已拥有一项至少相当于学士等级文凭的大学生，对所有欧盟成员国国民开放；"内部"竞考：对象为至少拥有4年有效工龄并且其年龄于竞考当年1月1日不超过35岁的文官（fonctionnaire）或公职人员（agent public）；第三类竞考：对象为年龄在40岁以下、拥有在行政机关以外任何部门至少8年职业经验，或能证明在某一级地方政府民选议会担任8年议员的人士。2005年这三类竞考的招生名额共计90人（外部竞考45人、内部竞考36人、第三类竞考9人）①。按照法国《文官总章程》规定，所有报考者必须具备"法国国籍"。因为学院现在改革的重点是"加强欧洲和国际事务"②。为了配合学院的改革，同时也为了扩大埃纳在欧洲事务中的作用，根据2004年3月29日政令，"国立行政学院的三类入学竞考全部都对欧盟籍公民开放"③。这样可以吸纳欧盟其他国家更多人员到埃纳来学习，从而发挥埃纳在培养欧盟其他国家高级文官中的作用。

三、印度拉芭斯国家行政学院招考制度

印度是一个联邦制国家，文官分为全印文官、中央文官和邦文官三种。"全印文官系统"可以在中央和各邦政府机关统一任用和调动。1951年《全印文官法》（The All India Services Act）的规章制度规定了全印行政系统（Indian Administrative Service，IAS）、全印警察系统（Indian Police Service，IPS）、全

---

① ENA the international cycles, http：//www. ena. fr/popup. php？module = localisation&action = changeLangue&langue = en，p2，

② ENA – Annual report 2004，P. 8，http：//www. cees – europe. fr/en/ra2004en. pdf.

③ ENA – Annual report 2004，P5，http：//www. cees – europe. fr/en/ra2004en. pdf.

印外交系统（Indian Foreign Service，IFS）文官的招募条件。根据相关规章制度，这三类系统文官（IAS/IPS/IFS）的职位除了要留出33%的名额用来通过提拔邦文官（the State Service）外，其余名额全部由国家统一招考录用。

（一）文官录用考试的管理机构

在印度，"全印文官系统"（The All India Services）及A类和B类的中央文官（Group A and Group B Central Services）考试由一个专门的机构负责，这个机构就是印度联合公共服务委员（the Union Public Service Commission，UPSC）。这个委员会的前身是联邦公共服务委员会（the Federal Public Service Commission，FPSC）。

20世纪初，印度高级文官的印度化过程①是印度政治运动的一项重要内容。这迫使英殖民者考虑成立一个公共服务委员会（Public Service Commission）来招募印度本国的文官。第一个公共服务委员会在1926年10月1日成立。然而它的功能很有限，并没有满足印度人民的愿望。在当时一些自由运动领导者的努力之下，根据1935年印度政府法案（the Government of India Act 1935）又成立了联邦公共服务委员会（the Federal Public Service Commission），这个委员会既招募文官，同时又力图维护和保障文官的各项权力。

印度独立后，根据颁布的宪法第315条规定，1950年该委员会改名为联合公共服务委员会。该委员会有主席一名，成员9名。该委员会的职责主要有以下四点②："（1）在委员会的领导之下，通过竞争性考试招募官员；（2）在中央政府的领导之下，通过面试挑选官员；（3）为官员的提拔和调任提供建议；（4）给中央政府提供招募各类官员的方法和建议、培训不同这类的官员的案例。"其挑选官员主要通过三种途径③："（1）直接招募（Direct Recruitment）；（2）晋升（Promotion）；（3）调任（Transfer）。"

直接招募主要通过通过竞争性考试来招募官员。因此，该委员会的一个主要职责是通过举行竞争性考试招募考试选拔文官。委员会通常每年举行12次考试，这些考试为各行各业招募文官，如公共行政系统、工程系统、医药系

---

① 文官的印度化过程是指由土生土长的印度人接替欧洲人或其他外籍人充任政府要职的演变过程。

② Union Public Service Commission a Breif，http：//www. threeauthors. com/upsc – exams/upsc. asp? x = 1.

③ Union Public Service Commission a Breif，http：//www. threeauthors. com/upsc – exams/upsc. asp? x = 1.

统、森林系统等。在公共服务委员会的领导之下，全印有 42 个考点，负责这些考试。

（二）印度行政官报考条件

1955 年，印度政府颁布了《印度行政官竞争性考试任命规则》。该规则是"印度通过竞争性考试的方法任命行政官的专门性法规"①。在《印度行政官竞争性考试任命规则》中，对考试的掌握、条件、资格、原则、任命等事项都作了具体、明确的规定：考试应由印度联邦公共服务委员会（The Union Public Service Commission，UPSC）按照中央政府通知的方式经常举行；举行考试的时间和地点应由印度联邦公共服务委员会固定下来。UPSC 文官考试报考资格如下②：

1. 国籍

（1）报考 IAS and IPS 必须是印度国籍。（2）报考其他类别的文官可以是以下任一国籍：① 印度；②尼泊尔；③ 不丹；④出身以下国家，并永久在印度定居的印度人：缅甸、埃塞俄比亚、肯尼亚、马拉维、巴基斯坦、斯里兰卡、乌干达、坦桑尼亚、越南、扎伊尔、赞比亚。属于②③④类的报考者必须提交由印度政府颁发的相关证书，但②③的报考者不得报名参加印度外交系统文官（The Indian Foreign Service，IFS）的考试。

2. 年龄

参加考试的那年 8 月 1 日，报考人必须已年满 21 岁且未满 30 岁，除特殊规定的放宽年龄外，如对印度社会最低阶层或部落（Scheduled Caste/Scheduled Tribe）的应试者年龄可以放宽 5 岁。

3. 教育程度

报考者必须已获得印度大学或其他大学或具有同等资格的教育机构的学位。应届毕业生也可以申请参加预考。然而，他/她在该年度八月申请正式考时，必须能提交学位证书。

4. 参考次数

由于年龄的限制，所有报考者只能参加四次考试。只要参加预考中的任何一次考试都被算作参加考试，但只报考没参加考试，不算作参加考试。

---

① 国家公务员考试课题研究组编写：《国家公务员考试实用手册》，北京：企业管理出版社 1995年版，第 388 页。

② The eligibility criteria for the UPSC Civil Services Examination，http：//www.indiaeducation.info/Competitive – Exams/UPSC/CSExam/Eligibility.asp.

印度落后社会等级的考生（Other Backward Classes，OBC）最多只允许参加 7 次考试，但对印度种姓制度中地位最低的贱民（Scheduled Caste，SC）和部落居民（Scheduled Tribe，ST）的考生没有任何年龄和考试次数的限制。

另外，报考人员应按联邦公共服务委员会的规定交纳费用。但是否有资格参加考试，由联邦公共服务委员会最终决定。

参加预考的考生必须提交申请。被印度联邦公共服务委员会公布的报考者，可以继续参加正式考。但考前必须再次提交由 UPSC 直接提供的详细的申请表。

预考申请并不是由 UPSC 提供。申请人可以用由报纸、《就业新闻》等新闻媒体提供的表格。或者在白纸上打印，但必须单面双倍行距。

填写或打印好的表格必须在预定的时间前，通过挂号或亲自提交给印度联邦公共服务委员会的秘书（the Secretary）。

（三）考试过程

在印度，一旦能够通过"全印文官系统"考试，成为一名文官，就意味着一步跨进了上流社会。因此，每年"全印文官系统"考试时，印度大学应届毕业生简直挤破了脑袋。"全印文官系统"考试非常严格，录取率往往仅有 1‰。

用人部门根据职位空缺情况，向联邦公职委员会提出招考文官申请，并提供空缺职位的招考资格条件、考试的内容等，公职委员会负责登记、向社会公开招考。每年的 11 或 12 月，在《就业新闻》（Employment News）、政府的公报及很多的报纸上都会刊登考试通知，其内容包括考试规则及考试各科目的大纲。所有渴望成为文官的学生都可以得到这样一份通知。"全印文官系统"考试整个考试过程分为整个考试过程分为预考（Preliminary Examination）、正式考（Main Examination）和面试（Interview）三个阶段，前后历时整整一年①。通过最后考试的人，还需在印度拉巴斯国家行政学院继续学习两年，完成学业后才能进入中央及各邦的政府部门。

1. 预考

"全印文官系统"考试的第一个阶段是预考，由印度联合公共服务委员会

---

① A Complete Guide to Competitive Exams in India，http：//www. indiaeducation. info/Competitive－Exams/UPSC/CSExam/ExamPattern. asp#inte.

负责，一般在每年的 5 月最后一个星期天或六月的第一个星期天举行。全国预考共设 40 个预考考区，应试者可就近报考。

预考主要是为了挑选部分应试者继续参加正式考。预考考试有两张试卷，均为多项选择，共计 450 分，可以用英语或北印度语（Hindi）进行答题。两门考试考试科目及分值，见表 3 – 1①。

表 3 – 1　预考的科目及分值

试卷编号	试卷名称	分值
试卷 – Ⅰ	一般学科（General Studies）	150 分
试卷 – Ⅱ	从指定科目中选择一门	300 分

可选择的指定科目总有 23 门：农业、数学、动物管理和兽医学（Animal Husbandry & Vetinary Science）、机械工程（Mechanical Engineering）、植物学、医学、化学、哲学、土木工程（Civil Engineering）、物理学、商业、政治学、经济学、心理学、电机工程（Electrical Engineering）、公共管理、地理学、统计学、社会学、地质学、印度历史、动物学、法律②。

2. 正式考

正式考试中的书面考试通常在每年的 11 月或 12 月。只有通过预考的应试者，才有资格参加本年度的正式考试。被确定参加正式考试的候选人大约是正式录取人数的 12 或 13 倍。

正式考试将选择那些各方面素质好并具有良好理解能力的报考者，而不是考他们的知识和记忆力，因此在考试中设计了大量的选择题。

正式考试有 9 份传统的问答题类型（essay-type questions）的试卷，联邦公共服务委员会指定的科目，见表 3 – 2③。

---

① Scheme of CS（Preliminary）Examination，http：//www.upsc.gov.in/general/civil.htm # CS% 20（Preliminary）.

② List of Optional Subjects CS（Preliminary）– Total 23，http：//www.upsc.gov.in/general/civil.htm# List% 20of% 20Optional% 20Subjects% 20CS% 20（Preliminary）.

③ Scheme of UPSC – Civil Services：Main Examination，http：//www.indicareer.com/competitive – exams/UPSC – civil – services – main – examination.html.

表 3 – 2　正式考的科目及分值

试卷编号	试卷名称	分值
试卷 – Ⅰ	印度语（One of the Indian Languages）	300
试卷 – Ⅱ	英语	300
试卷 – Ⅲ	论文（Essay）	200
试卷 – Ⅳ	普通学科Ⅰ（General Studies – Ⅰ）	300
试卷 – Ⅴ	普通学科Ⅱ（General Studies – Ⅱ）	300
试卷 – Ⅴ	可选科目Ⅰ（Optional – Ⅰ）	300
试卷 – Ⅶ	可选科目Ⅱ（Optional – Ⅱ）	300
试卷 – Ⅷ	可选科目Ⅰ（Optional – Ⅰ）	300
试卷 – Ⅸ	可选科目Ⅱ（Optional – Ⅱ）	300
书　面		2000
面　试		300
总　分		2300

在上述 9 门考试中，试卷Ⅰ和Ⅱ考试只是资格考，其分数并不进入排名。试卷Ⅲ到Ⅸ是用北印度语和英语编制的。

可选科目的试卷（the Optional Subject Papers）的试卷难度和荣誉学位（Honours degree）水平相当，也就是说，它高于学士学位（the Bachelor's degree），低于硕士学位（the Master's degree）。在工程学、法律、医学等科目，其水平和学士学位相当。

另外，需要注意的是，试卷Ⅰ和Ⅱ主要是为了测试应试者阅读、理解能力，并能清楚、正确地用英语或印度语来加以表达的能力。试卷Ⅰ（印度语）对有些地区的应试者，并不作要求。应试者有权用英语或印度语中其中的一种语言来回答试卷Ⅲ到Ⅸ上题目。

3. 面试

印度录用文官的面试分两种，一是通过笔试后再面试，二是只进行面试（一般为招考中层专业技术人员设置），这里只介绍第一种面试。

正式考的最后一关是面试，一般放在次年的四月或五月份。参加面试的人数通常是录取人数的两倍，其分值为 300 分。面试的目的是评定应试者处理公共事务的的能力，因此，测试主要是判断候选人的智力才干（mental caliber），

"不仅要考察他/她的智力，也要考察他/她对当前国内外事务的了解情况。其面试的重点之一就在于评定应试者的反应的机敏性、对问题的批评性、表达的清晰及逻辑性、兴趣的广度和深度、社会交往的凝聚力和领导能力以及诚实等。"①

面试的测试内容，主要考察考生的技能，看他们能否处理没有处理过但在将来会遇到的问题；还要考察语言口头表达能力，看他们能否与别人辩论而不过于紧张又不失耐心；在对事务的态度方面，考察文官应知道的重要知识等。

面试的专家必须是本学科有建树有影响的人，但不是搞纯科学研究的人，知识面广，了解科技发展的情况以及在人类发展的作用。面试专家小组一般由5人组成：主席——必须是公职委员会成员；委员为2名文官——一般为刚退职的高级文官，1名人文科专家，1名理工科专家。

面试的时间为1小时。具体的组织过程如下：提前4周通知面试学生，提前2周通知面试考官，但考官面试哪几个学生是绝对保密的，到面试前15分钟通知考官。面试前，考官要检查考生的有关证件如学历证明、年龄证明等，以防假冒。

具体面试时，考官问什么问题比较灵活，可由考官自由决定，但必须遵守规定的原则，如不能问太多的专业知识，不能问太多的技术性问题，主要是问一些大的宏观方面的问题。这些考官都是非常有经验的，对考生面试成绩的评定一般不会有很大的出入，而且他们也可以商量，交换意见看法，然后再打分。一旦发生较大分歧时，主席有决定权。

在联邦政府录用文官面试时，要求考生用什么语言笔试答题，就用什么语言进行面试。在面试结束后的2~3天，笔试及面试成绩一起公布。联邦政府招考文官每年在6月开始，一般到来年4月份公布成绩。

（四）对少数民族报考者的照顾

印度的少数民族很多，总共分为两大类，一类是种姓，一类是部落，报考文官对少数民族相当照顾，印度有两个部专门考虑少数民族的利益，在考试上有特别的标准，这在宪法上有明确的规定。在考试中采取保护政策，在录取时，要考虑少数民族的人口比例。两类人中第一类占15%，另一类占7.5%。在每年的录用计划中，都要明确拟录用人员中上述两类人占的比例，在职位上

---

① Pattern of Examination，http：//www. indiaeducation. info/Competitive - Exams/UPSC/CSExam/ExamPattern. asp#inte.

说明哪些职位是为上述两类人保留的，在考试中公职委员会的做法是相对放低标准，以录用到足够的上述人员，如果在考试中没有按上述规定做，考试将选拔无效。

少数民族问题不仅在考试中，在大选中也一样，有些席位是专门留给少数民族的。如果按规定办了，但少数民族报名人数不足，职位将虚拟以待，如果这种情况连续出现三次，第四次可以录用其他人，但在第五次必须把占用的职位退回给少数民族，就是说每年录用比例为少数民族22%，其他人78%，如果连续三年少数民族都只报到20%的人，第四年，其他人的比例可增加至80%，但第五年少数民族将为24%，其他人为76%。如果在考试中少数民族考生参加一般人的竞争，少数民族可以被录用到多数民族职位上。这一政策是强制性的，如不执行可向法庭控告。这种政策不仅在联邦政府中要贯彻，在邦和市政府中也一样，在少数民族比例大的邦，公职比例也相应提高，在邦的区也一样。

本章小结

我国的科举选官制度开创了考试录用官吏的先河，西方国家实施考试录用文官制度已有近 200 年历史，目前已走上科学化、法制化的轨道。可以说，考试录用官吏制度的出现是各国文官制度成熟的重要标志之一。

我国实施考试录用公务员制度已有 10 多年历史，采取"整体渐进，分步到位"的方式，目前正处于逐步完善过程中。有待解决的问题有：法律保障欠缺，管理机构地位低下，考试科目与内容缺乏信度，考试录用环节不合理而缺少效度，考试监督体系不完备等。因此，对国外领导人才培训招收模式，特别是法国、印度等国文官录用制度的研究，目的是要在坚持我国传统文化精华的前提下，积极研究和借鉴国外的文官录用制度，大胆引进和消化那些被实践证明是科学的管理机制和方法，注意防止和克服西方文官录用制度中某些消极因素和薄弱环节，逐步形成适应中国特殊国情的社会主义国家公务员录用制度，同时为我国干部培训招生制度提供有益的借鉴。

第四章

课程设置比较

课程设置是领导人才培训工作的一项重要环节，因为课程内容直接影响培训效果的好坏。国外这6所培训机构在为培养各类领导人才方面，提供了大量的课程。由于篇幅有限，本章主要对哈佛商学院和肯尼迪政府学院以及李光耀公共政策学院的学位教育课程、法国国立行政学院和印度拉芭斯国家行政学院的高级文官初任培训课程进行探讨；另外，本部分还对新加坡文官学院"菜单式"课程的特色和内因进行分析。通过对这些各具特色的课程设置的研究，可以为我国干部培训的课程设置提供一个国际的视野。

第一节　哈佛商学院和肯尼迪政府学院学位课程

一、哈佛商学院课程

哈佛商学院 MBA 学位课程的目标是让学生掌握广博的基础知识。其课程分为必修课和选修课。第一年的两学期学9门必修课程。除了必修课之外，哈佛商学院还提供10个领域100多门的选修课供学生第二学年学习。

（一）必修课程

在商学院的第一年，所有的学生都进行9门必修课的学习。其中第一学期的课程，主要集中在商业实践的内在功能方面。它们是：财务 I、财务报告和控制、领导和组织行为学、营销学、技术和运营管理等5门课程。第二学期课程内容涉及有关经济、政府和社会环境中各种组织的关系，具体课程涉及企业、政府和国际经济、战略、创业型管理者、谈判、财务 II、领导学和公司责任等6门课程①。

---

① HBS Required Curriculum，http：//www. hbs. edu/mba/academics/term1. html.

1. 财务 I（Finance I）

这门课程主要让学生掌握公司的财政功能，并培养学生理解财政决策本身所能产生的价值。其内容包括：企业财务的基本分析技术和原理；现代资本市场和金融机构的功能；资本预算、折现金流量和风险分析的标准分析技术。

2. 财务报告和控制（Financial Reporting and control）

这门课程为学生提供一个主要的观点，即会计学是如何为组织作出贡献的。课程旨在使学生理解会计的概念和语言，以便能够将会计数据作为沟通、监控和资源配置的有效工具，熟练掌握财务报表和会计报告，熟悉现代会计和控制理论在评估企业经济状况和组织决策中的应用。

3. 领导和组织行为学（Leadership and Organizational Behavior）

这门课程的主要焦点在于，让管理者如何成为高效的领导者。内容包括组织内部文化的决定因素，对下属绩效的管理，与同级或者上级管理者之间生产性关系的建立，成功的领导者如何设立目标、进行激励以及设计高效的组织以达到目标，职业生涯的管理。

4. 营销学（Marketing）

这门课程的目标是让学生掌握公司营销的作用，以及营销的其他功能和关系。同时让学生明白，有效的营销是建立在对买主行为的全面了解的基础之上。具体内容包括：普通管理中的营销决策的制定；对产品政策、分销渠道、沟通以及定价等组合营销因素进行控制，从而有益地满足顾客的消费需求。

5. 技术和运营管理（Technology and Operationas Management）

这门课程使学生形成技能和概念，从而让他们对公司竞争地位运营作出贡献。同时让学生了解产品开发和制造的复杂过程以及其创造性服务和发送工作。具体内容包括工序分析，职能交叉和企业交叉的一体化，产品开发，信息技术、技术和运营战略。

6. 企业、政府和国际经济（Business, Government and International Economy）

这门课程主要介绍研究企业的经济环境的工具，以帮助管理人员了解他们公司。内容包括国民收入核算和国际收支核算、汇率理论、政治制度、区域一体化和全球化的利益和问题（国际贸易、外国直接投资、证券资本、全球化环境问题等）。

7. 战略（Strategy）

这门课程帮助学生形成提出战略的能力。包括企业的经营环境和竞争优势的保持，如何通过设计产品的最优组合为顾客创造价值，如何平衡由于产业变化的不确定性和竞争状况的变化带来的机遇与风险，如何对整个产业和竞争者进行分析、对竞争者的竞争行为作出预测以及保持企业的竞争优势。

8. 创业型管理者（The Entrepreneurial Manager）

这门课程主要介绍管理者所面临的问题，并使学生形成他们自己的方法、方针和技能，从而成为企业的管理者。内容包括如何识别潜在的有价值的机会，如何获得创业所需的资源、创业型组织的管理，如何为企业的股票持有人创造价值。

9. 谈判（Negotiation）

这门课程主要培养学生的谈判技能和分析能力。课程内容包括：如何利用经验、案例、书面材料、影像资料进行有效的谈判；在持续变化的经营环境中，对于有效的管理者来说，内部谈判和外部谈判如何成为他们的一种生活方式。

10. 财务 II（Finance II）

财务 II 是财务 I 内容的继续，它建立在财务 I 这门课程的基础之上，主要集中在以下三个方面的管理决策：如何评估复杂的投资；如何在公司内提出和执行财政政策；如何整合公司所面临的财政决策。

财务 II 课程分为四大块内容：高级评价（Advanced valuation）——公司和项目的评价；高级评价——为适应性而进行选择；公司的财政抉择——理财、给股东分配资金、管理风险；完整的财政决策（Integrated financial decisions），尤其面对利益冲突和不同的法律规定。

11. 领导学和公司责任（Leadership and Corporate Accountability）

在这门课程中，要让学生们懂得现在公司领导者所面临的各种复杂的责任。通过管理决策的案例，让学生了解公司领导者所面临的法律、伦理和经济责任。它也向学生讲授领导者能用到的经营和管理体制，并通过其公司和雇员，促进其负责任的行为，并说明个人价值如何在有效的领导中起决定作用。

（二）选修课程

第一年哈佛商学院所有的学生都从事同样的必修课的学习，为学生打下坚实的专业基础。第二学年，只安排一门共修课。其他都是内容务实的选修课，学分不等，学生可根据自己的专业特长自由选修。哈佛商学院现提供 10 个领域100多门的选修课①。这些选修课是建立在必修课的基础之上的，通过选修课的学习，可以让学生对第一年所学的基本的技能进行整合。第二年，学生必须从中选择8~10门课。除此之外，学生也可以选修哈佛大学其他学院的研究生课程。

二、哈佛肯尼迪政府学院课程

（一）学位设置情况②

1. 公共政策硕士（Master in Public Policy，MPP）

通过一个严格的两年制教学计划，教师指导学生全面地检查政策问题，确立有价值的目标，评估获得的数据资料，权衡经济和社会效果，理解政治细节问题并制定具有可行性和公益性的完整行动方案。

2. 公共政策和城市规划硕士（Master in Public Policy/Urban Planning，MPP/UP）

这个硕士项目主要是让学生在城市政策、规划和设计方面具有一定的专业化知识。该项目是由肯尼迪政府学院和哈佛大学设计研究所（Harvard's Graduate School of Design）联合培养的。

3. 公共行政全球发展方向的硕士（Master in Public Administration/International Development，MPA/ID）

这个两年制的课程计划旨在培养能够促进全球经济平衡发展的未来政策专家和从业人员。该课程计划向全美及国外开放，申请者可以直接来自本科学院或大学的学生，也可以是有专业工作经验的从业人员。此专业把研究重点放在最困难的问题上。这些问题有的是当今世界正面临的，有的是将来会遇到的。

4. 公共行政硕士（Two-Year Master in Public Administration，MPA2）

这个两年制的课程计划是为已经持有硕士文凭的申请者设计的，他们与公共政策课程的申请人相比有更丰富的工作经验。他们所展示的成熟、职业背景和判断力使他们能够设置适合自身的研究课程。

5. 联合培养的硕士（Joint Degree Programs）

通过联合培养的硕士学位项目，接受肯尼迪政府学院和哈佛其他专业学院或选择其他大学注册的MPP、MPA2以及MPA/ID的学生能同时获得学位。注

---

① HBS Elective Curriculum Elective Curriculum，http：//www. hbs. edu/mba/academics/elective. html.

② KSG Degree Programs Overview，http：//www. ksg. harvard. edu/apply/index. htm.

册联合培养的硕士项目能使学生在短时期内以较少的费用得到第二个研究生学位。

6. 在职公共行政硕士（Mid-Career Master in Public Administration，MC/MPA）

该学位是为有7年以上的实际工作经验的在职官员开设的。对发展中国家的申请者可以提供梅森学者（the Mason Fellows）奖学金。

另外，肯尼迪政府学院与哈佛大学科学和艺术学院（Harvard's Graduate School of Arts and Sciences，GSAS）联合培养博士项目，主要训练学生的理论分析和面向解决实际的公共政策问题的能力。其合作的博士项目主要包括①：公共政策（Social Policy）、政治经济学与治理（Political Economy and Government）、卫生政策（Health Policy）、社会政策（Social Policy）。由于篇幅有限，具体的培养计划在这里不作介绍。

（二）学位课程培养方案

1. 公共政策硕士（MPP）

（1）培养目标

该项目通过严格两年制训练计划，"用基本的概念框架和在公共事业上获得成功所需的具体技能来培养未来的领导者"；"帮助学生学会当面临错综复杂和不熟悉的问题时如何提出正确的问题，确定问题的性质和范围，探索需要考虑的可能解决范围。"②通过在肯尼迪政府学院的学习进一步强化学生的分析能力和基础知识，使他们拥有评估竞争需求并且选择最合理措施的信心及判断力、能确定有效可行的解决方案，并学会整合组织、控制内外的资源，在执行过程中创新并最终成为取得胜利的果断的领导者。

（2）课程要求③

公共政策硕士要求申请者至少有2至3年的从业经验。候选人需修满18个学分，其中必修课（required courses）8个学分。其余的10个学分中有3个学分来自学生的专门政策领域（a specific policy area of concentration，PAC）。

---

① KSG Doctoral Programs：Overview，http：//www. ksg. harvard. edu/apply/degree_ programs/doctoral. htm.

② KSG Master in Public Policy，http：//www. ksg. harvard. edu/apply/degree_ programs/MPP/program_ home. htm.

③ KSG Curriculum and Course Requirements，http：//www. ksg. harvard. edu/apply/degree_ programs/MPP/program_ curriculum. htm.

第一年必修课/核心课/（required courses/the core curriculum）包括①：

——公共行动的职责（The Responsibilities of Public Action）；

——市场与市场失误及其公共政策的经济分析（Markets and Market Failure and Economic Analysis of Public Policy）；

——定量分析与实证方法及其实证方法 II（Quantitative Analysis and Empirical Methods and Empirical Methods II）；

——政治行动和政治行动技能的动员（Mobilizing for Political Action and Political Action Skills）；

——公共组织的战略管理（The Strategic Management of Public Organizations）；

——公共部门组织的财务管理（Financial Management in Public Sector Organizations）。

（3）选修课程（Elective Courses）

在课程要求一节里我们已经指出，在学生的选修课中有 3 个学分来自专门政策领域（a specific policy area of concentration，PAC）。一般情况下，在进入专门的政策领域（PAC）研究之前，学生第一年需选择一门相关的介绍性课程，学生通过第二年一门关注前沿主题及该领域相关的研究方法的课程和一个以政策为导向（政策分析实习的形式完成）的研习班来进一步关注一个政策领域。在 PAC 中，学生至少有 3 门选修课，对选修课的选择完全由个人决定。对大多数的学生来说，这真是肯尼迪政府学院的令人兴奋之处。

另外，肯尼迪政府学院的选修课涵盖所有学位项目的课程，所以"MPP 学生能与在职学生、MPA2 学生、MPA/ID 学生以及来自其他院校的学生保持联系。所有学员获准从哈佛其他学院中选择课程，这使学位候选人能接触到更广阔的兴趣范围和更多的具有挑战性的同龄人。"②

（4）春季实习（Spring Exercise）

春季实习一般在春假前两周进行，它是一门独特的课程，通过对真实的政策问题进行专业的分析，使学生综合运用基本技能的能力得到实践。

---

① KSG Curriculum and Course Requirements，http：//www. ksg. harvard. edu/apply/degree_ programs/ MPP/program_ curriculum. htm.

② KSG Curriculum and Course Requirements，http：//www. ksg. harvard. edu/apply/degree_ programs/ MPP/program_ curriculum. htm.

（5）政策分析实习（Policy Analysis Exercise，PAE）

第二年所有的学生必须参加政策分析实习。在 PAE 中，学员诊断公共及非赢利性部门中存在的公共政策问题，并针对问题提出可行性建议。政策分析实习能够单独或分组进行，但必须以书面形式（40 页论文）完成。很多学生指出："PEA 是肯尼迪政府学院教育的一大亮点，学生与现实中的客户打交道，且在该领域专家导师的精心指导下进行。学生经常从他们的建议被顾客部门采纳执行中得到满足。"①

2. 公共政策和城市规划硕士（MPP/UP）

两年制的公共政策和城市规划硕士（MPP/UP）是由肯尼迪政府学院和哈佛设计研究生院（Harvard's Graduate School of Design，GSD）联合培养的。它是针对"要求将政策背景与城市规划设计相结合的学生而设计的"②。

学生须修满至少 18 个学分，8 个学分是修必修课。除了要上 MPP 核心课程外，MPP/UP 候选人的政策分析实习主体是城市规划，学生需在以下选修课中选择三门综合的课程③：城市规划设计原理（Elements of Urban Planning and Design）；城市规划设计历史和理论（History and Theory of Urban Planning and Design）；城市政治和土地使用政策（Urban Politics and Land Use Policy）；公共和私人发展（Public and Private Development）；规划和环境法（Planning and Environmental Law）。除此之外，学生还要完成为期 4 周的 GDS 夏季项目以及关注 MPP 核心课程中有关城市主体的内容。

3. 公共行政全球发展方向的硕士（MPA/ID）

这个是肯尼迪政府学院最新开设的两年制学位课程，其意图是"训练国际发展领域的下一代的领导者"④。每年大约有 65 名学生注册这个学位课程。尽管该项目课程具有高级研究生水平，但 MPA/ID 旨在培养下一代实践者，而不是未来的学者或教师。

该学位接受美国和其他国家的学生，要求申请者有 3 到 5 年在政府、中央

① KSG Curriculum and Course Requirements，http：//www. ksg. harvard. edu/apply/degree_ programs/ MPP/program_ curriculum. htm.

② KSG Master in Public Policy and Urban Planning，http：//www. ksg. harvard. edu/apply/degree_ pro-grams/MPPUP/program_ home. htm.

③ KSG Curriculum and Course Requirements，http：//www. ksg. harvard. edu/apply/degree_ programs/ MPPUP/program_ curriculum. htm.

④ KSG Master in Public Administration in International Development，http：//www. ksg. harvard. edu/ programs/mpaid.

和地方银行、国际发展组织、非赢利性组织或私营企业的工作经验，同时还必需具有经济学和定量分析的能力，并对未来的国际发展有潜在的领导能力。需修完 19 个学分。其中 13 个学分来自必修课。在其余 6 个学分中，两个学分必须来自两个特定的政策领域。第一年主要致力于该项目特别设计的课程；第二年培养学生至少在两个政策关注领域的能力。此外，要求选修和完成大量的论文。其必修课主要有①：

——高级微观经济学分析 I 和 II（Advanced Microeconomic Analysis I&II）；

——开放经济的高级宏观经济学 I 和 II（Advanced Macroeconomics for the Open Economy I&II）；

——高级定量方法 I：统计学（Advanced Quantitative Methods I：Statistics）；

——高级定量方法 II：计量经济学（Advanced Quantitative Methods II：Econometrics）；

——经济发展：理论、政策及其表现（Economic Development：Theory，Policy and Evidence）；

——法律和政治制度的发展（Legal and Political Institutions in Development）；

——政策、计划和实践：发展过程中的管理（Policies，Programs and Practice：Managing the Development Process）；

——好的治理及民主化历程（Good Governance and Democratization）；

——国家发展方面的案例研讨 I 和 II（Case Workshop in International Development I&II）。

通过以上的必修课为 MPA/ID 的学生打下了牢固的专业背景知识。在第二年，学生应该在以下三个领域中选择一个问题进一步进行研究②。

——国内和国际经济政策（National and international economic policies）。

——部门政策和规划（Sector policies and programs），包括以下几个方面：可持续发展（环境政策、自然资源管理、基础建立）；全球治理、冲突和人权（global governance，conflict，and human rights）；科学和技术。

---

① KSG Curriculum and Course Requirements，http：//www. ksg. harvard. edu/programs/mpaid/curriculum. htm.

② KSG Curriculum and Course Requirements，http：//www. ksg. harvard. edu/programs/mpaid/curriculum. htm.

——私人部门发展及其规则（Private sector development and its regulation）。

这个高度跨学科的学位项目将博士水平的高级微观和宏观理论、量化分析方法、制度分析、经济学、管理学与强调政策运用于发展的纯理论相结合。此外，学生必修历史、发展理论，同时选修从国际经济到环境政策领域的课程。总之，MPA/ID 学位课程是建立在三个重要的支柱之上①："①博士水平的经济学和定量方法训练；②采用多科学的研究方法，课程论文（coursework）采用多科学的研究方法，内容涉及治理（governance）、领导、法律和政治诸方面。③通过案例研讨实践（case workshops）、暑期实习和其他一体化的锻炼（integrative work）来进行职业定位。"通过这个项目，肯尼迪政府学院建立了一条通往国际发展领导地位的职业道路。

第一年与第二年间，夏季要求学生参与国际开发领域的夏季工作，第二年要求递交学年论文。

4. 公共行政硕士（MPA2）

MPA2 是为学生"在将来的公共、非赢利性组织和私人部门担任领导者做准备的"②。课程灵活，是在教师和导师的指导下专门为学生个人量身定做的。要求学生先前接受过经济、政治学科及管理等相关领域的教育，并且有 3 年以上的专业工作经验。

MPA2 学位项目至少要学完 16 个学分。学生必须从学院设置的三个方法论领域（methodological areas）中的每个领域至少选择一门课程③：

——定量方法（Quantitative methods）

——公共和非赢利性组织的战略管理（Strategic public and nonprofit management）

——政治倡导、领导、道德和媒体（Political advocacy, leadership, ethics and press）

同时，他们在肯尼迪政府学院的政策领域中至少选择两门课程，目前学院

---

① KSG Curriculum and Course Requirements, http：//www. ksg. harvard. edu/programs/mpaid/curriculum. htm.

② KSG Two‐Year Master in Public Administration, http：//www. ksg. harvard. edu/apply/degree_ programs/MPA2/program_ home. htm.

③ KSG Two‐Year Master in Public Administration Curriculum and Course Requirements, http：//www. ksg. harvard. edu/apply/degree_ programs/MPA2/program_ curriculum. htm.

提供的课程有 13 门①。

除了方法论和政策领域的要求外，选修课的选择完全由 MPA2 学生在教师和导师的指导下完成。MPA2 学生由肯尼迪政府学院和哈佛大学的商学院、法学院和医学院联合培养。

5. 在职公共行政硕士（MC/MPA）

MC/MPA 是肯尼迪政府学院早的学位课程，在某种程度上也是肯尼迪政府学院提供的最有特色的教育。该课程始于 1936 年，是由利塔沃（Lucius N. Littauer）对原哈佛大学政府学院的慷慨资助而建立的，是一个两个学期制高强度的学位课程。"申请者必须有 7 年以上的工作经验。此外，他们必须是政府、公益组织（如某体、非赢利性组织）或具有公益导向公司领导职位的有力候选人"②。

（1）课程要求

学生在校需修满 8 个学分，每期所修应不少于 3 学分不多于 6 学分。在两学期的课程里，学生至少从学院 3 个方法论领域课程中选择一门课程③：

——定量方法（Quantitative methods）；

——公共和非赢利性组织的战略管理（Strategic public and nonprofit management）；

——政治倡导、领导、道德和媒体（Political advocacy, leadership, ethics and press）。

在导师和教学管理人员的帮助下，在职学生填写选修课计划表。它将为学生的专业、知识及自我提供最强大的能量。如其他硕士项目一样，MC/MPA 学生不仅能选择除肯尼迪政府学院之外的哈佛大学课程，而且能选择其他专业学院的课程，如塔夫大学弗莱彻法律外交学院（the Fletcher School of Law and Diplomacy at Tufts）及麻省理工学院（the Massachusetts Institute of Technology）的课程。

（2）暑期项目

---

① KSG Two – Year Master in Public Administration Curriculum and Course Requirements, http: // www. ksg. harvard. edu/apply/degree_ programs/MPA2/program_ curriculum. htm.

② KSG Mid – Career Master in Public Administration Curriculum and Course Requirements, http: // www. ksg. harvard. edu/apply/degree_ programs/MPAMC/program_ curriculum. htm.

③ KSG Mid – Career Master in Public Administration Curriculum and Course Requirements, http: // www. ksg. harvard. edu/apply/degree_ programs/MPAMC/program_ curriculum. htm.

由于只有一年的学习时间，时间非常宝贵，因此，他们要求在职学生参加暑期项目。肯尼迪政府学院暑期培训课程专门为公共行政在职硕士准备的其学习课程而设计。课程将提供学院所运用的核心方法论（the core methodologies），更新完成学术计划所需的重要技能。作为这个准备的一部分，学生可以培养和同学、教师之间的关系，同时也可以熟悉肯尼迪政府学院、哈佛大学及剑桥——波士顿地区的大量的资源。

通过暑期课程，学生每天上课、阅读、讨论案例，完成大量的作业。互动的课程环境将会得到教师给你的建设性反馈。尽管这些课程是不记学分的，但95%的在职学生参加了暑期课程项目，因为它能帮助他们了解更多各自文化职业背景以及他们所面临的事业和职业方面挑战。同时，它也为学期的学习作了进一步的准备。

课程主要涉及定量分析及经济学方面，以2005年暑期课程为例，课程内容主要涉及以下几个方面①：

——定量方法（Quantitative Methods）。采用小班化教学，通过这门课程，学生复习并拓宽他们对基础数学和概率的理解，这方面的知识主要用于以后的政策分析。

——微观经济学（Microeconomics）。这门课程主要聚焦于微观经济学基本的概念以及它们在解决公共政策问题上的重要性。

——全球化的趋势（Trends in Globalization），该门课程主要涉及国际贸易、环境问题、人权、国际安全和信息技术。

——案例讨论（Case Discussion），通过交互式的课程，有助于提升战略方面的精华。

——行政行为及其制度（Political Behavior and Institutions）。主要讨论美国政治制度的起源和功能以及治理和政治方面的重大问题。共有四个专题：宪法历史（constitutional history）、政府部门（the branches of government）、公民行为（the behavior of citizens）和政治团体（and political groups）。

三、哈佛商学院课程和肯尼迪政府学院学位课程特色分析

（一）丰富多样的课程资源

哈佛大学商学院和肯尼迪政府学院为学生提供了大量的丰富多样的课程资源。

---

① KSG Summer Program Overview 2005，http：//www.ksg.harvard.edu/mcmpa - summer/details.htm.

另外，每门课程都有一个主页，上面有上课时间、地点、教师联系方式、教学助理、课程描述、教学大纲等。其课程涉及面之宽泛、内容之丰富，引人注目。

根据培养目标和和学生的特点，肯尼迪政府学院为学生设置了大量的必修课和选修课。不同的专业方向，有不同的必修课要求（详见上文肯尼迪政府学院学位课程培养方案），然后提供大量的课程供学生自由选择。根据肯尼迪政府学院 2005 年～2006 年课程目录，开设的课程总数达 230 多门①。仅 2005 年秋第一个学期，开设的课程就有 120 门左右②。

以攻读 MPA（两年制）为例。学生必须从学院设置的定量方法（Quantitative methods），公共和非赢利性组织的战略管理（Strategic public and nonprofit management），政治倡导、领导、道德和媒体（Political advocacy, leadership, ethics and press）三个方法论领域（methodological areas）中每个领域至少选择一门课程③：

同时，他们至少在肯尼迪政府学院的政策领域中选择两门课程，目前学院提供的课程有 13 门④：

——企业和政府政策（Business and Government Policy）；

——犯罪和司法审判（Crime and Criminal Justice）；

——环境和自然资源（Environment and Natural Resources）；

——卫生保健政策（Health Care Policy）；

——住房、城市发展和交通（Housing, Urban Development, and Transportation）；

——人力资源、劳动和教育（Human Resources, Labor, and Education）；

——国际安全和政治经济学（International Security and Political Economy）；

——国际贸易和金融（International Trade and Finance）；

——非赢利部门（Nonprofit Sector）；

——政治倡导和领导（Political Advocacy and Leadership）；

---

① Teaching Support, John F. Kennedy School of Government, Harvard University Catalog Pages 2005 ~ 2006 [EB/OL], http://ksgaccman. harvard. edu/courses/.

② Teaching Support, John F. Kennedy School of Government, Harvard University Fall Schedule 2005 [EB/OL], http://ksgregistrar. harvard. edu/reports/courses – fall. htm.

③ KSG Two-Year Master in Public Administration Curriculum and Course Requirements, http://www. ksg. harvard. edu/apply/degree_ programs/MPA2/program_ curriculum. htm.

④ KSG Two-Year Master in Public Administration Curriculum and Course Requirements, http://www. ksg. harvard. edu/apply/degree_ programs/MPA2/program_ curriculum. htm.

——政治和经济发展（Political and Economic Development）；

——媒体、政治和公共政策（Press，Politics，and Public Policy）；

——科学、技术和公共政策（Science，Technology and Public Policy）。

学院除了课程资源丰富外，每一门主要课程都由若干个有明确教学目的及教学重点、各有特色的课程"模块"构成完整的课程体系。如上述所提到的13门课程中，每一门课程均由若干课程"模块"组成。如企业和政府政策（Business and Government Policy）由13门课程"模块"构成，见表4－1①。

表4－1　肯尼迪政府学院企业和政府政策课程模块

编号	中文名称	英文名称
1	美国企业—政府关系	The Business-Government Relationship in the United States
2	讨论课：商业与政府	Seminar：Business and Government
3	产业结构、战略和公共政策	Industry Structure，Strategy and Public Policy
4	食品政策和农业产业化	Food Policy and Agribusiness
5	企业领导和战略合作国别关系	Business Leadership and Strategic Corporate Citizenship
6	公共私营合作关系	Public Private Partnerships
7	公共组织的管理、金融和规划	Management，Finance and the Regulation of Public Infrastructure
8	私有化分析	Privatization Analysis
9	金融制度和市场：规章和公共政策	Financial Institutions and Markets：Regulation and Public Policy
10	资本市场调整	Capital Market Regulation
11	讨论课：目前美国金融市场调整	Seminar：Current Issues in U. S. Financial Market Regulation
12	"在历史的阳台上？" 21 世纪的欧盟	"On the Balcony of History？" The European Union in the 21st Century
13	世界经济中的亚洲	Asia in the World Economy

哈佛大学商学院也为学生提供了大量的课程，这主要体现在学院所开设的

---

① KSG Catalog Pages，http：//ksgaccman. harvard. edu/courses/.

选修课上。商学院目前提供 10 个领域 100 多门的选修课，详见表 4 - 2①。

表 4 - 2　哈佛大学选修课课程领域和课程门数

编号	课题领域	课程门数
1	会计和管理（Accounting and Management）	5
2	企业、政府和国际经济（Business，Government & the International Economy）	7
3	企业家管理（Entrepreneurial Management）	24
4	金融（Finance）	16
5	普通管理学（General Management）	18
6	营销学（Marketing）	9
7	谈判、组织和市场（Negotiation，Organizations & Markets）	5
8	组织行为学（Organizational Behavior）	8
9	战略学（Strategy）	14
10	技术和运营管理（Technology & Operations Management）	10
	合　计	116

（二）注重实际应用的课程设置，切实关注学生的能力培养

哈佛商学院和肯尼迪政府学院除了开设大量丰富多样的课程外，其课程内容特别注重学生的实际应用，切实关注每一个学生的能力培养。

哈佛商学院的 MBA 教育共 4 个学期，每学期上课 15 周时间。4 个学期又分为两个阶段，前两个学期为第一阶段，上必修课，后两个学期为第二阶段，上选修课和实习。

从必修课的所开设的内容来看，它由 3 部分组成：

1. 基础教育。其目的是让学生熟悉各门专业课中的通用的管理术语、管理技能和管理观点。如学生在第一学期需掌握如下 4 项基本的技能："（1）计算机的知识和技能；（2）经贸写作和逻辑表达的技能；（3）定量分析推理的技能；（4）会计学的知识和技能。"②这 4 项技能是顺利完成哈佛商学院 MBA 教育，并在以后的就业中取得成功的必不可少的基本技能。另外，基础教育还要求学生

---

① HBS Elective Curriculum Elective Curriculum，http：//www. hbs. edu/mba/academics/elective. html.

② 向洪、王雪、张强主编：《读懂哈佛丛书：哈佛人才》，青岛：青岛出版社 2005 年版，第 134 页。

进一步提高个人的实际能力，包括自我评价能力、提供和接受反馈信息能力、课外项目活动的管理能力、学习小组活动能力等。同时，在基础教育阶段，学生还学习商业道德、价值观、公司责任、工商史、市场经济体制等课程内容。

2. 工商企业经营管理方面的课程。它包括财务 I 、财务报告和控制、领导和组织行为学、营销学、技术和运营管理等课程。

3. 探讨如何协调企业和企业外部环境之间关系的课程。具体课程涉及企业、政府和国际经济、战略、创业型管理者、谈判、财务 II 、领导学和公司责任等 6 门课程。另外，学院还开设了 100 多门的选修课供学生自由选择，选修课不仅包括大量的财会方面的课程，还包括主观方面的行为科学方面的课程。

哈佛商学院还非常重视实习，在教师的指导之下，学生把实习内容与他们的学业结合起来，使课堂教学内容与实习内容保持一致。从以上哈佛商学院 MBA 教育开设的必修课、选修课和实习的内容看，课程的内容和安排都是围绕着工商管理的实际问题设置的，非常注意实际应用以及学生实际能力的培养。

哈佛大学肯尼迪政府学院的目标是"为 21 世纪准备领导人"，因此在课程设置上也非常注重实际应用，关注学生的领导能力培养，并形成了现在的 MPA 培养体系的"三维能力空间"，见图 4 - 1 的"三维能力空间"示意图①。

哈佛大学的学位培养把领导能力有机地分解成分析能力、管理能力和倡导能力这三种能力，其原因在于，KSG 认为，未来的领导职业生涯会变得十分地流动和不稳定，他们可能会在不同时期在不同的部门工作。如果他们已经熟练掌握上述三种技能，那么他们就能很快适应周围变幻莫测的环境，并卓有成效地开展工作，履行岗位职责。

图 4 - 1 "三维能力空间"示意图

———————

① 陈通、齐二石、田红坡、王世彤：《MPA 教育：哈佛大学的实践及启示》，《天津大学学报》（社会科学版）2002 年第 2 期，第 185 页。

通过上图，我们可以看出，学院以领导能力为核心，着重培养学员的三种能力：（1）必须具备娴熟的分析技巧（Skilled Analysis），要求领导者具有成熟的、从经济和社会角度考虑问题的分析技巧；（2）必须能够进行卓有成效的管理活动（Competent Management）；（3）必须具备公共政策的倡导能力（Advocacy），必须能够运用现代公共管理知识和技能，准确、清晰地表达自己的观点，并取得周围的人对其观点的认同和支持，进而有效地贯彻、推行所制定的各项公共政策。

为了培养学生的上述三种能力，在课程安排上，其核心课程覆盖公共管理和政策研究的基础理论和分析方法及技巧方面的课程，主要包括三个方面：政策和制度分析（Analysis of Policies and Institutions，API）、公共部门的战略管理（Strategic Management of Public Organizations，STM）以及政治倡导和领导能力（Political Advocacy and Leadership，PAL）等三个领域的课程。每个领域都聚焦一种能力的培养。另外，在这三个领域的课程中，每个领域都包含丰富的课程体系，见表4－3①。

表4－3　哈佛大学肯尼迪政府学院学位教育核心课程和能力培养对应表

课程领域	具体课程	聚焦能力
政策和制度分析（API）	1. 经济分析（Economic Analysis）	分析能力（Analysis）
	2. 经验分析（Empirical Analysis）	
	3. 建模及其应用（Modeling and Applications）	
	4. 制度分析与设计（Institutional Analysis And Design）	
	5. 政策设计方法和应用（Policy Design-Methods and Applications）	
	6. 公共政策价值（Values in Public Policy）	
	7. 历史分析（Historical Analysis）	
	8. 研究方法（Research Methods）	

① KSG Catalog Pages，http：//ksgaccman. harvard. edu/courses/.

续表

课程领域	具体课程	聚焦能力
公共部门的战略管理（STM）	1. 组织战略与实施（Organizational Strategy and Implementation）	管理能力（Management）
	2. 政治管理——政策发展的谈判与管理（Political Management – Negotiation and Management of Policy Development）	
	3. 管理产品——质量和创新（Managing Production – Quality and Innovation）	
	4. 财务管理——信息系统和责任（Financial Management – Information Systems and Accountability）	
	5. 人力资源的开发与积极性的调动（Developing and Motivating Human Resources）	
政治倡导和领导能力（PAL）	1. 公共资源的领导与调动（Leadership and the Mobilization of Public Resources）	倡导能力（Advocacy）
	2. 选举政治与政治领导（Elective Politics and Political Leadership）	

（三）课程内容的"全球眼光"

世界的轴心——哈佛大学在世界大学中的领先地位得到广泛的认可。其商学院和肯尼迪政府学院在课程设置和招收等方面，都体现出国际化的办学方针。体现在课程上，就是课程内容的"全球眼光"。

如商学院在课程设置上，必修课中有关国际经济的课程有：企业、政府和国际经济（Business, Government and International Economy）[1]。选修课中有关国际经济的课程有：制度、宏观经济学和全球经济（Institutions, Macroeconomics and the Global Economy）、国际贸易管理和国际竞争管理（Managing International Trade and Investment）、企业家和全球资本（Entrepreneurship and Global Capitalism）、国家企业家（International Entrepreneurship）、国际金融管理（International Financial Management）、市场全球化（Globalization of Emerging Markets）、高级全球战略（Advanced Global Strategy）等[2]。此外，MBA 的许多课程都是从全球角度来考虑问题的。

---

[1]　HBS Required Curriculum, http：//www. hbs. edu/mba/academics/term1. html.

[2]　HBS Elective Curriculum, http：//www. hbs. edu/mba/academics/elective. html.

肯尼迪政府学院的国际化视角，也突出地表现在它的国际化课程体系上。该院于 1998 年公布的有关课程的大纲中就十分超前地指出："经济全球联合正在不断地推进，我们必须提前看到由此产生的各种新的问题，以及政府和社会必须面对的负面影响。"①为了应对全球化的调整，学院开设了大量的关注国际问题的课程，从该院的课程名单上就可以看出这一点，从课程名称上看，学院 100 多门的课程中，大约有 40 门的课程是以国际化的视角来关注当今世界上的问题的。如：公共财政的国际视角（Public Finance in International Perspective）、公共管理改革和创新———一个比较的观点（Public Management Reform and Innovation：A Comparative Survey）、领导学：一个跨文化和国际的视角（Leadership：A Cross - Cultural and International Perspective）、"在历史的阳台上？" 21 世纪欧盟（"On the Balcony of History？" The European Union in the 21st Century）、世界经济中的亚洲（Asia in the World Economy）、全球公共安全和行政司法（Public Safety and Criminal Justice Policy in Global Context）、国际关系的理论和实践（Introduction to International Relations Theory and Practice）、全球治理（Global Governance）、讨论课：国际安全和政治经济（Seminar：International Security and Political Economy）等等，这类的课程比比皆是。另外，在国际贸易和金融（International Trade and Finance，ITF）课程领域中，有 6 门有关实际经济和金融问题的课程模块，如国际资本市场（International Capital Markets）、国际财政政策：问题和分析（International Financial Policy：Issues and Analysis）等②。除了从课程名称上可以看出国际化的视角外，还有更多的其他课程关注国际问题。如果从内容的角度讲，肯尼迪政府学院每年都要开设约 80 门有关国际导向的课程③，这类课程以比较的方法关注和研究全球政治、经济和文化现象。另外，即使是一些传统的理论性课程，如微观经济学、领导学，教师在教学的过程中，也应用了大量的来自世界的素材，通过对各类典型国家、典型事件的比较，阐明理论的内涵与现实意义。

（四）独具特色的案例教学

案例教学是哈佛商学院和肯尼迪政府学院课程教学的一大亮点。其课程教学主要采用案例教学方法。一般先就某个现实政策或管理问题提供背景资料，

---

① 向洪、王雪、张强主编：《读懂哈佛丛书：哈佛人才》，青岛：青岛出版社 2005 年版，第 188 页。

② KSG Catalog Pages，http：//ksgaccman. harvard. edu/courses/.

③ 陈振明主编：《美国 MPA 十大名校》，北京：中国人民大学出版社 2003 年版，第 50 页。

指出面临的困境或复杂的氛围，教师不强求寻找唯一正确的答案，以给学生留下一个创造性解决问题的广阔空间。

为了搞好案例教学，学院要对教师进行专门的训练。一个教师从不熟悉到熟悉并习惯于这种案例教学方法，至少要花 2～3 年的时间才能运用自如。开展案例教学之前，学生先在课下阅读案例资料，在课堂开展深入讨论，从抽象概念引入对具体情景的深入思考与分析。

哈佛商学院和肯尼迪政府学院的案例属于"知识产权"，有偿才能出让。它们所拥有的内涵极为丰富的案例库，已成为其高质量教学的重要基础和所拥有的雄厚教学实力的重要象征。

第二节　新加坡文官学院"菜单式"课程特色

新加坡文官学院有三个部门为国内外的官员培训提供教学方面的保障，即政策发展学院（IPD）、公共行政管理学院（IPAM）以及学院国际部（CSCI）。以市场为导向的新加坡文官学院本着"顾客至上"的服务理念，每年都为社会推出大量的"菜单式"和"模块式"的课程以供选择。如 2007 学院共为社会提供 344 门课程①，这些课程主要以短期课程为主，并形成了自身的特色和优势。

一、新加坡文官培训主要课程领域

新加坡文官学院所有课程在其学院的主页上都有详细的介绍，包括课程大纲、课程目标、课程具体的安排、上课起止时间、课程费用、授课教师及其联系方式，以及与其相关的课程，等等②。

（一）课程目标

学院的所有课程都以领域划分，共分为 5 类课程领域：（1）治理（Governance）；（2）领导学（Leadership）；（3）公共行政（Public Administration）；（4）21 世纪公共服务及管理优化与创新（Public Service 21 and Managing for Excellence Initiatives）；（5）个人发展与绩效（Personal Development & Effectiveness）。

---

① Civil Service College IPAM Training Directory 2007, http：//www. cscollege. gov. sg/page. asp？ id = 223.

② 所有课程可在其主页上查询、申请，网址为：http：//www. cscollege. gov. sg/page. asp？ id = 72.

1. 治理。健全的国家治理是新加坡成功的基础。目前，出于来自全球的不确定性和安全方面的挑战，我们需要学习历史并构建未来。为此，该院和各机构进行了广泛的合作，从而为公共和私营机构的领导提供培训，以便让官员们能更好地了解公共政策的基本原则、价值和战略原理，以保证新加坡经济的不断繁荣，增强社会的凝聚力以及各方面的稳定。

2. 领导学。公共部门的领导层如何达到一个共享的愿景（shared vision）？什么领导模式能强化公共服务部门的价值？现代领导面对哪些棘手的问题？公共机构如何把握变化、平衡资源的需求及为公民服务？该院了解公共服务部门受到各种问题挑战的领导，把握所出现的需求，把这些可信的经验带到课堂上和学员们一起分享，并把创新的课程带给各个层次的领导者。

3. 公共行政。人们对现代公共行政的要求过于苛刻，期待它能为公共服务提供预期的需求，并提出创新的方法来满足顾客的要求。公共机构必须对组织优化的要求有所反应。学院和这些机构进行合作，把服务需求转化为解决问题的方法，以便让公共部门的领导获得这些思维（mindsets），并在新的环境中作出本能的胜过他人的反应。

4. 21世纪公共服务及管理优化与创新。为了成为一个21世纪公共服务机构，公共机构及其官员必须表现出强烈的责任感和意愿，来预见、欢迎和并执行变革。为了克服目前在复杂和快速变化世界中的挑战，新加坡文官学院提供了大量的课程，以支撑组织最优化，并帮助公共机构和它们的官员获得关键的能力，从而获得组织的最优化。

5. 个人发展与绩效。如果公共机构的官员办事是有效的、效率高的并且很专业的，那么这就是一个优化的公共机构。该课程采取整体分析（holistic approach）来开发每个官员的潜能，使他们变得更加有效，并使他们和组织一起向专业化发展。

（二）各领域课程的构成情况

除了上述5个领域的课程外，学院还提供了大量的模块课程（Modular Programmes）和客户定制在线学习课程（Custom OA e-learning Programmes）。在上述各个领域的课程中，公共行政类和个人发展与绩效所提供的课程门数最多，分别为130门和100门，约占总门数的38%和29%，详见图4-2。

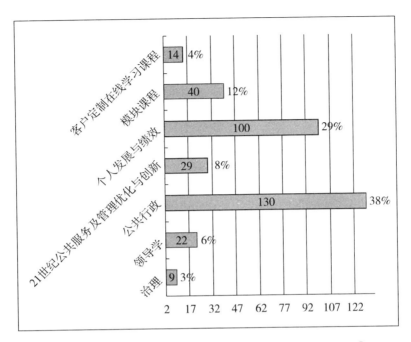

图 4 - 2 新加坡文官学院 2007 年培训课程领域及其数量①

每个课程领域包括几大类课程，各大类课程下又细化出具体的课程，如以领导学领域课程为例，它有 3 大类课程，在这 3 大类课程之下才细化为 22 门具体的课程②，见表 4 - 4。

表 4 - 4 领导学领域课程种类和具体的课程

课程种类	具体课程	门数
领导里程碑课程 （The LEAD Milestone Programmes）	领导课程入门（Induction L. E. A. D. Programme） 我和新加坡公共服务（The Singapore Public Service and I） 经理领导课程（Manager L. E. A. D. Programme） 战略领导课程（Strategic L. E. A. D. Programme）	4

---

① Civil Service College IPAM Training Directory 2007，http：//www. cscollege. gov. sg/page. asp？id = 223.

② Civil Service College IPAM Training Directory 2007，http：//www. cscollege. gov. sg/page. asp？id = 223，p6 ~ 7.

续表

课程种类	具体课程	门数
公共部门领导和管理（Public Sector Leadership and Management）	战略思维实践（Strategic Thinking Workshop） 优秀管理的基本原则（Fundamentals of Good Management） 成功治理：最好经理的洞察力和秘诀（Managing Successfully：Insights and Secrets of the Best Managers） 从管理向领导的流动（Moving from Management to Leadership） 领导学：基于方法的境遇（Leadership：A Situation Based Approach） 让事情发生，得到所做的事（Making Things Happen，Getting Things Done） 领导者和经理如何通过幽默让员工努力工作（How Leaders／Managers can Engage Staff through Humour） 应用动机（Applied Motivation） 工作激发（Motivating at Work） 冲突管理（Conflict Management） 谈判技巧（Negotiation Skills） 工作中的双赢思维（Win-Win Mindset @ Work） 成功的项目管理：技巧和人的技能（Successful Project Management：Technical and People Skills） 知识管理实践（Knowledge Management Workshop）	14
公共部门监督技能（Public Sector Supervisory Skills）	监督管理（Supervisory Management） 监督领导（Supervisory Leadership） 问题解决和决策（Problem Solving and Decision Making） 监督者的工作效率（Working Effectively with Supervisors）	4

二、新加坡文官学院课程特色及其内因分析

（一）重视文官法律知识的培训

1965 年新加坡独立后，除继续沿用英国法体系外，又根据新加坡的实际情况制定新的法律。新加坡建国至今共制定现行法律 4000 多种，其制定的法律规范渗透到国家、社会、家庭各个方面的法制国家，有"无事不立法，无处不执法、无人不知法"之说①。经过多年的法制建设，新加坡从"谋杀、抢劫、勒索、纵火、吸毒、贩卖妇女"等丑恶现象层出不穷，到成为"世界上最干净、最繁华、最安全的城市国家"。如果说新加坡的成就是个奇迹的话，那

---

① 佚名：《新加坡依法治国纵览》，《理论广角》1999 年第 6 期，第 30 页。

么高度法制化便是推动这个奇迹的强有力的手段之一，可以说法律已成为立国、治国、强国的重要支柱。对此，李光耀也不无自豪地说："新加坡的今天是多年法治的结果，没有铁的社会法纪，也就不会有今日的新加坡。"①

作为新加坡社会精英阶层的各级文官，他们不仅要具备较高的道德标准，国家还制定了一整套的法律、法规来要求他们自觉地去执行遵守，并能成为其他公民的楷模。为此，国家一直都非常重视国家各级文官法律、法规、现代理念、正确的价值观以及文官行为准则等方面的培训，这在新加坡文官学院所提供的课程中，可略见一斑，表4-5是该院开设的法律方面的课程②。

表4-5 新加坡文官学院所提供的法律课程一览表

课程名称	持续时间（天）
基础合同法（Basic Contract Law）	1
基础合同法（对象为二级和三级文官）（Basic Contract Law for Div 2 and 3 officers）	1
基础版权法（Basic Copyright Law）	1
基础民事侵权行为：被疏忽的法律（Basic Torts：Law relating to Negligence）	1
公司法（Company Law）	2
2007年宪法和行政法研讨（Constitutional & Administrative Law Seminar 2007）	1
新加坡法律基础（Foundations of Singapore Law）	3
知识产权法和你"有什么大惊小怪?"（Intellectual Property Law & You "What's The Fuss About?"）	2
了解和起草商业合同（Understanding and Drafting Business Contracts）	3

从上述课程一览表中，可以看出其所提供的法律课程涉及合同法、版权法、知识产权等内容，这也是当前社会生活中常见的法律问题，同时对政府部门的各级领导也很有必要。

如"新加坡法律基础"这门课，在短短两天的培训中，向学员系统地进行新加坡法律制度、行政法、合同法、民事法、中介法、商业组织相关法律等

---

① 韦红：《新加坡精神》，武汉：长江文艺出版社2000年版，第236页。

② Laws，http：//www.cscollege.gov.sg/page.asp? id=72.

法律知识的教育，通过学习，"可以让使政府部门的官员掌握新加坡国家的法律框架，并能够更好地鉴别和了解与他们工作有关的法律"①。

学院教师在培训时，尽量用平实的语言来解释法律条文，并能结合受训官员的工作实际，使其受益匪浅。如"基础合同法"这门课程要求授课教师"主要向学员简单介绍法律合同，在介绍重要概念和原理时，必须用通俗的语言，而不是生涩的专业术语。并且伴有大量的案例，从中可以让学员了解合同法和他们实际生活密不可分。同时，课程还对政府文件和合同的条款加以强调和解释。因此，这门课程对所有公共部门领导都是必需的，这有助他们更好地了解政府文件背后的法律问题。"②

另外，所有课程时间都很短，一般为1~3天，这样便于申请人选择学习，而不耽误正常的工作，因此，这类课程很受人欢迎。

（二）加强文官计算机使用能力的学习

为提高新加坡政府的办公现代化水平，学院开设了大量信息技术（IT）类的课程。如2007年，在学院344门课程中，IT类课程竟占到了49门，约占总门数的14%③，见图4-3。

这类课程内容都比较实用，如Word输入及其排版、Excel电子表格和图表的制作、Powerpoint幻灯片的制作、Frontpage个人网页的建立等等。还有Microsoft Access、Microsoft Office XP、Microsoft Visio XP、Adobe Photoshop、Flash等众多软件的用法等等。除了各种办公软件的学习外，还提供了互联网方面的知识，这类课程有："互联网培训（基础）"（Internet Training）、"高级互联网技巧"（Advanced Internet Skills）、"终端用户信息安全意识"（End User Infocomm Security Awareness）等。这些培训边讲解，边操作，实践性较强。如"互联网培训"这门课，其目标是"通过学习，让学员学会如何在互联网上查找有用的信息、如何通过互联网传播信息，并且学会用互联网进行交流等"④。"终端用户信息安全意识"这门课程，"让学员具备信息安全方面的必要的技

---

① Foundations of Singapore Law, http：//www. cscollege. gov. sg/page. asp？id＝75&course_ id＝38.

② Basic Contract Law, http：//www. cscollege. gov. sg/page. asp？id＝75&course_ id＝40.

③ Civil Service College IPAM Training Directory 2007, http：//www. cscollege. gov. sg/page. asp？id＝223.

④ Civil Service College IPAM Training Directory 2007, http：//www. cscollege. gov. sg/page. asp？id＝223，p87.

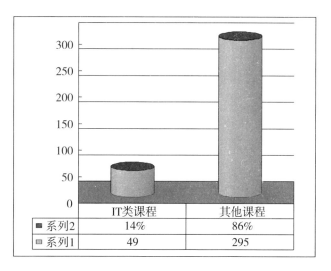

图 4 - 3　新加坡文官学院 IT 类课程所占比例

能和知识"①。

　　新加坡文官学院如此重视信息技术方面的培训工作，这和新加坡从 1980 年起开始实施的政府信息化工程密切相关。新政府积极探索网络技术在政府管理中的应用，上世纪 90 年代，就推出了"IT2000"（智慧岛）计划。该计划实现之后，新政府又在 2000 年推出"Infocom21"（资讯通信 21 世纪蓝图）计划，2001～2003 年，新政府每年要为此投入 15 亿新元作为政府部门引进信息技术的专项经费②。

　　通过多年的摸索与努力，新加坡信息化应用已处于世界先进水平，在全球经济论坛《2004～2005 全球信息技术报告》中排名世界第一，连续 5 年在埃森哲《全球 IT 报告》中被评为全球三大最佳电子政府（即美、新、加三国）之一③。

　　新政府已发布《智慧国 IN2015 年计划（2006～2015）》，使信息产业成为新加坡新的、最大的经济增长点和提高国家竞争力的行业，提高国民在信息社会的生活素质和水平，并形成繁荣和兴旺的网络经济。

---

　　① Civil Service College IPAM Training Directory 2007, http：//www. cscollege. gov. sg/page. asp？ id = 223，p87.

　　② 郑春蕊：《新加坡电子政务发展状况》，《河南科技》2006 年第 7 期，第 19 页。

　　③ 蒋力群：《新加坡电子政务成功的核心因素》，《信息化建设》2006 年第 6 期，第 43 页。

在上述计划中，新政府一直把电子政务（新加坡称为电子政府）作为提升政府整个管理效率、促进电子化经济建设的重要举措。为此，新加坡政府要求各级官员、文官都具备一定的信息化知识和操作技能。按一般、中层、高层等三个不同层次对不同官员进行分类培训，文官每人每年由政府出资参加各种培训，时间不能少于 15 天①。因此，新加坡文官学院所开设的这些课程也是为了满足国家信息化建设的需要，意义重大。

（三）强化学员的公共服务意识

新加坡文官学院在课程安排方面，还提供了一系列培养各级官员公共服务意识、优化管理等方面的课程，这类课程主要体现在"21 世纪公共服务及管理优化与创新"领域类课程中，这类课程约占学院所提供课程总数的 12%，见图 4－4。

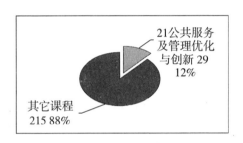

图 4－4　新加坡文官学院 21 世纪服务及管理优化课程所占比例

通过这类课程的培训，主要使学员的观念发生重大的转变，即民众不是政府管理的对象，而是政府服务的"顾客"。这可以从这些课程的名称上可以看出来，如："对前线客户服务相应"（Responsiveness in Frontline Customer Service）；"电话服务技能"（Mastering Telephone Service Skills）；"通过幽默和顾客联系"（Connecting with your Customers through Humour）；"顾客调查：设立和获得有用的信息"（Customer Surveys: Designing and Obtaining Useful Information）；"训练职员如何突破服务"（Coaching Staff for Breakthrough Service）；"为优质服务开发团队"（Developing Teamwork for Superior Service）；"使一线的服务人员提供优质的服务"（Managing your Frontline Staff for Service Excellence）；"把握卓越服务：推动和执行服务质量的工具和技巧"（Managing Service Excellence-Tools and Techniques for Driving and Implementing Service Qual-

---

① 翟林华：《从新加坡电子政务中学到的经验》，《中国计算机报》2004 年 3 月 1 日。

ity）；"4 种创新解决问题的方法"（4 Ways to Solve Problems Creatively），等等。

这类课程的核心思想是提高官员的服务意识，更好地为民众和顾客服务。如《训练职员如何突破服务》（Coaching Staff for Breakthrough Service）这门课，通过 2 天的培训使学员得到以下几个方面的转变：（1）为了让顾客满意，你必须能够认识到组织必须变革，进而使其服务质量最优；（2）要明确你的作用，并成为组织中的带头人；（3）为你的组织设计愿景和行动计划，以便满足顾客的要求；（4）训练其他员工，以便提高服务标准①。再如《电话服务技能》课程，让学员了解 21 世纪公共服务电话服务质量的重要性，通过正确的技能和技巧和顾客进行有效的沟通，从而提高服务质量等。

开设上述课程的背景，从深层次来讲也是和新加坡公共服务部门的改革是相呼应的。1995 年，新加坡政府开始了一项名为"21 世纪公共事务"（Public Service for the 21st Century）或简称"公共服务 21"（PS21）的广泛行政事务规划，以此鼓励公共管理官员不断地寻找更好的方法来执行任务和分配公务。其目标是："（1）为满足公共管理的需要培养一种优质服务的作风，重点强调质量、密切联系与反应能力；（2）创造出一种可诱导变革产生的环境，以进一步提高工作效率，同时关注公共官员的士气与福利。"②

新加坡政府每部均设立了"21 世纪公共事务"委员会，由一名常务秘书任主席，"21 世纪公共事务"办公室设在总理办公室（其办公室主页网址为：http：//app. ps21. gov. sg），主要监督和管理政府行政事务内的"21 世纪公共事务"运动。由于开展"21 世纪公共事务"运动，所有公共管理机构范围内的服务标准都在持续提高。在所有公共管理部门内，服务质量及其持续改进已成为整个工作的一部分。很多机构都在寻求提高服务质量的方法，有些已经获得国家质量认证。很多机构已获得"新加坡质量"奖章。通过开展各项活动，并通过培训等措施，使文官的工作和思考问题的方法发生了一次根本的改变。

通过部分课程的分析，我们可以看出，新加坡文官学院培训目标明确，内容紧密结合国家发展和建设以及官员的实际情况，并形成上述的一些特色。总体来讲，该院的培训在激烈的市场竞争中能赢得大量的生源，并赢得社会一致

---

① Civil Service College IPAM Training Directory 2007, http：//www. cscollege. gov. sg/page. asp？id = 223，p75.

② PS21 Background，http：//app. ps21. gov. sg/newps21/default. asp？id = 21.

的好评，这和它能准确地把握文官培训的实际需求，并开设大量针对性和实践性较强的课程密切相关。

第三节　李光耀公共政策学院学位课程

新加坡国立大学李光耀公共政策学院除了为亚洲各国的学者和官员提供一个研究和讨论的平台外，还设立了公共政策硕士（Master in Public Policy，MPP）、公共行政硕士（Master in Public Administration，MPA）和公共管理硕士（Master in Public Management，MPM）3 个硕士学位课程。这三个学位课程主要为亚洲地区培养各类领导人才，其培训内容的重点是亚洲问题，尤其是新加坡发展模式，有较强的特色和优势。

一、主要的学位课程分析

（一）公共政策硕士

1. 课程目标及招收对象

公共政策硕士是一项两年的学位课程。此项课程通过培养学生对政策问题的复杂性的意识，在政策分析的严谨性方面训练学生。该课程设计立足于帮助学生培养技巧，学会定义政策问题，使用现有的最好证据来构想和评估政策选择，推荐行动方案，以及执行政策方案。这些技巧的培养是通过多学科的课程教育来实现的。这些课程包括来自于经济学、政治学、社会学和统计学等科目的理论和方法。

公共政策硕士理想的学员是目前在政府部门任职的文官以及对从事政府工作感兴趣的其他人士，这包括从大专刚毕业的学员。学员的年龄在 25 岁到 35 岁之间，他们必须有良好的英文语言能力（TOEFL 分数不低于 580 或 IELTS 分数不低于 6.5）。

学院也邀请政府官员、非营利组织和企业等领导为学员作报告、演讲，让学员有更多的机会和他们接触，从中得到更多的益处。

一个典型的 MPP 班级有 60 名学员来自亚洲各国，他们具有不同的背景和经历。多元化的学生组成，加之学院频繁的小组集会或讨论，有助于他们之间的相互交往和影响。通过 2 年的学习，MPP 学员将学会如何自信地应用经济学和管理学的思想和方法，对公共政策和组织进行有效地分析、设计和把握。学院教学强调以问题学习为主（problem-based learning），同时应用案例教学，而不是简单的书本上的例子，这样有助于使学员处于复杂而真实问题之中。

2. 课程要求

MPP 学员在 2 年内必须完成至少 16 门课程模块的 72 学分（modular credits，MCs）课程，这 16 门课程模块中有 7 门核心课程（28 学分）和 9 门选修课程（36 学分），另外还有一门政策分析实践课程（Policy Analysis Exercise，PAE）（8 学分）[①]。

大部分 MPP 学生每学期读 4 门课程。学员可以申请选修新加坡国立大学的课程，每学期至多读 5 门课程。

为保留继续学习的资格，学员 2 年的学习中必须保持一个较好的积累平均分（Cumulative Average Point，CAP），其要求是任何 2 个连续的学期 CAP 不得低于 2.5 分（相当于 C＋），任何 3 个连续学期，CAP 不得低于 3.0 分（相当于 B－）。如果学员一门核心课程没有及格，在接下来的学期中必须重修，并通过该门课。如果选修课没有及格，也要申请重修并通过。如果第二重修没有通过，或 3 门课程没有及格，学员必须退学。因此，为了能顺利毕业，学员必须获得 72 学分和至少 3.0 积累平均分，在 72 学分中，还必须包括 7 门核心课程和一门政策分析实践课程（Policy Analysis Exercise，PAE）。其两年内课程安排参见表 4－6。

表 4－6　2007 年 MPP 课程表[②]

	时间	课程安排
第一学期	7 月	课程定位
	8～12 月	3 门核心课和 1 门选修课
	12 月	放假
第二学期	1～5 月	3 门核心课和 1 门选修课
	5～7 月	放假
第三学期	8～12 月	1 门核心课和 3 门选修课
	12 月	放假
第四学期	1～5 月	4 门选修课

①　MPP Programme Requirements, http：//www. spp. nus. edu. sg/degree_ prog_ 1. htm#mppa.

②　The academic calendar for the 2007 MPP, http：//www. spp. nus. edu. sg/degree_ prog_ 1_ 0. htm# calender.

（二）公共行政硕士

1. 课程目标及招收对象

公共行政硕士是一个 1 年制的学位课程，它是学院最新开设的硕士课程。此项课程将培养学生有效应付充满挑战性的政策环境的能力，并通过跨越传统职业领域的全方位专业训练，培养学生成功竞争于当前日新月异的经济环境中，从而增加他们的领导和管理能力。该课程可分部分时间或全时间修读。

在教学中，专家采用以问题为导向的授课方法，并通过真实世界中的案例研究，让学员学会用政策分析的方法，来应对复杂的、多维度的政策挑战，同时也使他们的领导能力和交流能力得到提高。

学院也邀请政府官员、非营利组织和企业等领导为学员作报告、演讲，让学员有更多的机会和他们接触，从中得到更多的益处。

MPA 班级大约有 60 名来自亚洲各国具有不同的背景和经历学员，有助于他们之间的相互交往和影响。2006 级 MPA 班的学员来自东南亚、南亚、东亚、太平洋地区和非洲等 17 个不同的国家。他们来自不同的行业，如金融、贸易、教育、媒体、卫生、交通、住房、国外事务和发展等部门。尽管他们在一起只有一年的学习时间，但学员却建立了永久性的国家联系网络。

公共政策硕士理想的学员是经验丰富、能应付多元化工作环境的专业人士，年龄在 30 岁以上，至少拥有 5 年工作经验。他们必须有良好的英文语言能力（TOEFL 分数不低于 580 或 IELTS 分数不低于 6.5）。

2. 课程要求

MPA 学习期限为 1~4 年（全日制为 1 年）。学员在一年的学习中，必须至少修完 10 门共计 40 学分的课程，其中有 6 门核心课程（24 学分），4 门选修课程（16 学分）。前 2 个学期，每学期核心课和选修课各选修 2 门①。除了核心课程外，学员可以申请在新加坡国立大学选修至多 8 学分的课程。最后一个学期是特别学期（Special Term），时间仅为 2 个月，在这个学期里，学员只选 2 门课程。全日制的学员每学期至多选 5 门课程，特别学期至多选 2 门课程。非全日制的学员，每学期至多选 2 门课程，特别学期至多为 1 门课程。具体时间安排如表 4 - 7。

---

① MPA Programme Requirements，http：//www. spp. nus. edu. sg/degree_ prog_ mpa. htm#mpaa.

表 4－7　2007 年 MPA 课程表①

学期	起始时间	课程安排
第一学期	7 月中旬～11 月	定位（Orientation） 2 门核心课程和 2 门选修课程
	12 月	放假
第二学期	1 月～4 月	2 门核心课程和 2 门选修课程
	5 月初～5 月中旬	放假
特别学期（Special Term）	5 月中旬～7 月中旬	2 门核心课程 毕业考试

（三）公共管理硕士

1. 课程目标及招收对象

公共管理硕士是一个一年的学位课程。此项课程着眼于培训学生的高级管理技巧和领导技巧，那些技巧可用于他们所在组织的策略管理。课程包括政策决策中的经济学思维、政治环境中的政策倡导以及公共管理。该课程还包括七个星期的"联络项目"。学生有机会到新加坡政府部门中观察新加坡政府的政策决策过程。学生还将在哈佛大学或哥伦比亚大学（均为李光耀公共政策学院的合作伙伴）参加为期一学期的培训课程。

学员将形成关于治理的新视角，在他们到新加坡政府部门和有关机构参观学习时，将获得无价的实践经历。而新加坡的学员也将到国外有关组织去学习参观。这样的实践锻炼让学员有机会把理论和实践有机地结合在一起。除此之外，课程还以问题学习和案例研究的方法，以此让学生从做中学，这比单纯地传授知识效果更好。

公共管理硕士学位课程着眼于增进学员的管理技能和领导技巧。它的培养对象是重要职位的高级官员，他们的领导角色在其组织中是公认的。他们必须拥有进入更高职位的潜能。MPM 的毕业生有望获得高级的管理和领导能力，从而能承担其组织的多种多样的职责。

公共管理硕士面向在决策位置上的有成就的高级文官。他们的年龄可能介于 35 岁到 45 岁之间。他们必须有良好的英文语言能力（TOEFL 分数不低于

---

① The academic calendar for the 2007 MPA，http：//www. spp. nus. edu. sg/degree＿prog＿mpa＿0. htm#calender.

580 或 IELTS 分数不低于 6.5）。

2. 课程要求①

公共管理硕士要求全日制学习，时间为 1 年。课程于 1 月开始进行。学员要求完成 40 学分的课程，至少修完 10 门课程，其中在新加坡国立大学修 6 门课程，另外 4 门课程分别在哈佛大学肯尼迪政府学院、国际公共事务学院（School of International and Public Affairs，SIPA）、哥伦比亚大学（Columbia University）学习。除此之外，学员还得完成一个附加课程的学习，并完成一篇论文，其论文必须在公共管理研讨会（the Public Management Seminar Series）上交流。其安排详见表 4 – 8。

表 4 – 8　2007 年 MPM 课程表②

学期		起止月份	课程安排
第一学期		1 ~ 4 月	定位（Orientation） 4 门课程 考试和休息
		5 ~ 6 月	附加课程（Attachment Programme） 休息
第二学期	新加坡国立大学	7 ~ 8 月	2 门课程 考试与休息
	合作办学大学	9 ~ 11 中旬	4 门课程
	新加坡国立大学	11 中旬—12 月	完成项目作业（project work） 在公共管理研讨论会上交流附加课程论文 告别聚餐

二、学位课程特色分析

李光耀公共政策学院培养公共领域的领导的主要特色一是以新加坡模式为培训重点，二是学院的课程内容聚焦亚洲问题，希望来自亚洲各国的学习者有所收获。

---

① MPM Requirements，http：//www. spp. nus. edu. sg/degree_ prog_ 2. htm#mpma.

② The academic calendar for the 2007 MPM，http：//www. spp. nus. edu. sg/degree_ prog_ 2_ 0. htm# mpmcalender.

（一）选修课内容广泛，内容聚焦亚洲问题

在这三类公共学位课程中，除了核心课程外，学院还提供了将近35门选修课程。学员可以根据自己的研究领域和关注的问题自由选择。选修课内容涉及经济、政治、管理学、公共行政、公共政策等。另外，选修课内容的一大特色是内容聚焦亚洲问题，涉及亚洲问题的课程有将近13门，占选修课总数的37%，具体见图4-5。

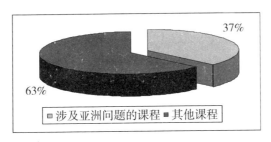

图4-5 李光耀公共政策学院有关亚洲问题的选修课程所占比例

表4-9 李光耀公共政策学院涉及亚洲问题选修课名称及内容①

课程编号	课程名称	主要内容
PP5206	政治学与东南亚政策（Politics and Policy in Southeast Asia）	课程主要针对东南亚的政治和政策。它以比较的观点，帮助学生了解东南亚当代政治和政策问题。其主要集中在政治稳定，以及为稳定而采取的各种各样的政策。
PP5226	社会政策：问题与选择（Social Policy: Issues and Options）	该门课内容主要是社会政策问题，尤其是涉及到东南亚国家的社会政策。其政策分析包括种族划分、都市化、住房、移民、劳工、贫困及其消除贫困、教育、健康等。
PP5227	环境和自然资源政策（Environmental and Natural Resource Policy）	环境和自然资源管理紧密结合一起，这是整个世界一直关心的问题，东南亚也不例外。亚洲太平洋地区（the Asia-Pacific）森林、矿产、石油等资源的管理对该地区和世界有极其重要的作用。课程主要涉及自然资源保护的经济原则和政治问题，以及如何有效地管理这些自然资源。

---

① The Electives, http://www.spp.nus.edu.sg/degree_prog_mpa_0.htm#cir.

课程编号	课程名称	主要内容
PP5235	东南亚发展政策（Development Policy in Southeast Asia）	该课程主要讲述"第三世界国家"近年来的发展历史，以及发展的竞争模式。它回顾了很多国家在政策改革方面的重要性，并思考哪种政策和情况更能促进其发展。它对农业、工业、社会福利等各个部门的作用进行了调查，并对公共和私立部门在促进其发展及为公民提供服务方面进行了建议。
PP5237	解除贫困战略（Strategies for Poverty Alleviation）	该门课程主要目的是让学生了解如何应用政策分析，来迎接东南亚国家经济增长和消除贫困的挑战。该门课程将考察政府政策如何影响经济增长的步伐和方式。学员通过该门课程将会很好地了解经济法则是如何应用到广泛的政策问题中去的。
PP5244	发展中国家公共部门改革（Public Sector Reform in Developing Countries）	这门课程主要考察当代10个有争议的改革战略，讨论发展中国家是如何提高政府的执行能力的。课程主要涉及三个方面的内容：一是诊断政府执行能力不良的原因；二是分析公共部门改革的时机；三是从公共管理者的角度讨论真实的战略问题。
PP5246	卫生系统公共政策与管理（Public Policy and Management of health Systems）	该门课程主要介绍卫生保健管理方面的公共政策问题，其内容主要集中在亚洲卫生保健体制方面。其研讨主要集中在卫生保健体制比较、卫生部门改革、公共—私立参与、卫生保健评价以及亚洲卫生保健未来等。
PP5247	世界经济政策（International Economic Policy）	该门课主要介绍世界经济学，其内容包括两个部分。第一部分集中在国际金融理论及微观经济学政策方面；第二部分是世界贸易理论和政策。该门课程的主要特色是有大量亚洲经济政策方面的实例。
PP5252	亚洲民族政治与治理（Ethnic Politics and Governance in Asia）	该门课程主要考察亚洲国家的种族划分和种族政策。它将从几个维度探究种族政策：种族政策的来源和亚洲种族冲突问题；用于调整冲突的种族管理和牵制策略。它精选了中国、印度、斯里兰卡、印尼、马来西亚、新加坡和泰国等亚洲国家的种族政策方面的案例进行研究。
PP5253	世界财政问题（International Financial Policy and Issues）	该课程主要让学生了解国际金融问题的重要性以及亚洲所面临的公共政策方面的挑战。课程用多学科的视角来分析真正世界中的复杂问题。

课程编号	课程名称	主要内容
PP5254	核武器与国际安全（Nuclear Weapons and International Security）	该门课程主要是关于核武器基本科学和政策以及国家、区域和世界安全问题等。课程帮助学生了解核武器在军事战略和国际外交等方面的作用，以及世界上民用核项目。课程将对亚洲—太平洋地区的核问题进行探讨。
PP5255	亚洲能源政策与安全（Energy Policy and Security in Asia）	该课程主要阐明国家政策规划，各种能源资源，尤其是矿产的作用。它将讨论亚洲国家的地质资源的利用问题。课程讨论的主题包括世界和地区的化石和非化石能源的捐赠、全球未来能源所面临的科技挑战、亚洲国家能源安全政策、亚洲民用核电力、有关煤矿的开采，地区石油和天然气未来的市场及其地区和世界安全等问题。
5304	附加课程（Attachment Programme in Singapore）	学员将到新加坡政府部门或有关机构观察政策决策过程，并探究好的治理具有的要素。这样的实践锻炼让学员有机会把理论和实践有机地结合在一起。除此之外，课程还以问题学习和案例研究的方法，以此让学生从做中学，这比单纯地传授知识效果更好。

从表4－9中我们可以看出，李光耀公共政策学院上述选修课内容涉及亚洲各国的政治和社会政策、经济发展、环境和自然资源、发展模式、消除贫困、卫生保健、民族问题、能源安全等诸方面的问题。其涉及的区域主要集中在东南亚，如"政治学与东南亚政策"、"社会政策：问题与选择"、"环境和自然资源政策"、"东南亚发展政策"、"解除贫困战略"等课程。因此，从上面的资料中可以看出，李光耀公共政策学院亚洲领导人才培训主要集中在亚洲政治、经济发展中所遇到的问题，针对性较强。

（二）一支具有亚洲问题研究专长的师资队伍

课程的成功实施靠的是学院一流的教师。新加坡国立大学李光耀公共政策学院现有34名专兼职教师①。他们大多数毕业于美国著名的公共政策教育机构，如哈佛大学、普林斯顿大学、卡内基-梅隆大学、印地安那大学、北卡罗莱纳大学等。另外，通过研究学院每位教师的简介和研究专长，可以很清楚地

---

① Faculty Profiles, 2007 Master in Public Administration Application Bookelet, www. spp. nus. edu. sg/docs/MPA2007. pdf, p11～18.

发现，其大部分教师的研究专长都涉及亚洲问题，这类教师约 18 人，约占教师总数的 53%，这占到了学院教师的一半以上。详见图 4 - 6。

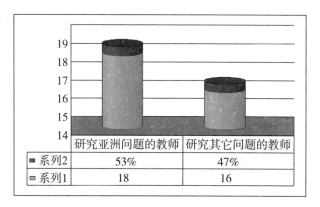

	研究亚洲问题的教师	研究其它问题的教师
■ 系列2	53%	47%
■ 系列1	18	16

图 4 - 6　李光耀公共政策学院研究亚洲问题的教师所占比例

这 18 名教师的研究内容涉及亚洲政治、经济、卫生、军事等方方面面。以下是对部分领域的教师的研究专长的分析①。

经济方面：经济学博士、助理教授凯若琳·布拉沙德，现教授发展经济学和公共政策经验分析（empirical analysis for public policy），其研究领域是经济转型、越南贫困和不平等、农村发展政策和不丹发展战略等；经济学博士穆贾·亚瑟（Mukul Asher）教授，研究领域为亚洲公共财政、社会安全、印度与国外经济关系，他现担任亚洲公共部门经济学（public sector economics）和社会安全方面的专家。

国际安全方面：学院院长纪梭（Kishore Mahbubani）一个主要的研究领域是亚洲—太平洋地区安全问题；助理教授 T. S. 谷皮·瑞斯纳瑞吉（T S Gopi Rethinaraj）现担任科技政策、能源经济学和政策、核安全事务等科目的教学工作，其研究领域主要集中在南亚安全方面；加尔威斯·SL. 戴洛（Darryl SL Jarvis）是国际事务博士，副教授，教授风险分析、销售和国际治理、国际政治经济，研究领域是亚洲—太平洋地区风险问题、国际关系、国际政治经济，现在主要从事四个亚洲最有活力的工业部门风险因果关系的跨国研究。

人力资源方面：经济学博士戴惠翁（Hui Weng Tat）现负责劳动经济学和政策这门课的教学工作，主要研究劳动力市场构建、全球化和劳动力市场、移

---

① Faculty Profiles, Master in Public Administration Application Bookelet, www. spp. nus. edu. sg/docs/ MPA2007. pdf, p11 ~ 18.

民政策，而重点在新加坡劳动力市场问题；经济学博士卡拉·维默尔（Calla Wiemer）副教授主要研究中国经济问题，涉及中国汇率和贸易支付差额、收入分配、经济发展和结构变革等，其研究专长是劳工和雇用问题，2005 年，她为中国政府担任顾问，并撰写《中国人力发展报告》（the China Human Development Report，2005）。

宗教方面：助理教授卡迪尔（Suzaina Kadir）的研究兴趣主要集中在宗教和政治方面，特别是东南亚和南亚的穆斯林政治学、东南亚的宗教安全，尤其集中在非传统安全问题对东盟的影响，如妇女权、宗教的影响等。现承担学院种族政治学和亚洲治理（ethnic politics and governance in Asia）、东南亚宗教安全科目的教学工作。

城市发展与管理方面：博伊德·富勒（Fuller Boyd）助理教授毕业于麻省理工学院，是城市和区域管理博士，目前正在进行东南亚和拉丁美洲社区按比例增加水管理项目的研究工作；助理教授保罗·巴特（Paul Barter）博士是学院城市政策和基础政策（urban policy and infrastructure policy）的教师，他本人的研究领域是亚洲和发展中国家的交通政策和实践、降低城市交通影响的政策、交通和土地实用国际比较，他已出版了有关东南亚，尤其是马来西亚和新加坡城市交通问题方面的著作。

军事方面：自 1988 年以来，国际关系博士李冲明的研究主要集中在四个领域，即东南亚国防改革和军事现代化、朝鲜半岛政治军事动力学、东亚大规模杀伤性武器增加、美国亚洲—太平洋战略。他所出版的书籍主要集中在亚洲安全方面，目前主要集中在东亚危机管理案例研究、东亚领导学、大规模杀伤性武器增加趋势等研究。

卫生方面：副教授潘开虹（Phua Kai Hong）的研究主要是亚洲工业国家卫生制度及卫生部门改革比较，现担任卫生政策和管理这门课的教学，在新加坡国家健康政策和咨询委员会工作。

人力资源：经济学博士戴惠翁副教授担任学院劳动经济学与政策这门课的教学工作，其研究领域主要是劳动力市场构建、、全球化和劳动力市场；移民政策以及新加坡劳动力市场问题。并出版了《21 世纪新加坡经济：问题与解决策略》（Singapore Economy in the 21st Century：Issues and Strategies）；卡拉·维默尔（Calla Wiemer）博士主要研究中国经济。2005 年但中国政府顾问，并经过调查研究，撰写《中国人力发展报告》（the China Human Development Report，2005）。她研究中国涉及汇率和贸易支付差额；收入分配；经济发展和结构变革。而重点在劳工和雇用问题。

在公共政策方面：学院助理教授吴迅（Wu Xun）主要研究发展中国家公共政策改革、亚洲卫生政策等。

领导学理论方面：毕业于哈佛大学、获公共管理硕士学位（MPA）的宋柯巴友（Koh Buck Song）副教授，现在主要从事新加坡领导模式的研究和教学工作。

其他方面：爱德华多·亚拉拉特山（Eduardo Araral）博士，助理教授，其研究领域主要是东南亚制度和发展经济学（Institutional and development economics），具体包括财产权、地方分权、公共官僚制度、国外援助、石油资源等。

公共和国际关系博士弗里茨恩·斯科特（Scott Fritzen）助理教授，主要研究发展中国家、越南、印尼治理改革，教授政治和组织分析学、公共管理和领导学、消除贫困战略学；政治学博士 M. 拉梅什（M. Ramesh），其研究领域为比较公共政策、教育、健康、住房、亚洲社会安全、亚洲政治经济、国际政治经济，他是亚洲和东南亚社会政策和政治经济的专家，目前研究领域是中国、印度和韩国比较政治经济，现教授商业和政府、全球化和公共政策、社会政策。

从上面各位教师的介绍中，可以发现他们在各自的领域里都相当有建树，并且他们绝大多数都有在国际机构或组织中工作的经验。可以说，这些教师经验和经历为学院的领导人才的教育培训增色不少。

另外，新加坡自 1959 年自治和 1965 年独立以来，经济迅速发展起飞，在 20 世纪 70 年代就已进入新兴工业化国家行列，目前已是世界上最富有和最有活力的国家之一。新加坡成功的发展模式为世界各国提供了一个很好的典范，也为很多国家所效仿。再加上李光耀在国际上的影响力，李光耀公共政策学院的学位教育课程会吸引越来越多的亚洲地区，乃至世界其他地区的官员来学习。

第四节　法国国立行政学院高级文官初任培训课程

一、教学内容和课程改革与发展沿革

法国国立行政学院自创办以来，方针和目标未变，但招收制度、教学内容和课程则经历了多次的变革。纵观埃纳 60 多年的发展道路，其课程改革主要

分为五个阶段：（1）初创至 1958 年；（2）1958 年至 1971 年；（3）1971 年至 1982 年；（4）1982 年至 2006 年；（五）2006 年至今。

（一）建校初期至 1958 年的模式——按专业进行授课

法国国立行政于 1945 年成立，正值二战刚刚结束。为了顺应战后经济恢复和发展的需要，国家文官除需学识广博外，还应具有某方面的业务知识和专业技能。为此，在建校之初，学院仅设了四个专业：（1）行政管理；（2）经济和财政管理；（3）社会事务；（4）国际关系①。

学生完成第一年的行政部门实习后，回到学校参加学院的课程理论学习。当时学院的教学主要按照专业进行授课。

首先，所有的学生都必须进行公共基础课程的学习。由于当时的战争和动乱，使得这些学生没有能够获得系统的文化科学知识。因此，当时学院的公共基础课主要是有关文化、历史、政治、经济及国际关系的基础课。

其次，每个专业的学生都必须学好本专业的课程。除此之外，每个专业的学生还要认真学习其他三个专业的基础知识，这对于每个未来的文官来讲，不论其今后从事何种工作，都是必不可少的。各专业开设的专业基础课程如下。②

（1）行政管理专业——宪法、行政和司法；经济和财政。

（2）经济和财政管理专业——经济和财政；企业管理。

（3）社会事务专业——社会法学；社会和经济；医疗和公共卫生；人口和家庭。

（4）国际关系专业——国际关系和国际公法；经济地理；经济和财政；贸易和海洋法。

当时，学院的教师通常邀请国内高级的文官担任。学院的所有课程都采用讲座的形式。学生在教师的指导下分析有关材料，研究有关问题。教师要引导学生根据这些材料草拟报告、汇报、纪要等政府部门的日常工作文件。

当时的课程模式基本上满足了政府部门的实际需要，学院为政府各部门输送了大批思想开放、学有所长、具有实际工作能力的优秀人才。但在这种按专业进行授课、排名和分配的制度下，不同专业都按学生结业考试分数进行统一

---

① 刘君桓、李爽秋编著：《法国国家行政学院》，长沙：湖南教育出版社 1990 年版，第 37 页。

② 潘小娟：《埃纳与法国行政：法国国立行政学校》，北京：中国法制出版社 2000 年版，第 6 页。

排名，由于各专业难易程度、评分标准等都存在着一定的差异，从而造成专业间的不平等。

另外，在分配制度上也存在一定的不平等。按照法国公共职务部规定，几个大的文官集团及中央各部招聘的对象如下：

行政法院：各专业学生均可招聘；

审计院与财政总督察署：除国际关系以外的其他3个专业学生；

经济财政部：一般从财政和经济管理专业中招聘；

国民教育部：从行政管理专业学生中招聘；

劳动部、退伍军人部、卫生部：从社会事务专业中招聘①。

从上面的规定中可以看出，有些部门和职类可从三个或四个专业中招聘学生，而有的只能从一个专业中吸收人才，其实这些部门还是非常需要其他专业知识和能力的高级行政管理人员的。这种僵化的分配制度既限制和影响了国立行政学院学生作用的发挥，也未能很好地满足政府部门实际工作的需要。这两方面的弊端在1958年的课程改革中得到了一定的解决。

（二）1958年至1971年的模式——所有学生接相同的课程

针对建校初期课程和分配中存在的问题，学院在1958年对课程和分配制度进行了一系列的改革。通过改革，学校建立了一套完全不同的制度来取代1945年的制度，这一制度一直延续到1958年。其课程改革方面的核心是：学院撤消了原先的四个专业，所有的学生都接受相同的基础学科教学（除选修课外）。学院整个教学内容分为基础学科、外语和选修课三个部分。②

（1）基础科目：行政和法律；经济和财政；社会事务；国际关系。

（2）两门外语：要求学生适用两种现代外语。如不学习第二外语，可选学现代管理所需的数学、统计、企业会计及计算机等。

（3）选修科目：现代化管理入门；数学、统计、法律的深入研究等。

从上面的课程安排中，我们看出，其基础课程实际上是以前四个专业的教学内容总和，并增加学生对外语和现代管理学科的学习，这使得学生具有广泛的基础知识，获得现代管理知识与技能，从而使这些未来的文官具有较高的适应能力。

---

① 刘君桓、李爽秋编著：《法国国家行政学院》，长沙：湖南教育出版社1990年版，第53～54页。

② 潘小娟：《埃纳与法国行政：法国国立行政学校》，北京：中国法制出版社2000年版，第9页。

随着课程的改革，学院在经济方法上也进行了一定的改革。由于要在一年多的时间内将这些内容全部传授给学生，如果按照以前的开基础讲座的教学方法进行，是难以实现的。为此，学院在教学方法上也进行了改革，以前的基础讲座逐渐被研讨课取代。通常就由学校领导在每一基础内容范围内确定一个或若干个专题作为基础讲座的主题，其他问题则留待研讨课作深入的研究。研讨课要求学生就所研究的问题走出校门，到行政机关、企业、公共机构、工会组织进行广泛的社会调查，与有关人士交谈，以便更好地对现实问题提出自己的意见，并提出切实可行的解决法案。

但由于基础科目的教学是以前四个专业的总和，并将所有的专业课程都放在同等重要的位置进行研究，从而导致学生负担过重，同时也影响了教学研究的深度，这是这次课程改革的不足之处。

（三）1971 年至 1982 年的模式——确保合理分科

1968 年 5 月，法国发生了一系列的学潮、游行示威、罢工等群众活动，史称"五月风暴"（May Demonstrations）。它首先在大学里掀起，这主要是因为"大学生们对僵化的高等教育体制和社会现状甚为不满"①。当时法国高等教育由中央行政部门统一集中领导与管理（私立学校除外），有关大学教育的内容、方法、规章制度及教师人事等均由中央主管部门或其他派出的专门机构负责，地方机构则无权问津。结果是，法国高校课程设置落后，授课制度僵化，但考试制度却极为严格。对此，戴高乐在其回忆录中总结到："我们过去适用的一套，如有关学生的录取；教师的任命；教材、课程考试、文凭等的规定，今天差不多都成了问题。"②

在这场"五月风暴"中，法国国立行政学院也受到了猛烈的冲击，被大学生指责为"新贵族学校"、"通向高官厚禄的跳板"等。为此，法国政府成立委员会，对国立行政学院进行调查研究。该委员会由财政总督察、里昂信贷银行董事长弗朗索瓦·布洛克-莱内（Bloch-Laine，François）任主席，故称"布洛克-莱内委员会"③。

1969 年春，委员会向政府提出研究报告。该报告指出："1958 年以后，'百科全书'式的教学方式是不切实际的，有损培训质量。一个人即便在入学

①　袁红：《试论法国 1968 年"五月风暴"》，《西安联合大学学报》1999 年第 3 期，第 81 页。

②　戴高乐：《希望回忆录》（第 2 卷），上海：上海人民出版社 1973 年版，第 60 页。

③　Douglas E. Ashford，Policymaking in France：Illusion and Reconsidered，Comparative Politics，January 1982，P237.

前受过良好的高等教育，也不可能在埃纳同时获得各方面足够的才能：既是全面的经济学家，又是内行的政论家，还是社会事务和国际问题的专家。"①

在该委员会的建议之下，学院在课程方面纠正了1958年以来的培养所谓"多面手"的方式，强调培养学生的应变能力是学院的主要目的，指出具有高度的应变能力确需"多能"，但非"全才"。因此，学院力求学生在分析和研究问题时能抓住问题的各个方面，即行政的、法律的、经济的、社会的、心理的、国际的等等。整个课程体系由基础课、两个培养方向的研究课和选修课三部分组成。

1. 基础课。主要包括法律文本的和行政文件的草拟、预算和税务问题、国际关系问题、劳动关系问题等课程。

2. 两个培养方向的研究课。学院将教学分为两个培养方向：（1）行政管理；（2）经济行政管理。

行政管理的教学方法内容主要包括：行政管理的深入研究；现代化管理方法的基础知识，如企业财务制度、数学和统计学语言、管理信息论等；经济培训的补充。

经济行政管理的教学内容主要包括：经济问题的深入研究；财务制度和财务分析；管理信息论；国家财政制度；数学；行政和法律培训补充等。

学院在教学时按照这两个方向开设研究课，这样可以有效地处理共同基础课教学与专业课教学的关系，使两者得到合理安排。

3. 选修课

除了基础课和两个培养方向的研究课外，学院还设置一系列科目，学生可按其志愿选择，以发展个性。如凡志愿从事外事工作的学生，必须选修国际事务科目的一系列课程，并通过相应的考试。

选修课根据学生的愿望和政府部门的实际需要开设。学生可根据自己的爱好选择两个专题研修。选修课是行政管理和经济行政管理这两个专业研究课的延续和补充，它可使学生在不同的领域获得专业知识。

（四）1982年至2000年的模式

1981年10月初，法国政府公职和行政改革部长组建了一个国立行政学院改革工作小组。该小组在广泛地听取各界人士意见的基础上，经过深入研究和探讨，提交了一份报告。该报告就考试科目的安排、教学内容、以及职业分配

---

① 刘君桓、李爽秋编著：《法国国家行政学院》，长沙：湖南教育出版社1990年版，第57页。

等问题提出了具体的改进措施。在这一报告基础上，公职部于1982年9月27日颁布法令对学院的入学条件和学制进行了改革。规定教学内容由三个部分组成，即公共课程的培训，注重实际研究和集体研讨方式的培训，个性化的培训①。

1. 公共课程的培训

公共课培训的目的在于促使学生对当代现实社会中的种种问题作系统的了解，学会行使未来公职部门高级管理人员责任所必不可少的基础知识和方法。公共课程的培训有以下7门课程。

（1）地方行政管理。

这个课程旨在让学生深入了解和学习法国地方行政管理的方法和实际操作。地方行政管理包括国家权力分散后，在地方的派出机构的工作与地方议会政府（市镇及其联合体、省和大区）工作的友好相处和协调。课程设置同时包含了国家行政管理和地方议会政府行政管理的内容，因为国家的权力下放政策已使国家和地方议会政府根据各自的职责行使行政管理的权力，地方议会政府也已承担了公共服务管理和实施国家政策的重要角色。

（2）共同体事务和程序。

该门课程的教学以具体而实际的方式，向学生提供欧洲联盟的各个组织和机构的各方面业务知识，如基本政策的制定和实施、决策机制、欧盟机构与各成员国的关系和政府间合作、部际协商程序及与法国行政部门的联络等。

该课程的教学采取一系列讲座的形式，学生进行相应的模拟练习作为课程教学的补充。这些不同的练习内容涉及广泛，如欧洲联盟的重大政策、经济和货币联盟、自由流动、对外关系、诉讼等，向学生提供了熟悉有关欧洲的基本材料和应用文件的方法。

学校还安排考察欧盟的一些主要机构，如欧洲理事会、欧盟委员会、欧洲议会、欧洲法院等。

（3）公共管理。

公共管理课程作为必修课程，主要是提高学生的职业技术能力和业务素质，并使学生"了解并熟悉管理科学的主要概念，熟悉使用管理工具，引导学生对改革现行公共部门管理进行积极思考，并使他们学会提出自己的

---

① 刘君桓、李爽秋编著：《法国国家行政学院》，长沙：湖南教育出版社1990年版，第97页。

建议。"①

整个课程内容涉及普通会计学、财务分析、管理、监督、财务决策、组织协调、人员管理、战略决策、政策分析、管理工具的使用和管理方法等②。教学形式包括讲座、小组练习、模拟课程和视听训练。学习结果予以评分。

（4）经济分析和决策实例。

开设该课程的目的是使学生接触经济工作的方法，开发他们在进行经济政策决策或涉及到经济领域的政策决策的过程中，充分运用专业人员的工作结果的能力。

该课程通过对与现实经济问题相联系的有关案例和档案资料的分析研究，使学生熟练掌握经济论证的精确方法。该课程动用大型权威性讲课和案例研究和报告会的形式，讲授和重温经济学基础理论，如宏观经济学、微观经济学、公共经济、国家与企业关系等，指出档案资料间的相互联系。报告会着重围绕经济政策的制订和实施等问题，是对大型权威性讲授课和档案资料研究的补充。

（5）行政管理和司法问题。

该门课由两个部分组成。第一部分是学习行政管理工作的法律范畴，了解和明白行政管理中遇到的主要法律问题。这部分的教学安排在斯特拉斯堡进行，教学形式是将基本知识与现实相结合的讲座，以及有关以下四个问题的概况课：法国法律与欧洲法律之间的关系；行政机关与司法部门的关系；国内法律规范的等级；公职部门伦理问题③。

第二部分的教学内容是起草规范性文件的程序、技术和方法等。目的在于培养学生从法律的角度思考问题的能力、逻辑推理能力以及草拟规范性文件的能力。

（6）预算和税务问题。

国立行政学院的大多数毕业生虽然并不是在政府财政管理或监察部门工作，但在完成他们各自职责范围内的工作时，也必须掌握与财务预算制订和管理有关的知识和方法。因此，该门课程的教学是为了让学生了解行政管理工作中涉及到的财务方面的问题。

---

① 张勇、任溶、孙琦编著：《MPA 登录中国》，北京：中央编译出版社 2001 年版，第 103 页。

② 李世英：《法国行政学院的教学培训制度》，《中国行政管理》1997 年第 4 期，第 45 页。

③ 潘小娟：《埃纳与法国行政：法国国立行政学校》，北京：中国法制出版社 2000 年版，第 93 页。

该课程的教学让学生了解制订财政预算的方法，有助于他们在实际行政管理工作的同时，学习到在行政管理工作中遇到经济和财务问题时进行分析的方法。所以，有关预算和税务问题的课程教学在培训学生的时候，学校特别注重让他们掌握预算、会计和税收方面规章制度的能力，这在今后的工作中是可以实际运用到的。

（7）国际问题和外交行动。

这项教学让学生研究当时发生的重大国际问题，以此熟悉相应开展的外交行动的方式。这也是国际关系的传统上的定义，各国对此有各自的定义。但是新的外交格局正逐步形成，特别是欧洲联盟各成员国的外交部门通过了共同的对外和安全政策，新的外交形式已现雏形，并已成为一个重要的力量。

学校还要求学生参与一定的外交实施行动，了解分析、决策和有关开展国际关系所需要的信息的方法。

（8）量化技术课程。

除了需要进行学业考试的课程外，学校还增加了量化分析技术的课程，为经济和公共管理课程的教学作准备。这个课程是为那些需要补习该专业知识的学生准备的。事实上，行政部门管理和其他管理一样都需要掌握和处理一定的数据信息。数据信息需要被清楚地读懂和使用，以减少工作中判断和分析的错误。

有关税收、预算、经济和管理等案例分析的材料，包括相应的考试材料都要运用这样的信息。所以，每个学生都应充分掌握有关数学、财务和统计的基本工具，这不论在学校学习还是在今后的工作岗位上都是必不可少的。

2. 应用研究和分组研讨的培训

应用性研究课和分组研讨的培训，旨在培养学生的分析和研究能力，提高实际工作才能。这项工作的组织程序如下。（1）研究课题的选定。学校与政府各部门商讨，并由学院领导拟定总的课题。（2）每课题配备一名协调员，协调员拟出该课题的研究细目，并为具体研究题目聘请教师。（3）学生分组。学生实习回校后，教学部对其进行分组，一般10人左右一组，并考虑成员的多样化搭配。（4）各小组与其所选具体研究课题的教师见面，并拟出研究提纲。

在这类培训过程中，每个学生必须参加两门研讨课，第一门研讨课持续6

个月，第二门为 4 个月①。其培训内容包括两个方面。

（1）行政管理比较研究课程（为期 6 个月）

课程目标是通过对国家行政管理政策的研究，深入了解欧盟国家行政管理体制的特点，通过比较研究，学生吸取到对法国行政管理有用的经验。近年的课程涉及到的主题有环境、公共服务、国家领土整治等方面的政策。1998 年的主题是卫生安全②。

（2）社会问题研讨课程（为期 4 个月）

由于国家行政管理对于社会有着重要的影响力，因此学校在培训中特别加强学生对法国当今社会现实的思索。近年来社会问题研讨课程的主题有：50年来的社会保险制度，21 世纪的进程和演变，技术、经济和就业的变化。1998 年的主题为年轻人就业问题③。

3. 个性化的培训

开展个性化的培训是为了满足多方面的需求：完善对学生语言能力的训练，让他们保持个人所学外语的不断练习；开发学生的个性特色和提高个人素质；使每个人参与单项或集体的体育运动。

（1）外语

埃纳的学生至少掌握一门外语，如准备进入外交界或驻外经济团体，则需加学一门第二外语。学院共开设了 12 种左右的外语，供学生选择。

为了提高语言能力并准备各项外语学业考试，学校将学生分成不同的学习小组，安排了约 40 周的外语学习，每周的学习时间，第一外语为 2.5 小时，第二外语为 2 个小时。学校鼓励学生充分利用配备了最新技术的视听教室，全日开放供学生自习。

（2）体育训练

法国国立行政学院把体育作为必修课，并实行考核。其内容主要有划船、骑马、器械上锻炼、游泳、网球足球、舞蹈等。其目的在于调节学生的身心健康，以适应繁重的学习，为将来担任高级文官重要职务创造良好的身体条件。

（3）专门训练

专门训练主要是传授一些专门技能，以帮助学生提高他们在未来工作中的

---

① 张修学主编：《国外著名行政院校概览》，北京：国家行政学院出版社 1999 年版，第 288 页。
② 张修学主编：《国外著名行政院校概览》，北京：国家行政学院出版社 1999 年版，第 288 页。
③ 潘小娟：《埃纳与法国行政：法国国立行政学校》，北京：中国法制出版社 2000 年版，第 99页。

效率。内容包括训练阅读能力、学习谈判技巧等、速读训练，分组进行，为期两天。口头表达和谈判课由若干个专题会议组成。通过参加这些会议，学生既练习了当众表达的能力，又学会谈判技巧。

（4）专题讲座

个人培训中专题讲座系非强制性的，学生可根据自己的爱好和需要自行选择参加。举办专题讲座的目的是为了满足学生多方面兴趣和爱好需要，以促进全面发展。

二、2000 年至今——新学制课程模式

埃纳为了更好地适应社会，提高其培训的影响力，进行了多次的改革。特别是进入 21 世纪后，学院又开展了新一轮从学制体系、课程设置到教学内容的全面改革，并于 2006 年元月起正式启用新的学制，学制改革的核心是为了提高埃纳在欧洲及世界上其他国家的影响力，其提出的一系列改革措施值得我们关注，也为我们干部培训如何面向国际化提供了一定的借鉴。

（一）课程改革背景

1. 原有学制和课程的弊端

在 2006 年以前，埃纳的学制时间为 27 个月，共分为两个阶段，分为第一年的实习期（1 年零一个月）和第二年的在校学习期（1 年零两个月）。在第一年的实习期，学员被派到省里去和驻外使馆去工作，以增加他们的实践经验。实习期可以让学员了解未来的工作环境知道未来要做些什么和怎样做。在第二年，学员要学习地方行政管理、共同体事务和程序、公共管理、经济分析和决策实例、行政管理和司法问题、预算和税务问题、国际问题和外交行动等7 门课程。这种学制的特点是突出实习的重要作用，但也存在实习活动与教学内容相对脱节的问题，学员在第一年的实习过程中遇到的实际问题不能及时得到教师的指导和理论深化。

通过借鉴世界各国行政学院的经验，ENA 决心对这种延续了近 20 年的学制安排进行重大调整。为此，学院对学制进行了较大的改革，其总的原则是：教学与实习交替进行，使实习活动与教学内容相互补充。按照此原则，从 2006 年开始，新学制度安排如下：新学制分为课堂教学、实习以及专业升华选择阶段三个部分。其中教学和实习时间为 24 个月，专业升华阶段 3 个月。其中实习有 4 次，共计 63 周的时间。在这些多种多样的实习锻炼中，学生将深入各种各样的机构、公共和私营企业。当学生从 ENA 毕业后，能完全具备

文官所需的各种实际操作能力①。

2. 学院三大轴心的确立与欧洲问题的强化

为了应对世界复杂变化的新挑战，2004 年，法国国立行政学院确立了三大轴心，拉开了学院全面推进教学改革的序幕。②

（1）围绕行政"新疆界"（the administration's "new frontier"），即欧洲、地区及国家机构改革组织实施新学制。课程内容围绕与中央行政、欧洲、地方行政、公共管理与企业管理相关的重大主题调整教学内容。

（2）面对新的现实，即一方面是法国行政和法国社会（French Society and Administration）的现实，另一方面是欧洲的现实。由于欧洲共同体的推进和欧盟机构的发展，欧洲今后已属于一个自然的行动领域。法国国立行政学院认为对于任何高级文官来说，不仅要具有适应在法国政府就职的能力，而且要具有适应在欧洲共同体高级公共行政岗位就职的能力。

（3）法国国立行政学院的重新定型。国立行政学院不仅仅是一所学校，而且要成为一个名副其实的"国立行政学院集团"（ENA Group）。学院集团的目标是要成为法国各高等专业学院中国际化程度最高的学校。

从上述学院三大轴心中，我们可以看出，其目的是为了应对世界复杂形势的挑战，特别是适应欧盟事务发展的需要。

与上述三大轴心相配合的是，埃纳还作出了两项重大的决定。首先，2005年 1 月 1 日，将斯特拉斯堡欧洲研究中心（The Center for European Studies in Strasbourg，CECS）合并到法国国立行政学院。该中心主要提供欧洲事务方面的培训，其培训和教育主要集中在"欧盟、欧洲议会、欧洲安全和合作组织（OSCE）"三个方面的内容，问题同时涉及"欧洲各国之间的合作和发展的关系等问题"。③另外，从 2005 年 1 月 1 日起，学院现在除留天文台大道（avenue de l'Observatoire）一处校址外，总部已从巴黎迁至斯特拉斯堡的圣－让骑士团封地校园（Commanderie Saint Jean）。斯特拉斯堡是法国的第五大城市，它位于欧洲的中心地带，也是欧洲欧洲理事会和欧洲议会的所在地，被

---

① The new 27 – month program, http：//www. ena. fr/en/index. php? page = training – en/curriculum/program.

② ENA, école nationale d'administration Annual Report 2004, http：//www. ena. fr/tele/brochures/enaactivite. 2004 – en. pdf.

③ The Strasbourg Centre for European Studies（CEES）Annual report 2004, http：//www. cees – europe. fr/en/ra2004en. pdf.

称为"欧洲的首都"。学院将主要活动集中至斯特拉斯堡,这使得国立行政学院同时兼备了"地方和欧洲两个特性"①,这也表现了埃纳立足法国辐射欧盟和全世界的雄心。学院的合并和迁址"无疑是该校发展史的一个重大转折,同时也意味着 ENA 将绝不仅仅为法国本土输送人才,她已将目光瞄向全欧洲"②。

学院从巴黎迁往斯特拉斯堡,表现了法国人对欧盟事务的极大关注。与合并和迁址相配套的是,学院为了让文官熟悉欧盟的各项法律法规,培养他们善于协调欧盟各成员国的关系的能力,在培训课程中加大和突出了欧盟事务的内容。

3. 法国政治改革的需要

改革也是为了适应法国政治的发展。地方分权制改革是法国近几年推行的一项重大的政治改革。法国的分权制改变了法国中央和地方的关系,越来越多的学员毕业后可能要到地方工作,因此需要学习处理地方事务的本领。同时,加强对地方政府管理的学习,也是为了改变人们对 ENA 太巴黎化和太精英化的批评。

(二)新学制课程结构

1. 主干课

(1)有关欧盟事务课程。

第一单元是有关欧盟事务的课程。该课程向学生提供欧盟的各个组织和机构的各方面业务知识,包括欧盟基本政策的制定和实施、决策机制、欧盟机构与各成员国的关系,还包括各成员国政府间合作、部际协商程序及与法国行政部门的联络等,目的是使每个高级官员能够随时妥善处理与欧盟及其它成员国的关系。学校还安排考察欧盟的一些主要机构,如欧洲理事会、欧盟委员会、欧洲议会、欧洲法院等。

(2)地方行政管理课程。

第二单元是地方行政管理课程。这组课程旨在让学生深入了解和学习法国地方行政管理的方法和操作程序。地方行政管理包括中央政府分散在地方的派出机构的工作与地方议会政府(市镇及其联合体、省和大区)工作的友好相处和协调。课程同时包含国家行政管理和地方议会政府行政管理的内容,因为

---

① ENA – Annual report 2004,http://www.ena.fr/tele/brochures/enaactivite.2004 – en.pdf.

② http://www.sinofrance.org/dire/lofi.php? t8168.html.

国家的权力下放政策已使国家和地方议会政府根据各自的职责行使行政管理的权力，地方议会政府也已承担了公共服务管理和实施国家政策的重要角色。

（3）公共管理课程。

第三个单元是公共管理课程。公共管理作为必修课程主要是提高学生的职业技术能力和业务素质。这组课程的目的在于，使学生熟悉管理的基本概念，向学生提供管理评估的分析方法，主要内容包括：成本分析和财务分析、金融决策、组织管理战略和结构、人力资源管理以及传播交流等。

2. 选修课

每个学生在法律、社会、经济与财政、区域行政与国际事务五大主题中任选一门深化专业课程。深化专业课程为期三个月，采用以 4 至 5 名学生一组的研讨班形式授课。

总之，法国国立行政学院的教学既传授基础理论，又注重实际训练，力求学以致用，学用结合。因此，它在教学方法上多用小型讨论式授课方式，激发学生参与意识。案例研究在整个教学活动中运用广泛，从而培养学生提出、分析和解决实际问题的能力及综合管理的领导才能。法国国立行政学院没有固定的教材。教材大多是临时编写的，很少连续使用。课程设置和教学重点依据国家行政管理的实际需要常常有所变化。当具体的教学科目确定后，教学部召集协调人和受聘教师开会协商教学内容，然后根据教师的意愿，分配编写任务。教材编写好后，经学校教学部审核定稿。编写教材的教师还要写出教学要求和标准答案，以便提供有关授课教师和学生参考，而不具有强制性。

第五节　印度拉芭斯国家行政学院行政文官初任培训课程

印度行政文官的培训方案包括基础课程（15 周）、行政文官专业课程－Ⅰ（24 周）、地方培训（52 周））以及行政文官专业课程－Ⅱ（6 周）四个阶段[1]。因此，印度行政文官在该院的就职培训为 2 年时间，在时间分配上，在校学习和地方培训（代职实习）各为 1 年时间，这和法国国立行政学院的培训安排的模式基本相同，即都把在校学习和校外实习放在同等的地位，另外在实习的安排上也均为代职实习，时间均约 1 年左右。本节重点对该院的行政文官的培训的基础课程和专业课程（行政文官专业课程－Ⅰ和行政文官专业课

---

[1]　Annual Report 2003～2004，http：//www. lbsnaa. ernet. in/lbsnaa/research/trdc/trdc. htm.

程－II）加以探讨。

一、基础课程

为期15周的基础课程（Foundation Course）培训对象除了行政文官外，还面向为全印文官系统（the All India Services）、印度警察系统（the Indian Police Service）、印度森林系统（the Indian Forest Service）、印度外交系统（the Indian Foreign Service）的文官以及中央系统（Central Services）A类文官提供培训。每年进行两次基础课程的培训：冬季培训（9～12月）和夏季培训（3～6月）。直到2006年底，学院已经开设了80期基础课程培训班。

（一）课程目标

基础课程培训对学员来讲，是由学校学习向政府工作过渡的一个重要的标志。进行基础课程培训之前，学员是通过竞争非常激烈的考试选拔而来的，很少或几乎没有工作的经验。他们来自全印的各个地区，有不同的学科和学术背景。他们离开学校的大门，就成为众多文官中的一员。因此，必须让他们了解政府机构的各种功能，同时他们也需要正确的态度和价值观念，以便使他们在今后的工作中表现出色。高级官员总是提到他们曾经参加基础课程培训的时光，因为这是他们从学生走向官员的重要的转折。基础课程培训有意使这些被招募来的年轻的男女学生完成这个重要的转变。为此，该院的《基础课程手册》规定基础阶段课程课程要达到如下4项目标①。

1. 对来自不同公共服务部门的文官进行团队合作精神构建，以培养他们的合作精神和相互信赖的关系。

2. 促进学员个性的全面发展，特别是在智力、道德、体力和审美观等几个方面的发展。

3. 让学员更加了解他们未来的职业，并让他们意识到公共服务部门的各种挑战和机遇。

4. 让学员熟悉政治、经济、社会和行政环境。

（二）课程要求

为了达到上述课程目标，该课程向接受培训的政府官员传授宪法、政治、社会经济和国家法律框架等方面的知识，提高他们在这方面的洞察能力。同时，该门课还通过对团体精神的构建以及相互合作和信赖精神的培养，从而培

---

① the 71st Foundation Course Manual, www. lbsnaa. ernet. in, p2.

养来自不同公共服务部门文官之间的相互协调能力。

培训使学员意识到来自公共服务部门的各种机遇和挑战。而对那些政府部门新招募的学员，通过明确的教学大纲，力求使他们尽快熟悉政治、经济、社会环境以及在管理工作中出现的问题。具体的课程及要求详见表4－10。

表4－10　印度行政官基础课程的内容及要求

序号	课程名称	课时	及格及标准
1	公共行政	55	各门课最高记分的40%为及格，各门课总分的45%为综合及格；但衡量学员是否通过基础课程，考试成绩只占3/4的考虑因素，其余的1/4要根据学员的平时表现打分。 每课时55分钟。
2	法律	26	
3	管理学	40	
4	经济学	34	
5	计算机	14	
6	政治理论与印度宪法	13	
7	历史	11	
8	北印度语/地方语言	17	

从上表可以看出，印度行政官课程基础课程共有8门，各门课程的内容和要求如下①：

1. 公共行政（Public Administration）

官僚制度的发展、特点及在发展中社会中的作用；政府机构的组织结构、政府与相关机构在政策制定和执行方面的关系；行政任务、规划、组织、引导和控制；授权和地方分权的比较；地方行政；行政职责和义务，即文官的社会职责、处理公共不满、对公民不满的赔偿等；政府预算和审查的作用；社会部门改革，教育、扫盲和健康；社会行政，包括在发展中的社会因素、印度社会政策和立法的评论、印度社会问题；社会行政与SC/ST及其他落后阶层有关的问题；志愿机构的作用；干部人事管理；行政道德规范和腐败；文官的作用；森林政策和环境污染；印度国外政策；印度安全和国防政策；警察和公民的关系。

2. 经济学

经济学导论，包括经济学理论的历史、需求理论、成本和供给理论；市场

---

① 这8门课程具体要求可详见：the 71st Foundation Course Manual，p10～17.

结构,包括完善竞争、垄断资本和买主独家垄断、(iii)不完善的竞争、求过于供的市场情况;市场破产及外在性;市场失败及公共物品;国家收入清算;实际收入的决定因素,包括新古典主义的模式、简单的凯恩斯理论模式、IS – LM 模式,iv 聚集、需求—聚集供应模式;货币和财政政策;货币和银行业的基础;失业的界定、评估以及失业和通货膨胀的关系;规则和自由政策(Rule versus Discretionary Policies);国际贸易理论;交换率和支出平衡;经济增长理论;印度经济相关问题。

3. 法律

法律一般原理,包括法律的定义、法律来源、权力和职责的概念、犯罪的概念、实体和程序法、法律章程;行政审判,包括审判制度——民事和刑事法庭、行政和司法分离,司法独立及行政法、行政法庭、行政事务工作司法评价;法律补救法,包括民事案件补救类型、对犯罪的惩罚;民事案件的法庭程序;犯罪法——印度刑法典和腐败阻止法;刑事案件的程序,即犯罪的调查、警察的作用和权力、拘留和保释、归还和包管、搜查和查封,刑事案件的审判程序,对破坏和平的阻止和预防;法律证据;法律合同;劳动法。

4. 政治理论与印度宪法(Political Concepts and Constitution of India)

政治概念,包括权力、权威、主权、国家类型、自由和平等;政治意识形态,包括民主、社会主义、共产主义和专政;印度政治体制,包括印度政治文化,政治社会主义化(Socialization)和政治发展、地方政党,国家一体化(National Integration)、国家构建、障碍、阶层、不平等和传统,印度议会民主;印度和国际秩序(International System),即重点阐述非交战时期印度的对外政策;印度宪法的演变,即 1919 年和 1935 年印度政府法(Government of India Acts)、制定或修改宪法的国民代表大会、宪法的制定;宪法导言;基本的权力和职责;指导性法则(Directive Principles)及与基本权力的比较;印度联邦;权力分离,即议会、行政和联合组织(Union Organization)的司法,地方立法机构、行政和司法;宪法其他职能;宪法之下的文官的权利;宪法修正案,包括宪法基本特色、修正宪法程序。

5. 管理和行为科学(Management and Behavioural Sciences)

管理和组织,包括管理的概论、功能和结构结构、管理者的作用、管理和公共行政,新公共管理,政府品质(Quality);行为科学,包括人际行为心理学、个性和行为等,开发敏感性,领导的作用、功能和类型,动机、管理、政策和实践,人际交流,决策,冲突管理,变革管理,团队构建和行为;MIS 和管理技术，包括 MIS 的目的、作用和需求，预测及取样；财政管理，即资本预算、按现值计算的现金流量、货币的时间价值、机会成本；项目管理，包括项目财政评估、项目管理、项目安排。

6. 印度历史和文化

印度历史和文化课程主要内容有 5 个方面。印度文化演变：（a）美术，包括古典艺术形式、微型油画学校、建筑和雕刻、民间艺术；（b）印度音乐；（c）印度舞蹈；（d）表演艺术：印度剧本和其他的民间演变。社会经济机构：印度的世袭阶级演变（社会结构）、土地和税收行政历史、一般行政组织、中世纪和英国统治时期的印度土地所有制。古代印度哲学。为自由而进行的斗争：国会诞生到 1947 年。超人甘地：甘地和他的思想。

7. 计算机

计算机课程内容包括：电脑硬件和软件介绍，Windows 介绍，Internet 相关知识等。

8. 语言

主要学习北印度语/地方语言。

二、专业课程

在学完基础课程之后，新招募的印度行政系统政府官员（the IAS Officer Trainees）必须参加印度行政系统文官专业课程的学习。其目的在于开发和强化（hone）他们在公共服务部门前 10 年工作中将承担的各种职责的专业能力。印度拉芭斯国家行政学院的专业课程现在主要有 4 门课程，即政治理论和印度宪法、基本经济原理和五年计划、公共行政和管理和法律。

课程力求增强行政系统政府官员对行使职责所处环境的洞察力，它帮助发展其价值、理想以及令人愉悦的品质。该课程特别强调对公共体制和管理的洞察力，同时在公共管理、法律、经济和计算机运用等方面加以强化。

（一）课程目标

和基础课程不同的是，行政文官专业课程－I 是专业类，这类课程更加具体详细，与学员们所从事的职业是紧密结合的，为此学院规定，学员通过该类课程，要达到以下目标①：

1. 了解（To understand）

---

① Report of study group on the syllabus for the training course at LBS National Academy, www. lbsnaa. ernet. in/lbsnaa/research/trdc/StudyGroupReport. doc，p39 ~ 40.

通过下述指定课程的学习，了解政治过程和国家目标的理论性的法则：（1）基本政治概念（Basic Political Concepts）；（2）印度宪法（Constitution of India）；（3）基本经济原理（Basic Economic Principles）；（4）普通行政知识（General Administrative Knowledge）。

2. 熟悉（To become familiar with）

通过下述三门课程的学习，让学员熟悉法律矩阵以开展地方行政：（1）地方行政（District Administration）；（2）发展行政学和农村经济学（Development Administration and Rural Economics）；（3）法律（Law）。

3. 精通

（1）精通所分配地区的语言；（2）精通历史、地理、文化以及所分配地区的资源、技术经济潜能等；（3）精通所分配地区的行政风气。

4. 形成他们对下述问题的正确态度：

（1）涉及公共利益的有关问题；（2）社会经济变革和发展；（3）关心人民的问题，尤其是最贫穷的人民的问题。

（二）课程大纲①

1. 政治理论和印度宪法

政治理论和印度宪法（Political Concepts and Constitution of India）共计28课时，其中有21课时演讲，7次导师个别指导（Tutorials），其主要内容如下。

（1）政治理论方向：印度公众抗议和群众骚动——它们的种类、内容及对社会和政府的影响；农村动荡和耕地紧张；印度压力集团（Pressure Groups）；学生动乱的种类和原因；印度投票行为；公民自由；印度世袭阶级、农村公社和工业不安局面。

（2）印度宪法大纲（Syllabus for Constitution of India）：议会程序——财政问题立法程序、议会委员会、权力、特权、议会及其成员的豁免权；联盟州（Union State）的关系——立法关系；行政关系——行政权力的分配、联盟州行政关系实践；财政关系——税收权力的分配、税收共享，补助金、财政委托、特别捐赠；突发事件预防——国家突发事件；地方宪法机器（Constitutional Machinery）的失灵和金融突发事件——突发事件宣布对联盟州关系和基本权利的影响；（法律上的）防范性拘留（Preventive Detention）——

---

① 这4门专业课的大纲可详见：Report of study group on the syllabus for the training course at LBS National Academy，www. lbsnaa. ernet. in/lbsnaa/research/trdc/StudyGroupReport. doc，p102～111.

印度防范性拘留的种类、特征和历史；宪法规定、防范性拘留的司法评论及国家安全法；SC 和 ST 特别安全措施——宪法规定；第 370 条款——关于查谟（Jammu）和克什米尔（Kashmir）的特别规定；第 371 条款——关于马哈拉施特拉和 Gujarat 的特别规定；第 371 A 条款——关于那加兰邦的特别规定；第 244 A 和 371 B 条款和宪法第六时间表（Sixth Schedule of the Constitution）——关于阿萨姆邦（Assam）梅加拉亚邦（Meghalaya）和米佐拉姆（Mizoram）等地区的特别规定；第 371 条款——关于曼尼普尔区（Manipur）的特别规定；第 371 D 和 E 条款——关于 Andhra Pradesh 地区的特别规定；第 371 F 条款——关于锡金（State of Sikkim）的特别规定。

2. 基本经济原理和五年计划

基本经济原理和五年计划（Basic Economic Principles and Five Year Plans）共计 55 课时，其中 30 课时是演讲，25 课时为个别指导（tutorials），其主要内容如下。

（1）印度农业发展：① 主要的农业气候区和收获方式；② 农业研究和推广；③农业产品储藏和销售。

（2）土地保养、处理和改造。

（3）农业投入：①肥料；② 高产品种；③现代耕作实践；④杀虫剂；⑤农场机械化。

（4）灌溉。

（5）农业战略：①20 世纪 60 年代以来的印度新农业战略和现代化；②新战略主要成就；③新战略缺陷；④"绿色革命"的教训；⑤"绿色革命"收益最优化；⑥未来展望；⑦旱地耕耘法；⑧种植园农作物。

（6）食品政策和农业价格：①销售剩余和所收获产品——印度食品公司的作用；②影响粮食价格的因素——农业价格委员会；③解决食品问题的方法。

（7）动物管理和奶业发展。

（8）失业和农村劳力：①农业失业强度；②目前印度农业劳动力形势；③政府解决农业领导力问题的措施。

（9）农业发展项目：①减轻贫困项目——农业发展一体化项目（Integrated Rural Development Programmes）、国家农业就业项目（Employment Programme）、农村无土地就业保障项目（Rural Landless Employment Guarantee Programme）；②对小的边远地区农民特别项目；③特别地区发展项目——易干旱地区项目、沙漠发展项目、山区发展项目。

（10）最小化需求项目：①农村健康；②初等教育；③农村水供应；④农村无地劳动者住房补助；⑤农村贫民窟环境改善；⑥乡村道路；⑦农村电气化；⑧营养学。

（11）印度的世袭阶级和部落项目（Special Component Plan）。

（12）项目的评价、监测和评价。

（13）计划与地方分权：①地方分权的需求；②地方计划：提出和执行；③方框图。

（14）合作化：①印度合作运动；②合作社的类型；③合作社在农村发展中的作用。

（15）农村信用贷款：①农民信用贷款的需求和来源；②农村金融的特色；③商业银行和农村金融；④地方农村银行；⑤发展停滞和地方信用贷款计划。

（16）农村工业化：①农村工业化的要求；②五年计划中的农村工业化；③手摇纺织机、手工艺、养蚕、印度土布和乡村工业等发展项目。

（17）小规模产业发展：①奖励政策；②企业家发展项目；③动机；④落后地区工业发展政策。

（18）大、中产业：①奖励政策；②企业家发展项目；③动机；④落后地区工业发展政策。

（19）发展银行业：①发展中国家发展银行的要求；②印度实业发展银行（Industrial Development Bank）；③印度产业金融公司（Industrial Finance Corporation）；④印度产业信用和投资公司（Industrial Credit and Investment Corporation）；⑤印度产业重建公司（Industrial Reconstruction Corporation）；⑥邦层次的机构（State level institutions）。

（20）农村发展改革：①适当的科技；②改进牛拉车农业器具；③生物气体/太阳能/风能；④低成本住房的卫生设施。

（21）各邦的公共部门：①政府、联合和援助部门；②管理问题。

（22）印度农业税收：①税收在发展中国家的重要性；②目前形势；③附加税的案例。

3. 公共行政和管理

公共行政和管理（Public Administration and Management）共计 80 课时，其中 60 课时是演讲，20 课时是指导课，其课程内容如下。

（1）有关 IAS 的看法（IAS in Perspective）。

（2）邦行政（State Administration）：①构成和层次；②各部门部长和领导。

（3）地方行政——组织和功能：①演化、历史和发展；②地方行政的目前功能；③收税员的职位及管区；④其他地方办事处/机构；⑤维持法律和秩序的行政单位、税收和发展总的概览。

（4）地方官的作用：①执行和职责；②同等的职责（Coordination responsibilities）；③通才对专才。

（5）部门副手的作用。

（6）行政部门的法律和命令（Administration of Law and Order）：①暴力的起源与剖析；②社会等级制度、公社、耕地、劳动力、学生动乱等问题；③应用的法律、命令的情况；④警察、准军事和陆海空三军和它们的作用；⑤公民自由。

（7）公安行政管理（Police Administration）：①构成和层次；②政策法案（Policy Act）；③与地方行政长官的关系。

（8）监狱行政管理：地方行政的作用、囚犯的福利。

（9）土地安置、捐赠或分配（Land Settlement, grant or assignment）：①土地税收制度；②土地改革政策；③租佃法；④租佃改革；⑤土地最高限度立法——农业土地、城市土地；⑥土地档案的维护；⑦土地安置和分配；⑧土地的获得；⑨租金征收、免除的程序。

（10）灾难行政管理：干旱、洪灾、飓风、火灾和地质滑坡。

（11）国库。

（12）印花和登记（Stamp and Registration）。

（13）消费税。

（14）食品和民众供应：①批发和零售商执照；②粮食的获得；③公共分配制度。

（15）城市规划和市政行政管理：①城市规划——组织安排；②交通、水供应、卫生设施和其它公共设施的规划；③城市住房；④贫民窟的改造和复原；⑤市政团体与地区行政管理的关系。

（16）发展行政管理（Administration of Development）和福利项目：①组织设置；②专门机构——印度世袭阶阶发展公司、部落发展公司；③经核准的青少年违法学校；④合作社——监督和管理；⑤印度世袭阶阶发展公司、部落发展公司的特别职责。

（17）志愿机构：要求及它们在发展过程中的作用。

（18）选举管理。

（19）干部人事管理：①地方行政人员的招募和培训；②印度世袭阶阶和部落的保留名额。

（20）全印文官章程：适用于 I. A. S. 的章程和规章。

（21）协议。

（22）现代管理技术。

4. 法律

法律（Law）这门课程共计 80 课时，其中 60 课时是演讲，20 课时指导课。（1）印度刑法典；（2）刑事程序法典（Criminal Procedure Code）；（3）证据法；（4）民事程序法典；（5）法庭工作、藐视法庭；（6）未成年法：印度武器法案、基本日用品法案、禁止嫁妆法、公民权利保护法案。

三、课程特点及存在的问题

（一）课程主要特点

1. 专业课程处于不断地调整之中

拉芭斯国家行政学院的专业课程现主要有：政治理论和印度宪法、基本经济原理和五年计划、公共行政和管理和法律 4 门课程。但自学院成立之初到现在，专业课程也是在不断地调整，下面是 1959 年、1971 年和现在学院专业课程对照表①。

从表 4 - 11 中我们可以看出，到 1971 年后，学院的课程在原有的经济、法律、行政管理三方面增加了政治理论、宪法、历史与文化，这说明印度对高级文官的政治思想水平的要求提高了，实际工作中可能让他们更多地参与各级政府的决策过程。后来由于招募的文官素质的提高，印度历史与文化提到基础课程阶段进行教学。

---

① 朱欣民：《印度文官的培训工作》，《南亚研究季刊》1986 年第 1 期，第 37 页。以及：Report of study group on the syllabus for the training course at LBS National Academy，www. lbsnaa. ernet. in/lbsnaa/research/trdc/StudyGroupReport. doc，pp39 ~ 40.

表4-11 印度拉芭斯国家行政学院专业课调整情况

1959年开始开设的专业课程	1971年开始开设的专业课程	学院现在开设的专业课程
1. 刑法及诉讼程序知识 2. 经济理论 3. 印度行政管理史 4. 一般行政管理 5. 县级行政管理	1. 行政管理学 2. 经济理论与五年计划 3. 政治理论与印度宪法 4. 法律 5. 印度历史与文化	1. 政治理论和印度宪法 2. 基本经济原理和五年计划 3. 公共行政和管理 4. 法律（Law）

2. 学院课程情况法律知识的学习

行政官的培训在课程安排上特别重视对法律知识的学习，以此来提高他们的法律素养。其培训内容涉及行政法、民事法、劳动法、印度刑法典、刑事程序法典、证据法、未成年法、印度武器法案、基本日用品法案、禁止嫁妆法、公民权利保护法案等众多法律。

从法律方面的课程课时安排来看，不仅在基础课程阶段安排26课时的法律课和13课时的政治理论和印度宪法课，在专业课阶段，仍继续加强对这两门法律方面课程的学习，其中法律占总课时的33%，政治理论和印度宪法课占12%，两者约占总课时的45%①。见图4-6。

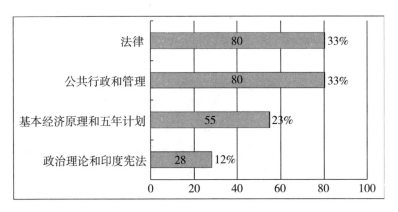

图4-6 印度拉芭斯国家行政学院行政官培训专业课构成情况

（二）行政文官培训存在的问题

印度学界对于这一套培养行政文官的办法不无褒贬之争。21世纪初，有

---

① Report of study group on the syllabus for the training course at LBS National Academy, www. lbsnaa. ernet. in/lbsnaa/research/trdc/StudyGroupReport. doc，p39~40。

学者通过大量采访调查任职的行政官和拉芭斯国家行政学院的授课教师，调查他们对就职培训的看法，表4-12、4-13是他的部分调查结果，也可以从一个侧面反映出该院行政文官存在的问题。

从这两个调查表格可以看出，大部分的学员都强烈地认为学院所提供的培训课程实效性不强。

表4-12　印度行政官对拉芭斯国家行政学院课程的评价①

	所调查问题	强烈赞成	赞成	中立	反对	强烈反对	未发表评论
1	培训课程的设计能满足目前的工作需求	32	34	35	50	88	13
2	能为工作提供足够的必需的培训	19	24	27	61	104	17
3	LBSNAA 提供一个积极的培训环境	12	28	30	79	101	2
4	学员能接受到最新的专业知识的培训	11	35	26	78	92	10
5	课程的培训能适应环境的变化和改革的需要	13	33	32	51	113	10
6	LBSNAA 提供高质量的服务和培训	12	25	28	161	25	1
7	所培训的知识和技能对目前的工作有用	24	25	74	62	57	10
8	LBSNAA 能运用评价结果改进培训工作	26	119	49	24	18	16
9	培训课程能根据评价结果加以调整	24	36	26	39	80	47
	合计	173	359	327	605	678	126

---

① Ahmed Shafiqul Huque, Lina Vyas, Public Service in a Globalized World: Central Training Institutes in India and Hong Kong, Ashgate Publishing Company2004, p83.

表 4 – 13　学院教师对课程的评价①

	调查问题	强烈赞成	赞成	中立	反对	强烈反对	未发表评论
1	课程培训能促进职业发展	12	4	5	1	7	5
2	培训课程的设计能满足目前的工作需求	2	5	6	5	15	1
3	能为工作提供足够的必需的培训	9	4	12	1	4	4
4	培训能使工作经验丰富	11	4	12	6	1	0
5	LBSNAA 提供一个积极的培训环境	2	5	15	10	1	1
6	课程的培训能适应环境的变化和改革的需要	1	13	10	8	2	0
7	培训课程的设计能为官员应付变化的环境	3	8	6	14	3	0
8	LBSNAA 定期评估学院所开设的课程	7	1	10	14	1	1
9	LBSNAA 提供高质量的服务和培训	2	3	12	7	8	2
10	所培训的知识和技能对目前的工作有用	2	16	4	5	6	1
11	LBSNAA 能运用评价结果改进培训工作	3	10	16	4	1	0
12	培训课程能根据评价结果加以调整	2	15	10	5	1	1
合计		56	88	118	80	50	16

通过第二表格，我们发现只有一个教师"强烈赞成"和 13 名教师"赞成"学院的培训能帮助学员"适应环境的变化和改革的需要"，另外，还有 10

---

① Ahmed Shafiqul Huque, Lina Vyas, Public Service in a Globalized World: Central Training Institutes in India and Hong Kong, Ashgate Publishing Company2004, p84.

名教师对此保持"中立"的态度，8名教师对此表示"强烈反对"。可以看出，学院大部分的教师对所提供的课程的态度是：无法让学员应对今后"变革的环境"。这在对学员的调查中也达到了印证。在272名被调查学员中，只有13名学员表示"强烈赞同"，然而竟有113名的被调查学员"强烈反对"学院的课程"能适应他们所在部门变化的环境"，约占总人数的44.8%。有学员认为："参加入职培训的主要目的是更新知识，但我们经常对此'感到失望'。我们不得不通过平时的工作，来渐渐熟悉工作中不断发生的变化。学院对政府部门变化环境的介绍过于'迟缓'。"①

对"培训课程的设计能满足目前的工作需求"的调查，大多数被调查者认为其课程的设置没有能够满足目前工作的需要。强烈赞成的只有32人，而有88人强烈反对。对"学员能接受到最新的专业知识的培训"问题的调查结果，也是反对者占绝大多数。

大多数的学院教师的观点和学员的观点类似，那就是学院培训官员主要是为了使他们更好地履行他们的工作，同时对他们专业领域最新的知识有所了解。可通过调查的结果表明，学院在这类知识的培训中，并没有得到预想的效果。

除此之外，大多数的被调查者感到学院的培训仍聚焦在传统培训形式上，很少能根据社会的不断发展而调整培训课程，这并不是一个国家级的培训机构所期望的。拉芭斯国家行政学院为所有政府官员提供基础培训和技能培训，如果它的培训并没有效果，这将对政府的正常运行会产生一定的影响。

上述情况主要是由学院在全国行政官员培训市场垄断造成的。拉芭斯国家行政学院院长也承认："学院几乎垄断了全国高级行政官员的培训工作，根本没有竞争可言。这使得学院对顾客的培训需求丝毫不感兴趣。"②可见，没有竞争就失去了办学的动力，另外，培训无视社会的变革和学员实际的需要，其效果也是可想而知的。这对我国干部培训的启示是，干部的培训工作一定要根据社会政治、经济等各方面不断的变化，而及时调整教学大纲和教学内容；同时要在培训前进行培训需求的调查，更好地把培训工作和干部的工作需求有机地结合起来，这样才能取得预想的培训效果。

---

① Ahmed Shafiqul Huque, Lina Vyas, Public Service in a Globalized World: Central Training Institutes in India and Hong Kong, Ashgate Publishing Company2004, p82.

② Ahmed Shafiqul Huque, Lina Vyas, Public Service in a Globalized World: Central Training Institutes in India and Hong Kong, Ashgate Publishing Company2004, p82.

本章小结

上述六所学院所开设的课程可以说是各具特色。如哈佛商学院和肯尼迪政府学院课程资源丰富，注重实际，以案例教学为主，效果明显。新加坡文官学院所开设大量的"菜单式"课程，能满足学员的实际需求，针对性较强。李光耀公共政策学院在课程设置上以亚洲问题为重点，对亚洲地区的学员的学习有所借鉴。法国国立行政学院的课程能不断根据社会的变化，而加以调整课程。印度行政文官的培训课程包括基础课程和专业课程两个部分，主要向学员传授宪法、政治、社会经济和国家法律框架等方面的知识。

从上述六所学院课程的研究中，我们可以得出这样一个结论，一个领导培训机构获得成功的主要秘诀是，必须开设大量的、富有特色的、有针对性的课程，真正使其培训做到有效、管用。同时要根据本国的实际和世界政治、经济形式变化，而不断地加以调整，革新。

在我国，干部培训课程的设置如何能更有利于多出人才，快出人才，适应政府实际工作的要求，仍需各级组织不断学习和吸收其他各类干部培训和国外领导人才培训的有效经验，敢于探索、善于实践，这将是一个长期的渐进的过程，不可能一蹴而就，我们也可以从上述四国六所培训机构在课程设置中，吸取一些有益的做法。

第五章

师资来源比较

加强师资队伍建设是国外领导人才教育培训工作中一项重要工作。从师资来源来看，主要有三种类型，即以专职教师为主、专职和兼职相互结合以及兼职教师为主的模式。不管它们采取哪种模式，绝大多数除了努力建设一支素质优良、结构合理的专职教师外，还都非常重视聘任一些实践经验丰富、理论水平较高的政府部门和公共、私营部门的领导担任兼职教师，充分发挥兼职教师在整个培训工作中的作用。

第一节　国外领导教育培训机构师资来源主要模式

按照专职、兼职教师的数量关系，国外领导教育培训机构的师资来源分为以下 3 种主要的模式。

一、专职教师为主的模式

这类领导教育培训机构的师资来源，主要以专职为主，不聘或少聘请兼职教师。这样的领导教育培训机构以大学的研究生院为主。如 Maxwell 建立了专职、全兼职、半兼职三结合的复式师资结构。以专职教师为主的独立培训机构有意大利高等行政学院等。拥有 280 多名教授、副教授的俄罗斯 PГC 作为一所多功能的综合性高校也属于这一类。

就本论文涉及的六所学院来说，其中哈佛大学商学院和肯尼迪政府学院、新加坡国立大学李光耀公共政策学院都是以专职教师为主的模式。如哈佛大学肯尼迪政府学院专职教师的比例达到了 77%①；新加坡国立大学李光耀公共政

---

① Kennedy School of Government Faculty，http：//ksgfaculty.harvard.edu/faculty/index.asp.

策学院的专职教师也约占该院教师总数的 71%①。

另外，这类机构的教师有着非常高的素质。如哈佛商学院有 160 名左右教师②，他们不仅有深厚宽广的理论知识，更重要的是有丰富的实践经验。几乎每个教师都在重要公司担任一定的职务，特别是咨询专家的职务，有的还兼任董事长。他们丰富的工作实践大大充实了案例教学，同时也加强了学院与企业的联系。

二、专职和兼职相互结合的模式

专、兼职教师比例从 1 : 2（美国 FEI）、1 : 3（英国 CSC）、1 : 3.5（德国 Speyer）、1 : 9（荷兰 EIPA）到 1 : 15（新加坡 CSC）不等。其中英国 CSC 的专职教师多达 100 人，德国 FHB 有 70 人，荷兰 EIPA 有 45 人③。此外，英国伯明翰大学公共政策学院、澳大利亚堪培拉高等教育管理学院、印度夏斯特行政学院、土耳其与中东行政学院等也属于这一类。从专、兼职教师的互补性出发，搞好两者之间的平衡，是这类机构管理的紧要课题。

三、兼职教师为主的模式

德国 BAK 没有专职教师，全部课程都由兼职教师承担。西班牙 INAC、葡萄牙 INA、奥地利联邦管理学院、日本中央文官研修院和自治大学、泰国文官学院等虽有少量的专职教师，各项培训活动仍以兼职教师为主。

本文所涉及的法国国立行政学院就属于此类，学院除了外语和体育教师外，其他的教师全部是兼职。学院根据课程需要聘请政府部门的高级官员、大学或研究机构的知名专家和学者，他们一般都是某一领域的行政主管或学术权威。学院的兼职教师分为两部分，一部分是实践型的政府官员，主要负责学生的实习；一部分是研究型的专家学者，主要负责专题研讨与讲授，这样使得整个培训工作更好地做到了理论和实践的有机结合，使学生从中受益匪浅。

另外，新加坡文官学院教师队伍的结构真正属于"专兼结合，以兼为主"。该院 90% 的教师是外请的政府部门及公共机构的高级管理人员，经过多年的积累，已经形成了一支结构合理、业务配套、相对稳定的兼职教师队伍。

由于充分利用了社会人才资源，尽管这所学校正式职工仅百余名、专职教

---

① Faculty Profiles, 2007 Master in Public Administration Application Bookelet, www. spp. nus. edu. sg/docs/MPA2007. pdf, pp11 ~ 18.

② 章达友：《MBA 教育质量控制系统研究》，厦门：厦门大学出版社 2002 年版，第 43 页。

③ 张修学主编：《国外著名行政院校概览》，北京：国家行政学院出版社 1999 年版，第 30 页。

师仅十几人，它开设的课程门类之多、品种之全，令人刮目相看。兼职教师在其中确实起到了"为主"的作用，这不仅使学院大大减少了办学成本，更为重要的是保证了学院的培训内容贴紧政府工作和公共管理的实际，不断注入第一手最新信息。

从实际分工看，专职教师侧重于讲内容相对稳定以及属于基本理论知识与基本技能的课程；兼职教师侧重于讲随着公共领域的发展而不断变动，并且属于与政府工作实际更为关联的宏观、全局性内容的课程。这两支队伍确实做到了扬长避短、优势互补、融为一体。

第二节　具有典型代表的院校师资来源分析

一、哈佛大学肯尼迪政府学院：以专职教师为主

哈佛大学肯尼迪政府学院的宗旨就是培养未来的领导全球变革的政治、经济领导人，通过输送领导者为社会服务，大力解决重大的公共问题，以满足公众的利益要求。哈佛大学肯尼迪政府学院现在的口号就是"为21世纪准备领导人"。其教学目标，用肯尼迪政府学院前院长小约瑟夫·奈（Joseph Nye Jr.）的话来说就是："通过培训公共领导者和帮助解决公共问题，强化全世界的民主治理。"[1] 为达到这样的目标，教育方式就应该有别于传统与实践脱节的空洞理论，他们所要掌握的是如何用所学的概念框架和分析技术去解决复杂的现实问题。这样的教学目标对教师的素质提出了新的挑战和要求。自建院之日起，肯尼迪政府学院就着力打造自己的理论和实践复合型的教师队伍。这些教师来自15个不同的学科，包括经济、政治、科学、社会学、法律、公共政策和历史等。

美国大学的人事管理中，可以大略将所有工作人员分成两类。一类直接从事学术工作，称为教员（Faculty）。另一类从事管理工作，称为行政人员（Administrator）。在行政人员中，一般还可以细分为行政人员、秘书人员、清洁工等。而秘书和清洁工、厨房及餐厅的工作人员等，多数情况下通称为员工（Staff）。

只有获得肯尼迪政府学院教学岗位的人，才有资格在该学院任教。批准任

---

① 陈振明主编：《美国 MPA 十大名校》，北京：中国人民大学出版社 2003 年版，第 47 页。

教的教员（faculty）分两个层次：（1）教授层次，包括助理教授（Assistant Professor）、副教授（Associate Professor）、兼职教授（adjunct Professor）、访问教授（Visiting Professor）；（2）讲师层次，包括兼职讲师（Adjunct Lecturer）、访问讲师（Visiting Lecturer）①。其中教授和副教授一般是终身职的（Tenured）。助理教授在工作一定年限后，评审合格者，也被授予终身职，升任副教授。助理教授在最初被聘的时候，在其合同中就需说明，若干年内如评审合格，将被授予终身职，这样的助理教授即称为处于终身职序列（Tenure Track）。笔者通过对肯尼迪政府学院227名（截止2007年春季学期）统计，其中教授111名、副教授13名、助理教授18名、讲师85名。学院老师主要以专职为主②，具体情况见表5－1。

表5－1 哈佛大学肯尼迪政府学院教师构成情况

职 称	在职教师	兼职教师	访问教师	合 计
教 授	95	8	8	111
副教授	11	0	2	13
助理教授	17	0	1	18
讲 师	52	32	1	85
合 计	175	40	12	227

通过分析发现，在这227名教师当中，教授人数为111人，占总数49%，构成师资队伍的高层次稳定结构和核心力量。副教授人数为13人，占总数6%，助理教授人数为18名，占总数的8%，他们求创新、出成果、重绩效，为晋升教授而奋斗，因此工作动力十足，是相对稳定的骨干力量。占总数37%的85名讲师，是学院流动的、有活力的重要力量，这些教师根据教学、科研或交流需要，从校外择优聘用，聘期一般不超过一年，这种保持流动教学人员的做法，有利于把新的理念、新的方法、新的经验和新的研究成果源源不断地带进学院。具体情况见哈佛大学肯尼迪政府学院教师职称构成情况图5－1

---

① 王建民：《哈佛大学公共管理教育：观察与思考》，《高等教育研究》2005年第11期，第84页。

② 根据哈佛大学肯尼迪政府学院主页全体教员简介整理，Kennedy School of Government Faculty，http://ksgfaculty.harvard.edu/faculty/index.asp.

（教师总数为 227 人）①。

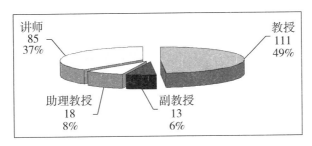

图 5 -1　哈佛肯尼迪政府学院教师职称构成情况

　　通过分析该院 200 多名的任教师的简历我们可以发现，学院教师以专职为主，约占学院教师的 77%，兼职教师占 18%，访问教师占 5%，具体情况详见下图 5 -2②。

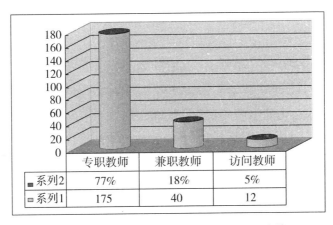

图 5 -2　哈佛肯尼迪政府学院专兼职教师构成情况

　　在课程教学中，真正能够做到紧密联系实际的关键在教师。他们当中，既有一大批如著名的城市社会学家威廉·朱利·威尔逊教授等这样进行学术研究的世界顶尖级社会科学家，也有那些在美国名校获得相关专业博士的学位，又在美国政府机构或非营利组织以及咨询公司担任高级职务的复合型教师。令人

　　① 根据哈佛大学肯尼迪政府学院主页全体教员简介整理，Kennedy School of Government Faculty, http：//ksgfaculty. harvard. edu/faculty/index. asp.

　　② 根据哈佛大学肯尼迪政府学院主页全体教员简介整理，Kennedy School of Government Faculty, http：//ksgfaculty. harvard. edu/faculty/index. asp.

感叹的是该院的骨干教师几乎都有过在政府或公共领域工作过的重要经历。有的当过白宫顾问，有的当过财政部副部长或州政府行政长官，有的至今还是联邦政府某个改革委员会的委员，等等。如：小约瑟夫·奈（Joseph Nye Jr.）当时任肯尼迪政府学院院长，曾任美国国家情报委员会主席和美国国防部主管国际安全的助理部长；罗伯特·布莱克维尔（Robert D. Blackwill）主要从事外交工作，曾任美国国家安全委员会西欧事务主任、主管政治军事的助理国务卿、欧洲事务总助理国务卿等；理查德·库伯（Richard Cooper）曾任美国国家情报委员会主席、美国国务院次国务卿等职务；伊莱恩·卡马克女士（Elaine Kamarch）曾任美国戈尔副总统的高级政策顾问，是克林顿政府国家表现回顾（NPR）委员会的创立人和经办者。这样的教师比比皆是。

经常有教授在一任总统上台后离校前去担任高官，在一任总统下台后，又有一些高官回来重执教鞭，这在哈佛大学司空见惯。因此，学院更多的兼职教师来自美国的高官，美国高级政府官员包括前副总统戈尔都把离职后能在肯尼迪政府学院任教当作自己毕生的追求和荣誉。我们所熟知的美国前国务卿基辛格就曾在其国际问题研究所任职。有这样一支能够真正紧密贴近政府管理的实际开展教学的师资队伍，该校能培养出一批又一批世界一流的公共领域的精英顺理成章。

二、法国国立行政学院：以兼职教师为主

法国国立行政学院是典型的以兼职教师为主的培训机构。该院在建立之初，根据当时的实际条件，考虑到使教学与将来的工作实际密切联系，学校决定不设固定的常任教师队伍，采取聘请有关学者、专家来学校授课的方法，并以此作为学校教师队伍建设必须遵循的一个重要原则。没有长久性的固定教师队伍，是法国国立行政学院区别于其他高等学院的又一显著特点。

正如该院的年度报告所说的那样，"法国国立行政学院聘请大量的外部教员，每年人数达1000多人；无论是行政机关实践者、大学教师，还是来自私营部门的专家，大多数都定居在巴黎和巴黎大区。"①如2005年学院的教学工作由1100多名主讲人员承担②。

为使学院的教学工作正常运转以及学院聘请教师的工作有序地开展。学院

---

① ENA Annual Report 2005, http：//www. ena. fr/en/index. php? page = institution – en/annual_ report, p2.

② ENA Annual Report 2005, http：//www. ena. fr/en/index. php? page = institution – en/annual_ report, p17.

特地为每门教学课程和研讨课设立了一名协调员（任期 2～3 年），他们处于教学主任的直接领导之下。协调员主要职责有以下几个方面："（1）设计所负责教学课程的基本框架，起草教学大纲；（2）建议教师人选，组织教师队伍；（3）选定教学方法，审定教材；（4）负责教学计划的实施，协调并监督教学任务的完成；（5）联系本课程的教师，加强教师与学校的沟通，等等。"①

从上面可以看出，协调员一项主要的职责就是为学院的各门课程挑选教师，因此对他们各方面的素质都有特殊的要求，他们不仅对某一领域有高深的研究造诣，又必须要有丰富的实践经验。如学院 1997～1999 届任命了 9 名教学协调员，他们分别来自审计法院、斯特拉斯堡欧洲研究中心、财政和工业部等部门和单位（参见表 5－2 1997～1999 届教学协调员名单②）。

院长根据教学协调员的建议和教学部的意见任命学院兼职教师，外语和体育教师除外。外语教师由教学部的语言顾问负责联系协调，安排课程。体育教师由主管青年和体育事务的国际秘书选派。教学协调员除了提名任课教师外，还对各大类课程的深度、广度、需要补充之处、需删节之处、如何加强内在联系等问题提出建议，使各门课程相互贯通、相辅相成。采用这种方法，不仅可以使教师队伍和教学内容如同有源的活水不断更新，而且为学校节省了大量的教育经费和不必要的开支，这一点尤其值得我们学习。

在法国国立行政学校授课，教师可领取一定的报酬，金额按课时计算。法国国立行政支付的授课报酬高于一般高等院校：语言课教师为 400 法郎/课时，其他课教师为 500 法郎/课时（一般大学临时授课报酬为每课时 350 法郎左右）。教学协调员每人领取固定的报酬，如其有时又兼课，则可再加上实际授课报酬③。

表 5－2　1997～1999 届教学协调员名单

学　科	姓　名	单位和职务
行政比较研讨课	Jean-marie Bertrand 先生	审计法院法官，就业和团结一致部行政、人事和预算司司长。

① 潘小娟：《埃纳与法国行政：法国国立行政学校》，北京：中国法制出版社 2000 年版，第 156 页。

② 张修学主编：《国外著名行政院校概览》，北京：国家行政学院出版社 1999 年版，第 295～296 页。

③ 潘小娟：《埃纳与法国行政：法国国立行政学校》，北京：中国法制出版社 2000 年版，第 159 页。

学　科	姓　名	单位和职务
地方行政管理	Gilles Cazanave 先生	审计法院法官
	Pierre-Rene Lemas 先生	省长级，装备、运输与住房部住房和建筑司司长
共同体程序和事务	Gerard Druesne 先生	大学教授斯，斯特拉斯堡欧洲研究中心主任
公共管理	Patrice Vial 先生	财政总监
经济分析和决策实际操作	Jean-Philippe Cotis 先生	经济、财政和工业部预测司司长
行政管理和司法问题	Bernard Stirn 先生	行政法院法官
预算和税收问题	Pierre Mariani 先生	财政监督员
国际问题和外交行动	Bruno Joubert 先生	全权公使级，国防部战略司司长

ENA 所聘请的均为具有渊博知识和丰富实际经验的政界、学界名流。学院也十分注意教师来源的合理比例，做到全面考虑，统筹兼顾，综合平衡。一是注意行政部门高级文官和大学教师的合理比例，保持一定数量的大学教授；二是注意各行政部门人员的比例要适当，避免过于集中于某个部门；三是注意吸收社会各界知名人士来授课，保证教师来源的多样化。教师具有广泛的代表性，可以避免学术上的"近亲繁殖"和过分的同质性，有利于扩大学生的接触面，开阔学生的思路，拓宽学生的视野，使学生得到全面的发展和提高。

兼职教师必须具有高度的教学责任感和丰富的教学经验，他们认真备课和编写案例，所提供的多为第一手的资料，学员们从这些取之于实际的教学案例中，学习到了丰富的处理问题的经验、手法和风格。例如学习政府法案起草课，担任教课的教员多是政府或行政法院饱经沧桑的高级官员，他们可谓是撰写各种文件的高手。学生们能够从他们的教学过程中学到很多处理各类问题的微妙之处及相应的措辞，为日后提交议会、对付各种政治派别的盘诘奠定了基础①。

专题研讨课的开设加快了教师的更换程度，教师因每届研讨课主题的变化

---

① 彭兴业：《ENA 的办学特点和对我们的启示》，《新视野》1995 年第 3 期，第 30 页。

而更换。同时，也导致了学校聘请更多的来自实际部门的经验丰富的人士来担任教师，从事应用性教学，如经验丰富并担任要职的高级文官、议员、军人、法官、企业家、记者、工会活动家、作家等。与专业课和研讨课教师相比，从事统计、计量技术、外语、体育等课程教学教师的受聘相对稳定些，可连续任教。

法国国立行政学院的这种独立的教师结构具有很大的灵活性和适应性。它允许学校根据各界政府的要求和国内外形势的变化来调整充实教学内容。然而，这同时也给学校的教学管理带来了一定的难度，给学校在教学人员管理和教学方法的改进增加了难度，提出了更高的要求。另外，由于专职教师人数过少、力量单薄，很难在国际上形成学术优势与地位。好在这所学院办学的最高原则是注重"实际应用性"，目前师资队伍的这种架构，已恰到好处，不容置疑。

三、李光耀公共政策学院：以专职教师为主

李光耀公共政策学院自成立之初，就在全世界范围内广泛招聘专职、兼职等各类教师。几年来，和哈佛大学肯尼迪政府学院相同的是，该院的教师也是以专职为主。在学院现有的 34 名教师中，专职教师有 24 名，约占 71%，而兼职教师为 10 名，约占 29%[①]，见图 5 - 3。

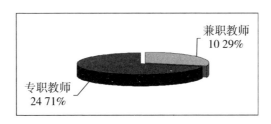

图 5 - 3 李光耀公共政策学院专兼职教师构成情况

通过研究在该院专兼职教师的构成情况，可以发现以下三点特色。

第一，这些教师素质普遍较高，学历主要以博士为主。学院具有博士学位的教师有 25 名，占全院教师总数的 74%，见图 5 - 4。

---

① Faculty Profiles，2007 Master in Public Administration Application Bookelet，www. spp. nus. edu. sg/docs/MPA2007. pdf，p11 ~ 18.

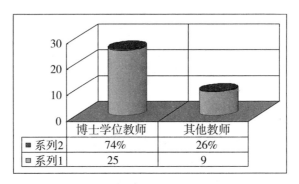

	博士学位教师	其他教师
■ 系列2	74%	26%
□ 系列1	25	9

图 5 - 4　李光耀公共政策学院具有博士学位的教师情况

其获得的博士学位有经济学、公共政策、公共国际事务（Public and International Affairs）、政治学（Political Science）城市和区域规划（Urban and Regional Planning）、计算机科学（Computer Science）、国际关系（International Relations）、工商管理（Business Administration）、社会行政和健康经济学（Social Administration & Health Economics）、核工程（Nuclear Engineering）、区域规划 Regional Planning）。其中经济学博士最多，有 7 人，公共政策博士 5 名，政治学博士 3 名，这和学院重视公共政策、经济学的研究特色是相吻合的。

第二，大多数教师有在国际机构和政府机构中任职的经历。

作为主要为亚洲各国培养领导人才的高地，李光耀公共政策学院在招聘教师时，不仅要求其有较高的学历和丰富的学术成果，还特别重视应聘人员有无在国际机构和政府机构中任职的经历。如在该院的招聘信息中就明确指出："对曾在私营或公共组织工作过的、国际组织曾担任顾问、教育机构担任过领导职务、在亚洲地区有教学经历的人员将优先考虑。"①。学院现在的教师正在或曾经在国际组织和政府机构中任职或从事相关研究的有 22 名，占学院教师总数的 65%（详见图 5 - 4）。

以下是学院部分教师在国际组织、政府机构中任职、担任顾问的情况：（1）查尔斯·亚当斯（Charles Adams）在国际货币基金（the International Monetary Fund，IMF）任职将近 25 年；（2）穆贾·亚瑟（Mukul Asher）教授担任世界银行、国际货币组织、世界卫生组织、亚洲发展银行、经济合作和发展组织等众多国际组织和机构的顾问；（3）凯若琳·布拉沙德（Caroline Bras-

---

① The Lee Kuan Yew School of Public Policy invites applications for teaching and research appointments, http：//www. lkyspp. nus. edu. sg/career. htm.

sard）博士曾担任过加拿大安大略政府经济学家，并担任发展中国家的几个国际非政府组织顾问工作，现担任联合国发展项目（the United Nation's Development Programme）和各种国际组织的顾问；（4）弗里茨恩·斯科特（Scott Fritzen）博士是世界银行印尼反腐战略成员、协助越南教育培训部（the Ministry of Education and Training）进行地方分权管理；（5）纪梭（Kishore Mahbubani）2004年8月16日被任命为李光耀公共政策学院院长，之前在新加坡驻外事务处工作33年，担任新加坡外交部部长（1993～1998）。这些教师在国际机构和政府机构中都担任过要职，他们把这些经历带到课程上来，一定会让学员受益匪浅。

第三，教师的研究的研究领域大都集中在亚洲问题的领域。

为了保证该院为亚洲地区培养领导人才的特色，学院在教师的配备上，还特别注重让他们在亚洲问题研究方面有所侧重。学院在成立不久，就成立了亚洲和全球化研究中心和亚洲竞争力学院，招徕世界这方面的优秀人才来院开展亚洲问题方面的研究和教学工作。通过努力，该院现在约有18人，约占全院人数的53%的教师专攻亚洲问题的教学和研究工作，研究的内容涉及政治、经济、卫生、军事等方方面面（他们研究的领域在第四章相关章节有所分析）。详见图5－5。

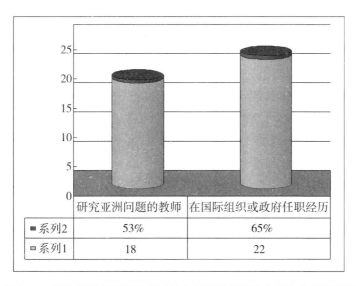

图5－5　学院教师主要研究领域及在国际组织和政府机构中任职情况

本章小结

俗话说"名师出高徒"，这在上述几所领导人才培训机构中可以得到很好的体现。上述研究可以表明：一流的人才培训机构必然有一流的教师。对于特殊群体——领导者或即将走上各种岗位的领导者而言，其教师仅有高深的专业理论知识是不够的，还必须具备较强的管理和领导实践经验和能力，从哈佛商学院和肯尼迪政府学院，到李光耀公共政策学院和法国国立行政学院等机构，无不拥有一支"强大的教授群"，他们当中的绝大多数都具有博士学位，不少人还是管理学领域和工商界的泰斗或知名的学者，而更多的则具有在政府部门和国际组织中任职的经历，他们不但具有深厚宽广的理论知识，更重要的是有丰富的实践经验。

改革开放以来，随着干部教育培训事业的发展，师资队伍也不断壮大。据统计，我国干部教育培训系统现已有 10 万余名的专职教师①。他们为培养各级各类干部作出了重要贡献。新的形势和任务对干部教育培训师资队伍的建设提出了新的更高的要求。国外领导人才培训的成功经验表明：师资队伍建设是其培训是否获得成功的关键因素。因此，如何努力建设一支专兼结合的高素质的师资队伍，是加强和改进我国干部教育培训工作的一项重要环节。

---

① 中共中央组织部干部教育局编：《干部教育培训条例（试行）学习辅导》，北京：党建读物出版社 2006 年版，第 108 页。

第六章

实习制度比较

实习制度也是国外领导人才培训制度的一个重要方面，实习可以为学员提供将来可能从事的各种职业所必须的基本知识和经验，提高他们的实际工作能力，完善他们各方面的才能。在实习方面，各校纷纷采用了多种方式和途径，如美国商学院和肯尼迪政府学院采用课内和课外相结合的实习方式；法国国立行政学院采用到国家重要部门锻炼的制度；印度拉芭斯国家行政学院采用的是行政文官地方实习制度。

第一节　哈佛学院和肯尼迪政府学院课内和课外相结合的实习方式

美国哈佛大学的 MBA 学生与肯尼迪政府学院 MPA 和 MPP 的学生，一般被要求参加三到六个月的实习。与中国高校学生实习的不同在于，美国的 MBA 学生们为获得实习机会，需要自己准备个人简历，参加公司面试，谋求公司职位。学生一旦被录用，就成为公司的临时雇员。实习期间，学生们必须和公司的正式雇员一样胜任工作，因为公司是不愿给不合格者发工资的。本节将对其实习的途径和内容进行探讨，我们可以发现其实习的途径是多种多样的。

一、实习的途径

美国商学院和肯尼迪政府学院的主要实习途径是暑期实习（Summer Internship）和春季实习，主要通过学校的安排和课程的形式进行。如商学院和肯尼迪政府学院的暑期实习就是通过学校学生就业办公室（the Student Employment Office，SEO）安排的，而肯尼迪政府学院的春季实习和政策分析实习是通过课程的形式进行的。

哈佛对学生的暑期实习工作非常重视，为此学校特别成立了学生就业办公室（the Student Employment Office，SEO）①，并建立了一个全校性的数据库。校方或非校方的雇主都在此公布其针对哈佛学生的招聘广告。学生既可以去SEO 办公室，也可以登陆 SEO 网站查询信息。还有一种更为快捷的办法，学生可以注册 SEO 的免费电子邮箱服务，每天都能收到关于新的招聘信息的电子邮件。同时，学生也可将其条件和感兴趣的工作等资料输入数据库，以便于雇主和他们直接联系。为方便学生进行面试，学校就业办公室还为学生的暑期实习印制了小册子介绍招聘程序，告诉学生怎么撰写简历、求职信的格式是什么、面试时应该注意什么等，甚至帮助学生修改简历和求职信。

新生 9 月份入学后，一般在 10 月中旬就要将个人简历送到学校就业办公室。就业办公室为帮助学生准备暑期工面试，还安排有关面试的讲座和培训。一般情况下，当年 12 月份，学生就开始出席各种公司的讲座和宴会，准备简历和申请信。1 月份和 2 月份是暑假实习集中面试的时间，其中 2 月份专门有一周停课，让学生集中参加公司的面试。

二、实习的形式和内容

（一）暑期实习

在美国大学系统里，暑期实习（Summer Internship）有特殊的意义：一方面，许多学生利用暑期工作的机会来了解公司的工作环境，为毕业后的正式工作奠定基础；另一方面，公司则用一个暑期的时间考验学生的实力，来决定是否利用他们。因此，暑期实习对学生和公司双方都是一条非常重要的求职、求才的渠道。

对于哈佛商学院 MBA 和肯尼迪政府学院 MPA 及 MPP 学生来讲，通过大约 10～12 周的暑期实习工作，他们不仅有了实践第一年所学知识的机会，又得到了尝试自己向往的职业的机会。因此，好的暑期经验不仅使学生将理论知识和实践有机结合，还能使学生在毕业谋职时处于非常有利的地位。

春季课程结束后，通过面试的学生就可以参加为期 3 个半月的实习。哈佛商学院和肯尼迪政府学院的学生实习决不是为了赚几个钱补贴学习之用，很多学生都把找工作作为找最终职业的第一步。因此，"暑期实习是两年哈佛 MBA 和 MPA 生活的重要组成部分，它不仅提供了实践第一年所学知识的机会，好

---

① 哈佛大学学生就业办公室网址为 http：//www. seo. harvard. edu/.

的暑期实习经验还能使你在毕业谋职时处于非常有利的地位。"①因此,哈佛实习工作通常和学生的专业、兴趣和志向联系在一起。实习单位一般为公司、国际组织、银行、政府机构、高校等。

有的实习要求学生完成一项课题研究,其工作量非常大。我国学生金玫 2001 年获得肯尼迪政府学院公共管理硕士,据她回忆,她于 2001 年夏天在国际货币基金组织(IMF)统计部工作,主要的任务是研究各国的经济和金融月度出版物,并试图总结出一个发布月度和季度经济和金融信息的标准形式。这个项目的工作量很大,她说道:"需要看所有国家的中央银行和统计机构出版的刊物,浏览所有国家的中央银行和统计机构的网站,并建立相应的数据库。此外,还对 14 个国家的 22 个中央银行和统计机构进行问卷调查,走访联邦储备银行和劳工统计局,采访了 10 位 IMF 高级经济学家……"虽然实习工作紧张,但的确能从中学到很多书本上学不到的东西,金玫说:"在 IMF 3 个多月,我得到了全面的锻炼,也认识了很多非常优秀的人……我会永远记住那段日子,就像记住哈佛一样。"②

真知出于实践,通过暑期实习,"在游泳中学游泳"的哈佛精神又有了用武之地。

(二) 肯尼迪政府学院的春季实习和政策分析实习

美国的 MPA 教育十分重视学生的实习,并将它作为课程安排中十分重要的一个组成部分。很多美国行政管理专业要求,缺乏工作经历的学员必须完成一个实习和一个研习。肯尼迪政府学院 MPP 课程中的春节实习和政策分析实习是其课程设置的三大组成部分之一,也可以说,春季实习(Spring Exercise)和政策分析实习是哈佛大学肯尼迪政府学院设置的两门独具特色的实践课程,"前者旨在通过对一个真实的公共政策问题进行专业分析,为学生提供一个综合运用各种技能的实践机会,而后者则要求学生就公共部门或非营利部门存在的公共政策问题,为一个现实的委托机构进行政策分析,提出建议并最终形成一个 40 页的书面报告。"③

---

① 陈剑锋等:《体验哈佛:哈佛 MBA 中国十人组集体汇报》,北京:电子工业出版社 2003 年版,第 236 页。

② 袁岳等:《哈佛:MPA 是怎样炼成的》,北京:中华工商联合出版社 2004 年版,第 169～170 页。

③ 丁煌:《发展中的中国政策科学——我国公共政策学科发展的回眸与展望》,《管理世界》(月刊)2003 年第 2 期,第 36 页。任晓:《中国行政改革》,浙江人民出版社 1998 年版,第 15 页。

1. 春季实习（Spring Exercise）

在传授了一定公共管理基本理论及基本技能后，所有公共政策硕士都得参加两周集中的春季实习，学生置身于涉及实施政策的实际公共领域。通过培养学员的实践能力（即决策、执行、管理、应变能力等），从而有利于他们进一步掌握从核心课程中所获得的知识。

哈佛大学肯尼迪政府学院的春季实习是该校 MPA 教学中最具特色的一门课程，它通过对一个真实的政策问题进行专业分析，为学员提供综合运用各种技能的实践机会。

这门课一般在春假前两周进行。该门课程的教学大纲是这样介绍的："在这两周时间里，学生分成不同的小组，学生将用其在核心课程中学到的知识，对现实生活中真实的政策（a practical policy）问题进行实习。"[1]因此，学生通过春季实习这门课，可以对真实的政策问题进行专业的分析，从而综合运用基本技能的能力得到实践。而每年的政策主题也是不同的，如 1999 年是关于医疗保健的，而 2006 年是关于流感的。

每个小组在实习的过程中，对学院给出的特定政策问题作分析，拿出具有专业质量的作业，如备忘录（memoranda）、简报（briefings）和介绍（presentations），这类作业包括口头和文字的。这项实践的目的是使学生积累政策设计与分析的实际经验。除了本院教师外，还有其他有实践经验的专家介入，他们将就政策专题作报告，并帮助鉴定学生们最后的作业。

如在 1999 年的春季实习中，一年级的 MPP 学生用了两个星期的时间，模拟一个职业场景[2]。这是一项由前国防部助理秘书长阿舍·卡特（Asher Cater）教授和前肯尼迪政府学院执行院长、前参议院多数派领导人鲍勃·多列（Bob Dole）的幕僚主任希拉·伯克（Shelia Burke）设计的实习项目，让学生扮演克林顿总统的行政参谋，对医疗保健系统进行进行研究，并提出政策建议。在这两周的时间里，MPP 核心项目中所有其他的活动都会停止，学生们必须围绕所实习的问题，全力以赴进行研究和寻求对策。学生们倾听了在医疗保健问题争论中处于中心地位的，包括国家两党健康保健未来委员会在内的所有利益相关者的意见、调查，并结合自己的搜集和分析大量的数据、信息，最

---

① API-500X-Spring Exercise, http：//ksgaccman. harvard. edu/courses/course. aspx？ number = API-500X.

② 陈振明主编：《美国 MPA 十大名校》，北京：中国人民大学出版社 2003 年版，第 56～57 页。

终作出自己的研究报告。在实习结束时，一个学生小组将他们的研究的综述呈送给了美国健康和人类服务部部长唐娜·沙拉拉（Donna Shalala）。

通过上面的介绍，我们可以看出，哈佛大学肯尼迪政府学院的春季实习通过课程的形式，为学生模拟实践中真实的可能发生的情形，让学生身临其境地感受到公共政策问题是如何形成的、公共政策行动是如何采取的、公共管理部门的管理者在实践中又是如何进行现实管理活动的。因此，这种紧密联系实际的模拟教学方式是聚焦现实问题、提高实践能力的职业教育的精华所在。

2. 政策分析实习

第二年所有的学生必需参加政策分析实习（Policy Analysis Exercise，PAE）。在 PAE 中，学员诊断公共及非赢利性部门中存在的公共政策问题，并针对问题提出可行性建议。政策分析实习能够单独或分组进行，但必须以书面形式（40 页论文）完成。很多学生指出："PAE 是肯尼迪政府学院教育的一大亮点，学生与现实中的客户打交道，且在该领域专家导师的精心指导下进行。学生经常从他们的建议被顾客部门采纳执行中得到满足。"①

第二节　法国国立行政学院到国家重要部门锻炼制度

实习是法国国立行政学院培训制度中最具特色的一个环节，是整个培训制度中不可缺少的重要组成部分。建校 60 多年来，法国国立行政学院的继承者们始终不渝地奉行了学院创始人在建校之初确立的实习目标和实习原则，并将之发扬光大，使国立行政学院的实习制度形成了自己的鲜明的特色，每一个学生都从中受益匪浅。

一、实习制度发展沿革

学校自初创起便建立了第一年的实习制度，虽然学制虽经多次变革，但第一年为实习始终没变，直到 2006 年，学院才对实习制度进行了较大规模的调整。

（一）实习制度的确立与发展（1945～2000）

1945 年 10 月 9 日，戴高乐政府颁布法令，作出创建国立行政学院的决定。同日发布的关于办学模式的指令第 25 条指出，鉴于培养学生的实际职业能力

① KSG Curriculum and Course Requirements, http：//www. ksg. harvard. edu/apply/degree_ programs/MPP/program_ curriculum. htm.

是学院的首要方针，规定"国立行政学院学制之第一年为实习，目的在于丰富学生的实践经验，使其获得行政管理之实际知识。实习在省政府、海外领地或国外进行。"①

建立实习制度是国立行政学员的一大独创，其目的在于为国家高级行政系统注入一种为国家服务的责任感和爱国精神。通过实习，使学生们对法国的行政生活有一个全面的了解、深刻的认识，从而培养学生为国家和公众服务的意识、公正地行使权力的职业道德。德勃雷特别强调实习在整个培训的作用，用他的话来说，主要是"培养国家未来行政官员的报国之心，使他们理解行政管理的责任感，使他们体会到使命的伟大和工作的艰辛。"②

但是，学院最初在实习的安排上也曾走过弯路。我们知道，埃纳 1945 年成立，正值二战刚结束。由于当时战争的原因，新考进的学生文化知识很薄弱。为此，当时学院的培训的重点是对学生进行系统的文化知识培训，另外，学院当时认为，学生都经历过战争的考验，已具备一定的实际经验和处理复杂问题的能力。由于上述原因，学院对学生的实习没有足够的认识，只是帮他们安排在"巴黎近郊的市政府、法兰西银行等单位，作短期的每天半日的实习"③。其目的只是想通过实习，与基层保持一些接触。结果表明，第一届学生的实习从时间安排到涉及面与深度都极为不足。于是第二届学生即首届正规班④的实习进行了如下的改革："（1）入学后第一年在行政部门、外省、海外领地及国外使领馆或商务机构实习，使学生获得行政管理之业务知识技能与实际经验；（2）实习回国后，学习一年。第三年在公私企业部门再实习 3 个月左右。"⑤

自 1945 年以来，法国国立行政学院的学制进行了多次的变化，但第一年的实习制度始终没有变化，这种情况一直持续到 21 世纪初期。

（二）实习制度的调整（2000～2006）

20 世纪 90 年代后期，世界的政治、经济格局发生了深刻的变化，这对法国国立行政学院的培训工作也产生了深远的影响。2000 年 6 月 14 日，校董事

① 田兆阳：《法国公务员培训的实习制度》，《中国培训》1997 年第 3 期，第 51 页。
② 孔泉：《象牙之塔——恃才傲物的小天地——论法国国立行政学校》，《环球》1986 年第 1 期，第 25 页。
③ 刘君桓、李爽秋编著：《法国国家行政学院》，长沙：湖南教育出版社 1990 年版，第 39 页。
④ 第一届为特别班，学习年限为 1 年半，第二届为正规班，学习时间为 2 年半。
⑤ 刘君桓、李爽秋编著：《法国国家行政学院》，长沙：湖南教育出版社 1990 年版，第 39 页。

会审议通过了法国国立行政学院院长雷蒙-法郎索瓦·乐必思先生提出的改革法案。该法案对学院的招考、实习、教学等制度进行全面的改革，从而进一步加强国立行政学院在国际舞台和在职培训中的作用。在该法案的推动之下，学院的实习制度作了以下的调整和改革。

1. 强调实习在学院整个培训中的地位。从 2002 年起，将实习的评分系数①从 20 分提高到 30 分②。

2. 实习地点的多样化。作为应用学校，国立行政学院特别重视实习。从 21 世纪初期开始，学院在实习地点的选择上实现了多样化。实习地点除了省政府、双边外交机构（尤其是驻欧盟新成员国大使馆）、多边外交机构、欧盟委员会、外国行政机构以及社会机构之外，又新增了两类新的实习地点，即企业和地方政府，充分表明了学院向地域管理和经济界开放的意愿③。其中企业实习于 2003 年正式实施，时间为期 1 个月，其主要目的是让学生明白行政规章制度简化的必要性④。

另外，地方政府实习于 2002 年正式恢复实施。埃纳在其 2004 年的年度报告中指出："学院历来把在省政府的实习当作学制安排的一个关键要素。随着地方分权的实施，学院曾一度安排学生到地方政府实习；但这一做法后来被放弃。两年前我们恢复了这一做法。"⑤学院现在打破在省政府或外交使团的传统实习范围，继续奉行多样化政策。如 2005 年学院为"共和国"届（the République Class）学生推荐的实习点中，包括 11 个地方政府（territorial authorities）、6 个企业和 3 个非政府组织（NGOs）⑥。为了把地方实习工作做好，国立行政学院还与国立地方行政研究学院（INET）设立了一个为期七个月的公共教学单元，在此期间，两校学生将共同分享实习和课程教学。

在这两类新实习地点，学生如同在省政府或大使馆一样，都在相关领导人

---

① 国立行政学院考试成绩采用系数计分方法，以避免其中某一门课的成绩在名次排列中占有太大的比重。系数计分法即用每门课规定的学分（系数）乘以卷面分数得出该门课的分数。

② Overview of the Annual Report for 2002, http：//www. ena. fr/tele/brochures/enaactivite. 2002english. pdf, p2.

③ ENA Annual Report 2004, http：//www. ena. fr/tele/brochures/enaactivite. 2004 - en. pdf, p7.

④ Overview of the annual report for 2003, http：//www. ena. fr/tele/brochures/enaactivite. 2003 - en. pdf, p2.

⑤ ENA Annual Report 2004, http：//www. ena. fr/tele/brochures/enaactivite. 2004 - en. pdf, p2 ~ 3.

⑥ ENA Annual Report 2005, http：//www. ena. fr/en/index. php? page = institution - en/annual_ report, p5.

身边完成实习。学院 2005 年一项对学生所作的调查结果表明：学生都认为这些实习非常有益。所有学生一致表示与实习导师有日常接触，98%学生感到在实习期间被当作享有完整权限的高级行政官员①。

3. 设立第一职业预备实习制度。该制度指在两年的实习和在校学习结束后，学生将根据他们按名次排列选择的职位，进行为期 3 个月的第一职业预备实习②。这一实习由国立行政学院与学生分配所属的行政机关联系安排，由国立行政学院负责。实习可在法国，也可在国外进行。到国外的实习必须在与他们在法国将要工作的行政机关相对应的行政部门进行。

4. 将吸收外部人士参与评估工作。如从 2002 年开始，学院组织专门的评审委员会（jury）负责实习评估工作。该评审委员会由校内和校外人士共同组成，以便更好地保证实习评估的客观性和公正性。学生最终的成绩是由评审委员会根据实习主任的评价得出的。③

上述有关学院实习的调整和改革，为学院 2006 年实施新的学制及新的实习制度奠定了基础，它是新实习制度实施的前奏。

（三）新实习制度的确立与实施（2006～）

从上文我们可以看出，学院在原有 27 个月的学制中，分为第一年的实习期和第二年的学习期。这种学制的主要弊端是"实习活动与教学内容相对脱节……学员在实习中遇到的实际问题不能及时得到教师的指导和理论深化"④。

为此，2005 年，学院制定了新的教学方案，对学院近 60 年不变的实习制度进行了较大幅度的改革。该方案以一种为时 27 个月的更有节奏、更活跃的学制为基础，围绕 24 个月的共修课程和 3 个月的个人选修课程，交替安排实习和课程教学，使实习活动与教学内容相互补充。⑤

按照这一教学方案，学院共修课程包括三个单元：欧洲（Europe）、地方

---

① ENA Annual Report 2005, http：//www. ena. fr/en/index. php？page = institution – en/annual_ report, p5.

② 潘小娟：《埃纳与法国行政：法国国立行政学校》，北京：中国法制出版社 2000 年版，第 20 页。

③ Overview of the Annual Report for 2002, http：//www. ena. fr/tele/brochures/enaactivite. 2002english. pdf, p2.

④ 史美兰：《ENA：60 年后的重大改革》，《国家行政学院学报》2006 年第 5 期，第 88 页。

⑤ ENA Annual Report 2005, http：//www. ena. fr/en/index. php？page = institution – en/annual_ report, p5.

行政（the Territories）、公共管理（Public Management）①。除了选修课外，在这三个单元共修课程之后，每个学生在法律、社会、经济与财政、区域行政与国际事务五大主题中任选一门深化专业课程。与课程相对应的是实习安排分为四个阶段，与课程教学交替进行。这四个阶段参见表6－1②。

表6－1　法国国立行政学院四阶段实习工作

实习单元	实习时间	实习地点	实习任务
欧洲	17周	欧洲或国际组织，或者其他与欧洲问题有关的机构	观察并了解欧洲或国际上的各种水平的组织；同时学生应该积极探索，执行各种各样的任务。
地方行政	22周	法国地方政府机构或地方社团	与国立地方行政研究学院（IN-ET）的学生一起，观察并了解地方政府各种水平的组织；同时学生应该积极探索，执行各种各样的任务。
公共行政和管理	10周	私营或公共企业	该实习阶段建立在人力资源或金融管理的项目基础之上。
中央行政	4周	巴黎	该阶段实习主要解决学院预订的，并对中央行政有帮助的主题。

从上表中，我们可以看出，学院把原先一年的完整实习分为四个阶段，与课程教学交替进行，有助于学生实践和理论的有机结合。从实习地点分布看，既有中央和地方，也有欧洲和国际组织，还有私营和公共企业，真正做到了实习地点的多样化。另外，还需特别指出的是，在每次实习之前，还进行为期3个星期的实习准备，包括补习课、背景框架课、工具与技巧学习，以便使学生一到实习岗位即能发挥作用，并可从实习中获得最大收益。

随着学院完全迁移址斯特拉斯堡，学院已从2006年1月1日起全面实施的新学制，其效果如何，这要等时间的检验，我们将拭目以待。

二、实习的指导原则

学院自1945年建校以来，各项制度虽然都发生了一定的改革和变化，但

---

　　① ENA Annual Report 2005，http：//www. ena. fr/en/index. php？page = institution－en/annual_ report，p6.

　　② ENA Four stages，http：//www. ena. fr/en/index. php？page = training－en/curriculum/program/stages.

建校初确立的实习应遵循的原则始终没有变化，这对我们的干部培训有一定的启发意义。

（一）陌生环境原则

即实习必须在学生所不熟悉的环境中进行，"实习可为学生提供在其不熟悉的环境中获得经验的机会。'变换环境'曾是法国国立行政学院创始者们所追求的目标之一，并依然是实习的基本原则之一。"①

"学生在新的环境中，能从更客观的角度对当地的历史背景、地理因素、社会经济状况进行实地考察……"②。

因此，学院的实习原则上在外省、地方行政机构、海外领地及驻外使馆进行。它为学生提供了在陌生环境中进行锻炼的可能性和积累经验的机会，以使他们能充分显示其适应能力和应变能力。

（二）高层次原则

这一原则包含了两层意思："一是担任学员实习导师的必须是一位职务层次较高、主持全面工作的负责人；二是实习学员在实习中被任命的职务一般也是较高层次的实职，而不是虚衔。"③这有助于实习生获得实习所在部门的全方位的信息，从事各个不同行政级别，各种不同性质的工作，得到全面的锻炼和提高。

"实习导师一律为高层次负责人，通常拥有总体职权；例如，在省政府，实习导师一概为省长；在驻外使馆，一律由大使担任实习导师；在省议会，实习导师则为议会主席，等等。实习生因此便能获得有关所在行政机关的完整资讯，并在不同行政层次从事各种不同的工作。"④

（三）参与性和自主性原则

参与性和自主性原则主要表现在三个方面。

首先，学院方面要为学生留有广阔的自主活动空间，让他们最大限度发挥自己的积极性和创造精神，包括实习计划的制定、实践机会的争取、工作方法的确定等。

---

① The International Cycles, http：//www. ena. fr/popup. php? module = localisation&action = changeLangue&langue = en, p5.

② 刘君桓、李爽秋编著：《法国国家行政学院》，长沙：湖南教育出版社1990年版，第85页。

③ 田兆阳：《法国公务员培训的实习制度》，《中国培训》1997年第3期，第52页。

④ The International Cycles, http：//www. ena. fr/popup. php? module = localisation&action = changeLangue&langue = en, p5.

其次，学生本人要积极参与实习所在单位的各项业务活动，实习不仅要观察和思考，而且更需要积极行动，参与工作和管理。学生应充分表现出独立自主处理问题的能力。

另外，实习单位必须给实习生留有很大的主动权，让他们最大限度地发挥自己的积极性和创造性。

（四）因地制宜原则

实习的实际过程和具体的内容由地点和时机决定。预先确定一个严格的实习过程框架和理想的模式都是不切实际的。同时，也必然会限制和约束实习的开展，使实习变得贫乏无味。这就要求实习生要积极努力，为自己创造更多的机会，一显身手。

三、实习的种类和要求

法国国立行政学院的学生实习主要分为行政实习和企业实习两大类。学生的实习不是一种"行政旅游"，而是一种真正深入实际的过程。为此，学院对学生实习提出了较高的要求，要求学生要真正地投身其中，使自己得到全面的锻炼和提高。

（一）在欧洲或国际组织实习

从2007年，学院实习特地增加了17周的"欧盟"这一实习单元。这17个月实习全部在欧洲的有关机构进行，这些机构可以是"涉及欧洲事务的欧盟组织、法国大使馆、国外外交部门、国际组织或其他组织"①。该模块的实习的目的在于让实习生更多地了解欧洲联盟国家行政管理体制及其运行机制，了解欧洲共同体的决定或多国共同决策产生的程序和方法，这有助于他们为未来承担的领导工作建立多方面的联系。

按照新学制的要求，在每次实习之前，还进行为期3个星期的实习准备，在该阶段，实习准备主要有以下几个方面②：（1）获得实习相关的手段和方法；（2）交流和沟通的应用训练；（3）关于目前欧洲问题的讲座；（4）让学生学习更多的关于欧洲机构的知识；（4）为实习观察确定主题，这个主题和最后三个月深度作业有关；（5）为实习作业准备。

---

① The new 27-month program——The "Europe" module, http： //www. ena. fr/en/index. php? page = training – en/curriculum/program/europe.

② The new 27-month program——The "Europe" module, http： //www. ena. fr/en/index. php? page = training – en/curriculum/program/europe.

在这一实习过程中，实习生与实习所在的外国行政机构和国际组织负责人及其主要合作者建立良好的关系，尽量取得他们的信任。实习生要全身心地投入到工作中去，严格遵守行政管理的职业规范。同时实习生还要熟练地掌握所在国的语言。

（二）在驻外使馆实习

每年学校通过与外交部联系，确定约 30 名学生到法国驻外使馆实习。通过跟随驻外大使的实习，主要的目标有三个：

（1）参与使馆实际工作。学生受大使馆委托，担负某项具体职务，如一等秘书、二等秘书等，并参与使馆对外活动。

（2）深入了解驻在国情况。实习生通过进行广泛的调查、访问，深刻了解和认识驻在国情况。另外，经使馆负责人同意后，尽可能与驻在国社会各阶层建立联系，而不仅仅局限于在"外交圈"内活动。在可能的情况下，要与驻在国的行政部门建立联系，以便做行政比较研究。

（3）学会和掌握外交业务方面的基本知识和工作技能，如要学会草拟文件、电文、外交照会、谈判技巧等外事业务知识与技能。

（三）在省政府的实习

省政府是法国政府的神经枢纽，在中央集权的法国起着承上启下的作用。因此，在省政府实习是法国国立行政学院实习的一个重要的组成部分。实习要求达到以下主要目的：（1）了解省政府的机构、职能及管辖范围；（2）熟悉社会各界情况，了解当地经济、职业环境，尽可能深入到社会各阶层中去；（3）参与政府机构工作，学会行政管理之技能。①

在省政府的实习由省长亲自担任实习导师。实习一开始就被安排在省长办公厅工作，目的在于能和省长朝夕相处，耳濡目染，潜移默化。实习生一般和秘书长共事，研究政府各类公文档案。为此，实习生要积极参加各项行政活动，学会处理日常行政事务，甚至在省长、省秘书长和省长办公厅主任均不在的情况下，他们要代理省长职务，保证国家职能在省一级的正常运转。

（四）在地方实习

1970 年起增辟了市政府实习。1982 年以来，随着权力下放法案的实施，法国各大区议会的职责与作用发生变化，1983 年起大区议会开始接受实习。该阶段实习时间为 22 周。在实习之前，为期 3 周的实习预备工作有以下几项：

---

① 刘君桓、李爽秋编著：《法国国家行政学院》，长沙：湖南教育出版社 1990 年版，第 88 页。

（1）更新相关概念；（2）交流和谈判应用练习，如在交流危机和媒体应用等方面进行培训；（3）为参与地方政府项目（local government project）做好准备，如执行项目的手段和方法。①

实习主要分为市政府和大区议会两个阶段。（1）在市政府实习阶段，由市长担任导师，并分配具体的任务。通常是与市政府秘书共事，观察基层机构的日常行动，与市政府各方面官员接触，了解基层的问题及处理方法。（2）在大区议会实习阶段，各大区议长常将指导实习生的任务委托给各局、处长。实习主要是深入到地方行政机构的各种日常工作中去。各单位领导则根据需要与条件给予学生各项实习任务。学生在实习中将重点放在了解经济环境及财政预算上。

组织学生到地方政府实习的目的在于：一是让学生全面准确地了解法国地方政府的组织及其运营，正确认识国家行政权力的行使与划分；二是要在议员、官员与未来高级文官之间建立直接的联系，使学生对地方官员所肩负的责任、遇到的困难和发挥的作用的重要性有个正确的认识与评价；三是使学生更直接地了解社会各阶层人士，特别是普通公民及其他们的日常生活。②

（五）在企业实习

在"公共行政和管理"课程模块（Public Administration and Management'Module），学生要参加两种实习，即企业实习（enterprise）和中央行政实习（central government agency）。其中，企业实习为期10周。实习前的准备工作为期一周，主要让学生了解以下几个方面问题：（1）企业法的基本框架；（2）私营企业人力资源管理的特点；（3）实用沟通锻炼；（4）实习所涉及的经济问题概览。③

该阶段实习主要聚焦团队领导（leading team）、项目管理（managing projects）、管理控制和评价（management control and evaluation）等三方面的问题。④ 其主要目的是，可以使学生"熟悉在法国及国外的企业，因为行政学

---

① The new 27-month program——Local government'module，http：//www. ena. fr/en/index. php? page = training – en/curriculum/program/local.

② 李世英：《法国行政学院的实习培训制度》，《中国行政管理》1997 年第 3 期，第 45 页。

③ The new 27-month program > 'Public Administration and Management'module，http：//www. ena. fr/en/index. php? page = training – en/curriculum/program/gp.

④ The new 27-month program > 'Public Administration and Management'module，http：//www. ena. fr/en/index. php? page = training – en/curriculum/program/gp.

院学生对该领域的了解往往欠缺。学生在实习时可以试图解决管理上的具体问题，明白企业领导者的担忧，同时与企业内工作的各类人员广泛接触交流。"①

企业实习的内容包括三个方面：一是与实习所在企业的负责人接触和会谈，了解企业内部的全面情况；二是根据实习生的愿望或企业现存的特殊问题，同实习主任一道去某个特殊部门工作；三是实习生与普通工人一起劳动二至三周。其目的是引导学生扩大在企业的广泛联系，了解企业的工作环境、条件和工作关系的真实情况。

由于企业间差别较大，因此不可能事先制订任何计划。因此，学生要努力与企业的负责人保持经常的联系，参加他们的工作会议，参与重大事项的决策。另外，学生还应与实习指导人和企业的其他负责人交谈，从而取得实习的最佳效果。

除了企业实习外，从 2006 年开始，"公共行政和管理"课程模块还增加了为期 4 周的中央行政（the central government）实习，主要对中央政府的行政管理体制和运行机制进行全面的了解。

四、实习的组织和管理

实习是学院的基本任务之一，主要由学院实习部在校长的领导下具体组织实施。学院每年都要根据政府工作的重点和需要解决的现实问题来安排学生的实习，以适应和满足国家发展的需要和行政管理的要求。为了使学生在实习过程中得到最佳的锻炼和提高，学院每年都为学生实习作精心的安排和周密的设计，包括实习地点的确定、加强实习生与学院的联系，并适时给予帮助和指导，同时对学生的实习的进行评价和考核。

（一）实习职位的分配

法国国立行政学院的学生实习职务的分配是由校长根据实习部主任的建议而确定的。在向校长提交实习职位分配之前，学校实习部工作人员要做大量的工作：（1）和学生谈话，在每年的开学之初和实习分配之前，都要同每个学生个别谈话，主要了解学生以前的学习和工作情况以及今后职业规划的设想、愿意从事哪一类实习及其理由等；（2）设计分配方案，实习部根据每一个学生的个性特征、实习环境、实习主任和主要合作者的性格特点，综合考虑各种

---

① 张修学主编：《国外著名行政院校概览》，北京：国家行政学院出版社 1999 年版，第 264 页。

因素，从而提出实习职务分配方案。

实习职位的分配遵循公正的原则，以学员利益为依据，努力排除一切外来干扰，尽一切可能为学员选择最佳实习岗位。做到凡学员合情合理的要求，凡有利于丰富学员视野阅历的因素，都将最大限度地予以考虑，以使学员在典型的环境中展示自己的才能，得到全面的锻炼和提高。

（二）实习期间的沟通与联系

在实习主任的组织领导下，学生同学院实习部保持密切联系。具体联系的内容和方式如下。

1. 书写"安置信"。在实习活动开始后的几个星期内，实习生要向学院实习部书写一封"安置信"，汇报实习方式以及今后的安排和打算。

2. 做实习访问。在实习过程中，学院实习部主任或该部工作人员要到学生实习单位对每个实习生作一次访问，了解和评价学生的实习实际进展情况，指导和帮助学生进行实习阶段性总结，不断完善实习活动。

皮埃尔·拉辛（Racing Pierre）是学院第一任实习主任，曾任学院 11 年的实习主任。他特别强调实习访问的重要性，他回忆说："实习单位安排停当后，我便和每一个学生交谈。至今我依然坚信，一个教育者如果不与学生个别接触，深入了解他们，是决不会取得硕果的。除了看望学生和实习指导者外，我还看望他的合作者，了解实地工作和人事环境。"[①]在必要和可能的情况下，学院实习部主任可采取某些必要的措施，以使实习活动进一步完善，特殊情况下，还可适当调整实习生的职务。

（三）实习的总结和考核

1. 提交实习报告

实习结束时，每个学生都要向学校实习部递交一份由实习主任签署的实习报告。其内容包括：实习单位的简要介绍；实习活动的主要过程和基本情况；对所研究问题的思考和特别应当引起注意的问题；个人的收获、成功之处和存在的问题等。

2. 实习考核

在实习结束之后，由实习部向每一位实习导师寄去实习考核手册，其内容包括学生从事的实习内容、学生的个人素质等 5 个方面，详见表 6 – 2。

---

① 刘君桓、李爽秋编著：《法国国家行政学院》，长沙：湖南教育出版社 1990 年版，第 40 页。

表 6 - 2　法国国立行政学院学生实习评分手册①

国立行政学院实习部

学生姓名
实习主任姓名

××××年

一、学生从事哪些实习：

1. 主要实习活动描述

2. 学生在哪些方面以及用哪些方式参加您的部门的活动？

（1）他参与处理的事务：

（2）他负责的事务：

（3）所代理的职务（如果有的话）：

（4）其他活动：

3. 考虑各种因素（学生参加活动的条件，学生可与之一道工作的文官的稳定性或变化情况，实习地点的特殊困难），您认为：

（1）或是由于实习本身，或是由于学生的个性，实习进行困难、正常或顺利？

（2）实习侧重于观察、侧重于行动、或介于论者之间？

4. 在其实习期间，您是否将该学生视为您的合作者？

5. 您是否希望在您今后的职业生涯中再度遇上像他这样的人？

二、学生的个人素质如何：

1. 学习期间总的态度（杰出、优秀、良好、一般、差、无法评价）

适应能力
服从性与守时性
对所交办任务的兴趣
职业意识

2. 学生的个性（杰出、优秀、良好、一般、差、无法评价）

智力
文化修养和思想开放程度
革新意识和创造性
主动性
决断精神
冷静沉着与判断的准确性
毅力

---

① 张勇、任溶、孙琦编著：《MPA 登录中国》，北京：中央编译出版社 2001 年版，第 295 ~ 299 页。

责任心

成熟程度

3. 业务素质（杰出、优秀、良好、一般、差、无法评价）

书面表达

口头表达

分析能力

综合能力

工作速度

效率

组织能力

公共服务意识

4. 人际关系能力（杰出、优秀、良好、一般、差、无法评价）

总的表现（自信与谦虚、稳重感和灵活性等）

人际交往意识

集体工作能力

处理上下级关系能力

领导能力

三、综合性评价该学生在实习期间的个性和活动情况：

四、您认为该学生对某些职位和活动（权力、设计与研究、组织等）具有（或缺乏）特别的能力吗？

五、您怎样为该学生划分类别：

1. 绝对地看，您将他划分在下列哪一类：

杰出

优秀

良好

一般

差

2. 相对而言，同您近几年亲自了解的本校其他学生相比，择优排列，他可列为第几名（第一名为最优秀者）？

六、其他意见（如果有的话）：

时间

地点

实习导师接到实习手册后，根据学生的实习表现，认真、客观、公正地按5个等级进行评价和打分。实习部主任收回实习考核手册后，根据自己所掌握的实习资料，并与实习部的其他同事协商，给每位学员一个实习分数，写出综合评价递送校长。最后由校长在综合比较的基础上确定每一名学员的实习分数，连同总评语通知学员本人。这样严格地规定程序，最大限度地保证了实习考核的客观性和公正性。

第三节　印度拉芭斯国家行政学院行政文官地方实习制度

印度行政文官的培训共有四个阶段，即基础课程（15 周）、专业课程－I（24 周）、地方培训（52 周））以及行政文官专业课程－II（6 周）。在学员学完第一阶段基础课程和第二阶段专业课程－I 后，学院还要对学员进行地方培训（District Training），这个阶段的培训是把学员分配到地方，即在邦里或县里的各个部门实习，目的在于了解各部门工作运转程序和熟悉人员，为以后协调工作关系打下基础。这和法国国立行政学院的实习的本质是一样的，它们都是代职实习，并且在时间安排上都将近 1 年。可以说，这两所学院都非常重视实习在整个培训中的作用，这也是它们在官员培训中最具特色的部分。

一、地方实习的目标

地方实习阶段培训主要是为了让学员了解地方的情况，通过这种培训，使学员了解地方行政管理的各个方面，同时也能将他们在基础课程培训阶段和专业课程－I 阶段学到的理论知识应用到实际工作中去。在培训期间，他们处于地方官员（District Collector）和政府的直接管理之下，并有机会从地方官员及其他公共机构中直接获取处理政务的知识和经验。他们还有机会获得地方各种独立的主管权，贯彻执行由国家行政学院所分配给基础地方现场研究的各种任务。

《印度行政官培训手册》是这样描述其培训目标的："学院的培训在很大程度上，是以国家整体的观点对学员进行培训的，而地方阶段的实习培训是以地方的视角对学员进行培训的，这两部分的培训是互为补充的。地方实习培训让受训学员了解地方行政管理的风气（ethos ）和真实的情况（realities ）。在实习期间，也让学员熟悉当地的人民和他们的风俗习惯，以及区域状况和当地的语言。通过这个阶段的实习，学员尽量通过看到的各种表面现象，了解地方真实的状况，特别是真正了解地方的贫困和饥饿、印度农村发展的动力、人民自己如何参与发展，以及其他各种各样的生活问题等。而这一切主要通过和当地人民及地方各种各样机构的密切的交流。"①

二、地方实习的内容与总结

印度是一个联邦制国家，全国分为邦和中央政府直辖区两种行政区，共21个邦和8个中央直辖区②。印度农村地区实行潘查亚特制度（Panchayat Raj），潘查亚特制度是若干人组成的乡村自治委员会。印度多数邦的潘查亚特组织分为县、乡、村三级。印度行政官的实习为期约一年，分为县级机关工作与邦政府机关工作两个阶段，前者为期6个月，其中包括上农业大学2周；后者近6个月，然后回院进行为期3个月的总结。

（一）县级政府实习

印度文官见习官代职下乡实习的前6个月，在县级机关工作。见习官被直接派遣到某县政府，代理一科科长，对本业务部门工作全面负责。一旦熟悉该部门业务，即调到另一部门，这样，他们在县里不同的部门分别担任不同的科长，从而熟悉不同的业务。

从他们在县里的实习内容来看，其实习的内容几乎覆盖县级所有机关的工作内容：（1）维持全县治安；（2）对县民进行法治教育；（3）征收土地税和用水费；（4）组织对土地所有权的调整和登记；（5）控制与调节本县农业生产，组织粮食的收割、运输、交换、分配；（6）领导救灾抢险；（7）主持制定本县农业发展规划；（8）领导本县经济发展的协调工作。③

除了上述日常行政工作外，遇有选举年，还要协助村、乡、县三级政权的选举活动，主要是组织选民登记、投票及选举结果的检查。通过在县级代职实习，见习官不仅得到了实际锻炼，而且还增强了综合处理问题的能力，这为他们今后正式步入工作岗位奠定了坚实的基础。

（二）在邦政府实习

在县政府代职6个月期满，见习官即被派往本邦农业大学学习两周，整理所获素材，分析存在的问题，提出解决问题的办法。然后到邦政府机关秘书处报到，代理次秘书职务。先研究各部门的机构组成和相互关系，然后"依次

---

① Report of the study on the training of IAS officers: Impact Assessment and strategy for the future, http://www.lbsnaa.ernet.in/lbsnaa/research/trdc/trdc.htm.p20.

② 许崇德主编：《各国地方制度》，北京：中国检察出版社1993年版，第227页。

③ 朱欣民：《印度文官的培训工作》，《南亚研究季刊》1986年第1期，第37页。

参与内政、财政与税务、计划三个部门的工作"①。见习官必须经常与这些部门负责人交谈，了解部门的工作情况，查阅工作档案和资料，并列席一些部门负责人会议。

在整个实习期间，由学院为学员任命的辅导教师（Counsellors），通过"通信或到学员所在地区现场视察以及接触地方官员（Collectors）的形式对学员进行指导"②。同时，见习官也要积极地、主动地与学院指导教师保持通信联系，汇报工作中情况和遇到的问题。指导教师则出一些特定的练习题目，由见习官进行理论探讨，再将结论付诸工作实践，以取得第一手"反馈资料"。最后写成总结交给县长审阅，转交学院院长。见习官还必须每日撰写工作日记，定期交县长审阅，再转交学院指导教师。实习完毕回院时，每个见习官又得向院长呈交实习报告，详细说明实习过程，列举工作中遇到的主要问题，并提出自己的改进建议。

（三）实习的总结与评价

在校 3 个月的实习总结要求见习官们组成讨论小组，将各自遇到的问题摆出来，由别人帮助或帮助别人研究这些问题的解决办法，以克服个人认识的局限。最后，由各见习官将小组内提出的各种问题加以比较，进行概括和综合，总结成理论，撰写学术论文。这种做法称作"辛迪加法"。

两年多学习和实习生活结束后，公职人员委员会派人验收，基础课程考试成绩、专业课程考试成绩与实习后的学术论文是验收的重要项目。一旦合格，见习官即被派往实习所在邦，或留机关工作，或当副县长，级别均为次秘书，大约工作 6 至 7 年升任县长级文官，上边还有四级，如何提升取决于个人资历与工作成绩。

本章小结

综上所述，国外在培养各级领导人才时，都非常重视实习在培训中的作用，并采用多种途径，如到政府部门、公共私营企业、非营利组织等进行锻炼。法国国立行政学院和印度拉芭斯国家行政学院的实习时间长达一年左右，通过把文官派送到基层、到艰苦的地方或到发达的地方进行挂职锻炼。它们成

① 栗力：《印度文官制度的管理体系》，《中国公务员》2001 年第 11 期，第 47 页。

② LBS Annual Report 2004，http：//www. lbsnaa. ernet. in/lbsnaa/research/trdc/trdc. htm，p7.

功的实践表明，这是培养未来政府官员具有较高的理论水平、快速获得丰富实践经验和较强工作能力的一条有效途径。

我们在干部培训中，也要积极拓宽各种渠道，采取多种形式，逐步加大干部挂职锻炼力度，把这项工作作为选才、育才、用才的一条重要途径。

第七章

国外领导教育常用教学方法及趋势

在领导教育教学的过程中，教师必须采取一系列的手段才能完成教学任务。无论教师采取怎样的教学流程和组织形式、完成什么样的教学任务，都必然会用到的教学方法，我们称之为教学的基本方法，即常用的方法。

教学方法对实现课程目标、完成教学任务、培养高质量的人才具有重要的影响，是教学过程中不可缺少的要素和组成部分。由于领导人才培训的特殊性，光靠注入式的教学方法很难培养出具有较强创新意识、创新能力和管理实践能力的高层次管理人才。哈佛商学院从 MBA 教育创立之初就意识到了这一点，将案件分析引入 MBA 的教学中，并不断地改进和完善。哈佛肯尼迪政府学院也成功引入案例法，用来培养公共部门的领导人。现今，国外领导人才的培训除了广泛采用案例教学法外，还采用讲授法、研讨法、情景模拟法和现场教学法等众多的教学方法，来激发学员学习的积极性和主动性，培养独立思考能力、创造能力和实践能力。

第一节　国外领导教育常用教学方法比较

国外领导教育常用的教学方法有讲授式、研究式、案例式、情景模拟、体验式、沙盘模拟和管理游戏等。

一、讲授式教学法：领导教育中一种基本的教学方法

讲授式教学法又被称为讲演法，它是领导教育培训中的一种基本教学方法，也是领导教育培训中必须采用的一种方法，它主要适用于理论性教学。这种教学方法以教师为主导，教师按照学员认识活动的规律，有计划、有目的地组织和控制教学，目的在于使学员系统地掌握基础知识和基本技能。

（一）讲授式教学法产生的背景

讲授式教学法是一种古老的教学方法，它在 17 世纪随着班级教学制的产

生而产生。班级授课制这种教学组织形式起源很早，从已有历史资料可知，早在公元一世纪上半叶，古罗马教育家昆体良的老师帕利门开办的私立文法学校就实行过这种形式。昆体良非常欣赏这一教学形式，并在教育史上最早提出了班级授课制的设想。他说："更多的学科必须由一个教师同时对许多学生进行教学。"①但是，在漫长的中世纪，由于学校极不发达，学生人数稀少，分班教学制成了遥远的历史陈迹被人们遗忘。文艺复兴和宗教改革以后，由于学校和学生的增加，为了提高教学的效率，加强对学生的监督管理，分班教学制重新获得了活力。但这个时期，在教学组织形式上的改革只是一种初步的探索，并没有形成理论。

17 世纪捷克大教育家夸美纽斯总结了前人实践的经验，并在教育史上第一次从理论的高度提出并系统论述了班级授课制度，使其发展有了理论支撑。他主张根据年龄及知识水平将儿童分成不同班级，并把教学内容分为循序渐进的阶段，一个教师同时对一个年级的学生授课。经过当时夸美纽斯等一批欧洲教育家们的论证和完善，讲授法成为应用十分广泛的教学方法。我国19 世纪中后期开办新式学堂后，这种教学方法得到广泛的运用。

（二）讲授式教学法的基本特点及优缺点

1. 讲授式教学法的基本特点

教授式教学法有以下几个基本特点：教师是教学的主要活动者，在教学过程中居于主导地位；学生是知识信息的接受者，以听讲的方式学习教材内容；教师主要以口头语言传授知识，口头语言是教师传递知识的基本工具；教师以摆事实、讲道理的方式，促进学生对教材内容的理解和掌握；教师面向全体学生，根据班级学生的一般特点和水平进行教学。

2. 讲授式教学法的优缺点

（1）讲授式教学法的优点。

讲授式教学法是历史最为悠久的教学方法，由于其自身的一些优点，直到今天仍广为运用，并且在将来也不可能被完全替代，其优点主要表现如下。

传授快，内容集中，信息量大，可控制性强，内容更新快，学员接受效率高，有利于解决培训时间短、内容多的矛盾，能使学生在较短的时间内获得大量、系统的文化科学知识；教师合乎逻辑的论证、善于设疑置疑以及生动形象的语言等，有助于发展学生的智力，也有助于对学生进行思想教育；教师主导

---

① 任钟印选译：《昆体良教育论著选》，北京：人民教育出版社 1989 年版，第 22 页。

教学过程，易于控制教学过程；对教学设备没有特殊要求，教学成本较低，便于广泛运用。

（2）讲授式教学法的缺点。

讲授式教学法的局限性：教学内容往往由教师以系统讲解的方式传授给学员，是单向传授，容易满堂灌，不易发挥学生学习的主动性、积极性；面向全体学生讲授，不易照顾学生的个别差异，因材施教原则不易得到全面贯彻。

因此，必须赋予讲授式教学法新的形式，配以其他教学环节，如了解培训对象的知识结构状况，掌握培训对象需要什么，以加强教学的针对性；明确培训目标、准确掌握教学大纲要求的要点；带着问题备课，结合领导实际工作中存在的问题和学员所提出的问题，确定每节课要解决的主要问题；注意内容的取舍，讲课不要面面俱到，求多求全，要贯彻少而精的原则，要深入浅出、理论联系实际，要讲理论的重点、难点和疑点问题，在讲授理论的同时，穿插回答学员工作中的问题，在回答问题的过程中渗透科学道理。这样学员听起来不会乏味，教师讲起来也灵活。在基础上要求积极地采取启发式教学。启发式教学的核心是启发学员的自觉，激发学员参与教学活动的主动性、积极性和创造性，有利于促使学员积极思考、学会分析、解决问题的观点和方法。

（三）讲授式教学法的适用范围

在了解讲授式教学法的优点和不足之后，我们就比较清楚地看到，讲授式教学法适用于传授基础知识。基础知识是教学内容中知识目标的一个重要方面。对学生来说，要掌握系统的文化科学基础知识，虽不能排除某种创造性，但应以接受为主。学生听教师讲授，即传授—接受式学习，这是学生重要的学习途径。相对于分组教学、个别化教学、现场教学而言，讲授式教学法适用于班级教学。从 17 世纪开始，班级教学逐步成为教学的基本形式。展望未来，这种形式在相当长的时间内不会发生太大的变化，而分组教学、个别教学、现场教学等只是课堂教学的补充形式。在班级教学中运用讲授式教学法，不但能节省教学时间，而且效果也很好。

（四）讲授式教学法的基本方式

讲授式教学法包括讲述、讲解、讲读、讲演 4 种基本方式。

1. 讲述

讲述是教师运用生动形象的语言，对事物或事件进行系统的描述、描绘或概述的讲授方式。讲述重在"述"，它可包括三方面的内容，即叙述、描绘、概述。讲述方式能在较短的时间内为学生认识事物或事件提供广泛材料，并促进学生对该事物或事件的理解，是教学中为学生提供认识素材、丰富学生知识、促进学生对有关知识认识与理解的常用方式。恰当的讲述能够增强讲授的吸引力和说服力，唤起学生的激情和想象，加深学生对所学知识的印象。

2. 讲解

讲解是运用阐释、说明、分析、论证、概括等手段讲授知识内容，以揭示事物及其构成要素、发展过程，使学生把握事物的本质特点和规律的讲授方式。它与讲述的区别在于"解"，即重在运用解释、说明、分析、归纳、演绎、论证、概括等方式进行讲授。

3. 讲读

讲读指在讲述、讲解过程中指导学生阅读教科书，是有讲有读的讲授方式。目的在于培养学生自觉、准确、流畅的阅读技能，向他们传授有关的知识，并进行思想品德和美感教育。

4. 讲演

讲演是在广泛深入地分析和论证事实的基础上，做出科学结论的讲授方式。具体表现形式为教师就教材中的某一专题进行有理有据、首尾连贯的论说，中间不插入或很少插入其他的活动。

另外，为了调动学员的学习积极性和参与热情，在运用讲授式教学法开展教学时，可采取"2＋1"的教学模式，即教师讲课的时间占2/3，答疑或研讨的时间占1/3，使学员和教师能很好地互动起来，充分调动学员的学习积极性。

二、研究式教学法：领导教育中一种强调互动的教学方法

研究式教学法强调把所研究的问题贯穿于教学全过程，体现了以学员为主体、教师为主导、研究为主线的教学原则，积极运用了案例、启发讨论、实地考察等多种方法，不断鼓励学员进行研究性学习，是领导教育中一种强调互动的教学方法。

（一）研究式教学法的内涵

研究式教学把研究问题贯穿于教学全过程，以学员研究问题为主，教师讲授知识为辅，通过教学双方互动实现过程控制。具体来说，探究式教学包括两个方面：一是教师要探究式地"教"，就是教师对教学内容和教学对象要有深入的研究，通过教学给学员以启发，提出一些问题，给出研究的方法，引导学员进行深入的思考和研究；二是学员要研究式地"学"，学员在学习过程中，在教师的组织和引导下，有针对性地研究一些问题，从而提高观察问题、分析问题和解决问题的能力。

"研究式"教学与我国目前教育界所推行的"研究性学习"、"探究性学习"从字面来看是不同的，但从内涵来看，我国学者对这三个概念的界定虽然用语不尽相同，但基本含义均是指在教师的指导之下，学生以类似科学研究的方式进行学习的一种教学方式。具体来说，它包含以下几层含义。第一，"学生在教师指导下"，表明了学习活动中的师生关系。在学习过程中，学生需要的是"指导"或"帮助"，不仅仅是"传授"或"教导"，教师的主要职责是创设一种有利于研究性学习的情境和途径。第二，"以类似科学研究的方式"，表明了学习的基本形式。学生可以通过专题讨论、课题研究、方案设计、模拟体验、实验操作、社会调查等各种形式，探究与社会生活密切相关的各种现象和问题。第三，"获取知识和应用知识"，表明了学习的基本内容。包括学习如何收集、处理和提取信息，如何运用有关的知识来解决实际问题，如何在研究过程中与他人交流和合作，如何表述或展示研究的结果等等。

总之，研究式教学法实际上是教师与学员、学员与学员之间相互交流、相互启迪和学习的过程，是相教互学、教学相长的过程。

（二）研究式教学法的理论来源

研究式教学法的理论主要来源于美国实用主义教育家杜威的"从做中学"理论，以及美国结构主义教育思想家布鲁纳所倡导的"发现法"。

1. 杜威的"从做中学"理论

杜威继承和发展了由皮尔斯创立、詹姆士使之通俗化的实用主义哲学，并把它具体应用到社会事务和教育领域中。在杜威的教育哲学中，"经验"占据着重要的位置。"如果想得到某些方面的知识，就必须亲自尝试一下，而不能道听途说。"由此他提出了著名的"从做中学"（Leaning by Doing）的理论。在《明日之学校》（*School of Tomorrow*）一书中，他明确提出"从做中学要比从听中学更是一种较好的方法"[①]。杜威认为，"从做中学"也就是"从活动中学"、"从经验中学"。1916年，杜威发表了《民主主义与教育》，在这本书中，杜威从理论上论证了科学研究研究的必要性。因此，学员通过"从做中学"独立自主地进行研究式学习，这是实施领导教育培训创新的一种有效

---

① 杜威著，赵祥麟等译：《学校与社会·明日之学校》，北京：人民教育出版社1994年版，第286页。

途径。

2. 布鲁纳的"发现法"理论

1957年，苏联成功地发射了第一颗人造地球卫星，美国朝野为之震惊。并由此认为自己在科技竞争中已落后于苏联。通过查考苏联教育，美国得出这样一个结论：美国科技落后的原因在教育，特别是中小学基础教育。而当时学校盛行杜威实用主义教育所倡导的"做中学"，学生所学到的文化知识比较零散，导致了教育质量的下降。在这种情况下，课程改革成了美国社会各界人士迫切思考的一个重要问题。为此，美国于1958年颁布了《国防教育法》，拉开了美国课程改革的序幕。

1959年，美国"全国科学院"在伍兹霍尔（Woods Hole）召开了中小学数理学科的教育改革会议，各学科专家、学者云集，讨论中小学课程改革问题。当时身为美国科学院教育委员会主席的布鲁纳主持了这次大会。会后，他综合专家的意见，在题为《教育过程》（1960）的报告中报导了这次会议的内容，比较集中地阐述了他的教育改革设想。其中在教学方法上，他提出应大力提倡"发现法"（Method of Discovery），又称"假设和探究法"。他认为，"我们教一门科目，并不是希望学生成为该科目的一个小型图书馆，而是要他们参与获得知识的过程。学习是一种过程，而不是结果"[1]。"亲自发现的实践，可以使人按照一种促使信息更迅速地用于解决问题的方式去获得信息"，[2] "学会如何学习"本身要比"学会什么"来得重要。

"发现法"就是让学生利用教师所提供的材料，亲自去发现应得出的结论或规律。其基本程序一般为："创设发现问题的情境→建立解决问题的假说→对假说进行验证→做出符合科学的结论→转化为能力。"[3] 他认为"发现法"与传统的教学方法是有区别的。传统教学方法是把学科当作一堆现成的成果来教，而"发现法"则是教这一门学科的结构、学科体系，学习科学家的思考方法和行动程序；传统的教学方法调动学生理解教材、掌握知识，而"发现法"则要求学生理解、发现科学形成的过程。采用"发现法"教学，可以减少学生对教师和教材的依赖性，从而培养学生的好奇心，发展学生的推理能力和观察能力，并使其掌握探究问题的方法。

---

① 赵祥麟主编：《外国教育家评传》（第3卷），上海：上海教育出版社2003年版，第245页。

② 布鲁纳：《发现的行为》，《哈佛教育评论》第1期1961年冬季号，第21~22页。

③ 杨光富：《重温布鲁纳："发现中学"的结构主义大师》，《上海教育》2006年第12B期，第44页。

（三）研究式教学法的特点

1. 开放性

研究式教学的内容不是特定的知识体系，而是来源于学员的学习生活和社会生活，立足于研究、解决学生关注的一些社会问题或其他问题。其涉及的范围很广泛，它可能是某学科的，也可能是多学科综合、交叉的；可能偏重于实践方面，也可能偏重于理论研究方面。

在同一主题下，由于个人兴趣、经验和研究活动的需要不同，研究视角的确定、研究目标的定位、切入口的选择、研究者的设计、研究方法、手段的运用，以及结果的表达等可以各不相同，具有很大的灵活性，这就为学习者、指导者发挥个性特长和才能提供了广阔的空间，从而形成一个开放的学习过程。

2. 自主性

探究式教学强调学员自主活动，由学员自己设计并控制学习的整个过程，这充分体现了对他们的思想观点的尊重和鼓励。其学习实质上就是独立学习，独立性是探究式教学的灵魂。这是从教与学的关系来阐述独立性的，它要求学生摆脱对老师的依赖，独立开展探究式的活动，自行解决最近发展中的问题。在授课之前，学生独立阅读教材，独立完成作业，带着问题听教师的讲授，主动接受知识，解决在独立学习中的疑难问题。

这种独立学习与传统预习有本质区别。独立学习贵在独立性，是学生独立获取基本知识、习得基本技能的基本环节；传统预习具有从属性，从属于课堂教学，直接为课堂教学服务，不是学生赖以获得知识、技能的主要环节。

3. 探究性

在探究式教学过程中，学习的内容是在教师的指导下，由学生自主确定研究课题；学习的方式不是被动地记忆、理解教师传授的知识，而是敏锐地发现问题，主动地提出问题，积极地寻求解决问题的方法、探求结论。

因此，探究式教学的课题不宜由教师指定某个材料让学生理解、记忆，而应引导、归纳，呈现一些需要学习、探究的问题。这个问题可以由展示一个案例、介绍某些背景或创设一种情境引出，也可以直接提出；可以由教师提出，也可以引导学生自己发现和提出。

4. 实践性

探究式教学强调理论与社会、科学和生活实际的联系，特别关注环境问题、现代科技对当代生活的影响以及社会实践活动。同时研究式教学法的设计与实施应为学生参与生活实践活动提供条件和可能。

（四）研究式教学法的步骤

2001 年 4 月 11 日，教育部印发的《普通高中研究性学习指南》把研究性学习的实施分为进入问题情境阶段、实践体验阶段和总结表达交流阶段三个阶段。霍益萍教授基于实践经验设计出一个相对规范的程序：设置问题情境，引导学生提出问题——个人选择题目，同学自由组成课题组——小组选举组长，在老师指导下进行课题论证——明确课题研究方向，共同设计课题研究方案——开题报告，通过方案课题研究方案评审——小组独立开展研究，教师负责监控、指导——教师组织课题组之间交流，推动课题研究——撰写研究成果，进行个人和小组总结——班级展示，学生评议——答辩会，年级报告会——教师评定成绩并进行总结。①

国外在领导教育培训时，开展研究性教学主要有以下几个步骤。

1. 确定研究课题

在学员到校学习之前，学校可根据地方实际工作和经济社会发展的需要提出研究课题，经过研究和论证，并在广泛征求意见的基础之上，最后选择 3 ~ 5 个课题。研究课题作为连接理论与现实的桥梁，要有鲜明的现实性和针对性，必须能够体现出社会生活中的焦点、疑点和难点。

这些课题应该是当地最直接、最现实的热点和难度问题，课题最好是"小而集中"的问题，这样可确保课题在学员培训期内完成。另外，确立的课题要有利于对教学内容的消化和应用，深度和广度要符合学员的认识程度，要有启迪性和辩论性，能够激发学员的思考和联想。

2. 按课题分组

按课题分组是指按课题需要，将与课题研究相关的学员和教师归类分组。课题主持人一般由学员来担任，并兼任课题组组长，负责课题调研和撰写课题研究报告。在分组时，要考虑小组成员的多样性，如文理搭配、来自不同的部门和地方等，以便开展涉及多科性的研究及相互之间的交流经验。划分到小组中的教师作为指导老师协助课题主持人工作。指导教师在课题研究之前，须将自己研究的成果和掌握的前沿性理论、最新信息介绍给学员，并指导学员做课题。

3. 自主研究阶段

学生按教师传授的方法独立自主地去查找索引，阅读资料。同时，也可以

---

① 霍益萍：《浅谈"研究性学习"课程管理》，《教育发展研究》2001 年第 10 期，第 29 页。

根据需要，带着问题到现实生活中进行有针对性的调研。调查选点由课题组根据课题研究需要，本着节约经费和提高效能的原则，提出调研方案，经校方和组织部门批准后再进行调研。

在调研、阅读大量资料及听讲座的基础上，产生新思路，拟定出课题研究提纲，并分工写作。

4. 讨论与讲评

首先，可以进行小组交流，学生在小组内将独立探索的知识和心得以讲课评课的形式进行交流，展开讨论。然后每个小组推选几位同学在班上集中讲课，然后师生一起评议，教师作阶段综述。

5. 总结

小组成员根据小组讨论和教师讲评的情况，进一步修改研究报告，最终提交给学校评价。学校可以从中挑选一些研究报告，上报给有关部门，为相关部门提供决策参考和信息服务。

关于教学中采取研究式教学法的程序的提法有很多，众说不一。下面以法国国立行政学院的研究式教学法为例，来分析一下它们是如何开展此项活动的。在高级文官的初任培训中，法国国立行政学院自建校始一直把研究式教学法作为主要的教学组织形式。其研究课题每年由学校领导拟定，"通常皆为当前政治中受关注并具有现实意义的问题"。这项工作的组织大体程序如下：（1）研究课题的选定，学校与政府各部门商讨，并由学院领导拟定总的课题；（2）每课题配备一名协调员，协调员拟出该课题的研究细目，并为具体研究题目聘请教师；（3）学生分组，学生实习回校后，教学部对其进行分组，一般10人左右一组，并考虑成员的多样化搭配；（4）各小组与其所选具体研究课题的教师见面，并拟出研究提纲。

研究小组就政府治理中的某个问题广泛收集资料，分析、对比、综合，进行集体的讨论研究，最后提出研究报告。报告是起草行政报告，力图对行政管理中的问题作出明确的答案，提出既创新又实际的解决问题的办法。报告一般要求50页左右，附页最多15页。评分委员会对报告审阅评分，作为小组集体得分。小组每个成员则就报告作30分钟的答辩，所得评分为个人得分。它是埃纳独具一格的教学形式。在该门课的培训过程中，要求学生阅读大量有关的资料，走访有关部门，拜访有关专家，并组织学生为期两周的实地调查。调查结束后，每个学习小组要写出一份书面报告，以汇报他们的观察与思考。

三、案例式教学法：领导教育中一种卓有成效的教学方法

案例教学法，也被称为实例教学法或个案教学法，是领导教育中最为常见的教学方法。该教学方法是指在教师指导下，根据教学目标和内容的需要，采用案例组织学员进行学习、研究，并从中锻炼能力的一种方法。案例教学具有理论联系实际的鲜明特点，有利于领导干部思维能力、知识应用能力和任务管理能力的培养，有利于干部团队合作精神和创新精神的培养。它对提高领导干部实际工作能力很有实效，是领导教育培训中一种卓有成效的教学方法。

（一）案例式教学法的含义

"案例"一词，英文为"case"，汉语可以译为"个案"、"个例"、"实例"、"事例"等。它在不同的领域有不同的称谓，如在法律上指的是"判例"，即"判决后的案件"①，在医学上称为病例，在军事上称为战例等。教学专家对不同领域的案例问题对也有不同的理解。例如，管理案例式教学法专家查尔斯·I. 格莱格（Charles. I. Gragg）认为："一个典型的案例就是一个企业决策人实际所面临的问题的记录，这些真实特殊的问题提供给学生认真分析，分开讨论和就该采取任何行动作最后决策。"而医学案例专家认为，案例是医疗工作者曾面对过的病例的真实记录；教师培训方面的案例式教学法专家认为，案例是教师在教学过程中所面临的教育问题的真实记录。

与什么是"案例"一样，人们对"案例教学"的内涵理解也是不完全相同的，到目前为止也没有一个十分权威的说法。在这里主要介绍哈佛商学院对案例教学法的界定，它将案例教学法界定为一种教师与学生直接参与，共同对工商管理案例或疑难问题进行讨论的教学方法。这些案例常以书面的形式展示出来，它来源于实际的工商管理情景。学生在进行阅读、研究、讨论的基础上，通过教师的引导进行全班讨论②。

（二）案例式教学法的理论基础

案例式教学法作为一种新兴的教学方法，已经被运用到高校教学的诸多的课程领域，受到了人们广泛的关注。为了更好地在领导教育中开展案例式教学法工作，我们必须把握其理论基础，这是正确理解和运用案例式教学法的前提条件。

1. 迁移理论

---

① 蓝寿主编：《金融法判例解析》，武汉：华中科技大学出版社 2005 年版，导言。
② 郑金洲：《案例教学指南》，上海：华东师范大学出版社 2000 年版，第 7 页。

案例式教学法不仅可以促使学生逐步形成解决问题的假设与顺序，而且以案例的形式创设了与日后情况相类似的情境，有效地促进迁移的发生，因此，迁移理论是案例式教学法的理论基础之一。

莱文（Levin）的迁移假设理论认为，当一个人在解决问题的过程中，会提出和检验一系列的假设，形成一套解决问题的思考顺序和假设范围。这种通过假设形成的思考顺序和假设范围会影响以后类似问题的解决，迁移到以后的问题解决活动中去。[①] 在案例式教学法中，教师布置的案例材料后一般都附有相关的问题，询问学生如果作为"当事人"该如何处理案例中所面临的问题。学生通过自学案例、分析案例和小组讨论来寻求解决问题的办法。这一过程就是运用原有的原理、方法等理论知识形成对案例中问题的解决办法的假设的过程，在一过程中，学生将理论知识与现实的实际问题相结合而生成自己的亲身经验，同时也在案例式教学法中逐步了解与掌握问题的一般步骤。这些经验使学生头脑中孤立的、分离的知识转化为一套解决类似问题的思考策略与顺序。案例式教学法具备了迁移假设理论的条件，从而有效地促进解决问题办法的迁移。

另外，迁移理论认为，学习的情境与日后运用所学内容的实际情境相类似，有助于学习的迁移。在案例式教学法过程中所使用的案例来自于现实，与学生日常生活及将来的工作中要面临的情境具有相当强的相似性。因此，学生对案例的分析就是对现实生活中可能遇到情境的分析，这种相似性能使学生在案例式教学法中获得的知识与经验有效地发生迁移。

2. 信息加工理论

认知心理学把人的认识过程假设为信息加工过程，信息加工的结果就是获得按一定方式贮存的信息，按我们的习惯说法就是获得了知识。[②] 信息加工理论个体的知识分为陈述性知识和程序性知识。阐述性知识主要用来回答世界是什么的问题。如"中国的首都是北京"、"三角形有三条边和三只角"等。而程序性知识只能借助某种作业的形式间接推测其存在的知识，主要解决怎么办的问题。如学生利用三角形的概念去识别几何图形中的三角形。

我们传统的教学方式注重理论知识即陈述性知识的教学与记忆，而缺少程序性知识的应用。久而久之，学生缺乏对问题和解决问题的兴趣。而案例式教

---

① 韩进之：《教育心理学纲要》，北京：人民教育出版社1989年版，第230页。
② 皮连生主编：《学与教的心理学》，上海：华东师范大学出版社1997年版，第101页。

学法可以有效革除这一弊端。

3. 建构主义理论

建构主义认为，学习是一个动态的过程，学习是通过与外部环境相互作用，实现同化和顺应，来逐步构建有关外部世界知识的内部图式，从而使自身的认知结构得以转换和发展。其中，同化实现了认知结构的量的补充，是把环境因素纳入到认知结构；顺应则是认知结构质的变化，是对认知结构的调整，使之利于接受新的环境信息。在建构过程中，新的认知冲突出现后，同化和顺应实现对认知冲突的解决，实现新的平衡，从而促进了认知的发展。而社会构建学习观时，则十分强调社会、文化、语言等因素对学生构建知识过程的影响。从这个意义上说，案例教学正是以构建主义学习理论作为基础产生和发展起来的。

除了上述迁移、信息加工及构建主义等理论是案例教学的理论基础外，认知心理学以及人本主义等理论也是案例教学重要的理论基础，由于篇幅所限，在这里不再展开详细论述。

（三）案例式教学法的历史考察①

一提到案例教学，人们自然会想到美国哈佛大学的商学院。其实，案例教学最早是由哈佛法学院于 1870 年率先使用的，接着哈佛医学院也开始引进并使用案例教学。在哈佛法学院和医学院两大学院案例教学成功实践的鼓舞之下，哈佛商学院才于 1921 年正式采用案例法教学，经过其完善推广，最终在全球范围内产生了广泛的影响。

1. 历史渊源

有学者认为，作为四大文明古国的中国是"世界上最早进行案例传播的国家之一"②。早在春秋战国时期，诸子百家就大量采用民间的故事来阐发事物的内在规律。如我们熟知的"龟兔赛跑"、"守株待兔"等一些小故事。另外，我国大量的史料中，如《春秋》、《战国策》和《资治通鉴》等，都以一事一议、以事论理的形式，记载了历代上较有影响的事件和人物，使读者得到借鉴和启发。

在西方，人们认为案例式教学法的发展可以追溯到两千多年的古希腊时

① 本部分的研究成果详见杨光富、张宏菊：《案例教学：从哈佛走向世界——案例教学发展历史研究》，《外国中小学教育》2008 年第 6 期，第 1~5 页。

② 孙军业：《案例教学》，天津：天津教育出版社 2004 年版，第 6 页。

代。2000 多年前，古希腊哲学家、教育家苏格拉底（Socrates，前 469 ~ 前 399）创造的"问答法"教学就是案例式教学法的雏形，从而开案例式教学法之先河。

2. 案例教学在哈佛大学的确立与推广

（1）哈佛法学院：率先进行案例式教学法的尝试。

19 世纪后期，"苏格拉底方法"（Socratic method）被时任哈佛法学院院长的克里斯托弗·哥伦姆布斯·朗德尔（Christopher Columbus Langdell）引入哈佛大学的法学教育之中，创立了判例教学法（case method），他被誉为案例式教学法的"先驱者"①。

朗德尔之所以在法学院率先开展教学案例式教学法，是因为当时的法律是按照"德怀特法"（Dwight method）来进行教学的。该法是以美国哥伦比亚大学教授德怀特命名的，它是一种"讲授、背诵材料和练习相混合的方法"②。这样的教学方法无法调动学生的积极性，培养出来的学生也无法胜任处理复杂的案件。

朗德尔使用的案例式教学法以法院判例为教学内容，学生在课堂上充分地参与讨论，考试以假设的判例作为考试题目。由于判例教学法迎合了英美法系国家以判例为法的主要渊源的法律特点，因此，判例教学法很快得到美国其他法学院的效仿，并逐渐影响到英、法等其他英美法系国家。1895 年朗德尔离开院长职位时，案例式教学法已经在哈佛及其他六所大学牢固地建立，到1920 年，案例式教学法成为占主导地位的法律教育方法，并延续至今。

（2）哈佛医学院：成功地引进案例式教学法。

当朗德尔在哈佛大学法学院大力推行案例式教学法的同时，哈佛医学院也引入了案例法教学模式。哈佛医学的案例式教学法的引入，除了受哈佛法学院案例式教学法成功实践的影响外，还和其著名的《弗莱克斯纳报告》有关。

1910 年，弗莱克斯纳（Abraham Flexner，1866 ~ 1959）受美国卡内基教学促进基金会的委托，对当时美国和加拿大的医学培训状况进行调查，并发表了《美国和加拿大的医学教育》（Medical Education in the United States and Canada）的调查报告（亦称《弗莱克斯纳报告》），在报告中，他向美国医学

---

① David A. Garvin, Making the Case: Professional education for the world of practice, Harvard Magazine, September-October 2003, p58.

② Taylor, Thomas Fenton, The "Dwight Method", Harvard Law Review, Nov1893, Vol. 7 Issue 4, p203.

院协会（Association of American Medical Colleges）提出有关医学教学方案的建议："在四年制的医学教育，前两年以学习生物化学、解剖学、药理学等基础医学及理论课程为主。大部分教学应在教室里，以老师授课的方式进行。而后两年以临床医学教育（clinical training）为主，必须在医院面对病人进行，学生要学会如何写病历、如何进行身体检查以及如何诊断等。"①

弗莱克斯纳提出的大部分建议后来都被采纳，在案例式教学法方面的影响就是医学院开始使用他所建议的临床医学模式的案例式教学法，即采用临床实践和临床病理学会议两种案例式教学法的形式。

为了让学生进行临床实践，医学院为此创建了附属医院，并在附属医院中引入"临床职位"，让医学院的学生进行实习。这种临床实践成为学生进行科学观察和探究的场合，成为医学院学生研究病例的场合。

临床病理学会议就是由病理学专家、临床医生、教学人员和医学院学生共同参与研究病人的医疗记录。从一个个病历的分析中，学生获得相关的经验，为他们今后走上工作岗位积累经验。大量的、丰富的病历使得案例式教学法超越了"临床职位"的局限性。到了 20 世纪 30 年代，美国大多数医学院都采用了这种案例式教学法。

（3）哈佛商学院：案例式教学法的最终确定与推广。

哈佛法学院和医学院案例式教学法的成功实践激励了哈佛商学院，并于 1921 年正式推行案例式教学法。另外，学院还成立了商业研究处（the Bureau of Business Research），专门进行案例的开发和研究工作。经过推广，案例式教学法现已在全世界范围内产生了广泛而深远的影响。

哈佛商学院案例式教学法的成功，首先归功于首任院长盖伊对案例式教学法的倡导。1908 年，哈佛大学创设工商管理学院，由经济学家盖伊（Edwin F. Gay）担任首任院长。他认为企业管理教学应尽可能仿效哈佛法学院的教学法。在他的倡导下，学院邀请了 15 位商人参加哈佛商学院"企业政策"的授课，每一位商人在上第一次课时，必须报告他们自己所遇到的问题，并解答学生所提出的询问。第二次上课时，每一个学生必须携带分析这些问题及解决这些问题的书面报告。在第三次上课时，由商人和学生共同讨论这些书面报告。这些报告便是哈佛商学院最早的真实的案例。由于当时在商业领域严重缺乏可

---

① David A. Garvin, Making the Case: Professional education for the world of practice, Harvard Magazine, September-October, 2003, p63.

用的典型的案例，所以最初案例式教学法在商业领域进展缓慢，这种情况一直持续到 20 世纪 20 年代。

1919 年多汉姆（Mallace B. Donham）出任哈佛大学商学院第二任院长。多汉姆毕业于哈佛法学院，精通法律，并在哈佛商学院任教公司金融学（corporate finance）。这样的背景，让他看到了法律和商业管理教学之间的关联性。因此，多汉姆敏锐地认识到，丰富的教学案例也是企业管理教学成功的关键。1922 年，他在一篇文章中指出："教师对大量的具有典型意义的法律案例进行分类，并加以出版，使得法学院的案例式教学法得以可能，这种案例式教学法同样适用于商业领域的教学。"①

为此，他向企业界募集了 5000 美元，邀请著名的营销专家奥兰德（Malvin T. C. Opeland）教授专门从事案例开发工作。奥兰德首先把他的教材改编为商业方面的案例，并于 1920 年 9 月出版，这也是第一本商业方面的案例。1921 年，哈佛商学院开始正式推行案例式教学法。同年，经商学院院教授的投票，把商业院用的教学方法从"问题法"（problem method）正式定名为"案例法"（case method）②。

更重要的是，多汉姆还专门拨付资金建立了商业研究处（the Bureau of Business Research），雇佣一批学者进入商业实践领域收集和写作工商管理案例。在奥兰德的领导下，该处 1920 年至 1925 年开发出大量的商业案例。1925 年，商业研究处撤销，教学人员开始承担起案例的开发工作。此后多年来，哈佛一直将案例开发当作案例式教学法的基本前提，为之投入了大量的人力物力。这项工作既保证了哈佛商业教育拥有充足的案例来源，同时又保证了哈佛商学院作为商业教育中案例式教学法的主要倡导者地位。

到 1922 年之前，哈佛商学院案例方面的书籍被 85 所学院采用。到了 20 世纪 40 年代中期，哈佛结束独善其身的做法，开始向外大力推广案例式教学法。在洛克非勒基金会的赞助下，从 1946 年起连续 9 年，先后请来 287 位外校的高级学者参加他们的"人际关系"课的案例讨论，开始争鸣辩论③。1954 年，编写出版了《哈佛商学院的案例教学法》一书，并出版了《哈佛案例目

---

① Wallace B. Donham, "Business Teaching by the Case System," in Cecil B. Fraser, ed., The Case Method of Instruction（New York：McGraw – Hill, 1931）, p15 ~ 16.

② David A. Garvin, Making the Case：Professional education for the world of practice, Harvard Magazine, September – October 2003, p60.

③ 孙军业：《案例教学》，天津：天津教育出版社 2004 年版，第 10 页。

录总览》，建立了"校际案例交流中心"，对澄清有关概念、统一术语，就案例教学的功能与意义达成共识起到了良好的推动作用。

1955 年至 1965 年，在福特基金会（the Ford Foundation）的资助下，哈佛商学院为其他一流的商学院的 200 名教授和院长开展客座教授案例法项目（the Visiting Professors Case Method Program），该项目总共有 10 期，每年暑假开设一期（每期有 20 名教授和院长）。他们在哈佛商学院进行案例教学的研究、编写和教学工作，以提高他们案例法各方面的能力。① 今天的哈佛商学院尽管也适当地使用课堂讲授、模拟、实地调查以及其他教学形式，但超过80％的课程是建立在"案例法"的基础之上的。② 哈佛商学院案例教学的成功做法，现在已为世界各国大学的法学、医学、工商管理教育所效仿，可以说，案例教学达到今天的影响，哈佛大学功不可没。正是经过其完善推广，案例教学才"真正从哈佛大学走向了世界，并在全世界范围内产生了广泛的影响"③。

（四）案例式教学法的特点

下面以具有代表性的哈佛大学的案例式教学法为例，来探讨案例式教学法的具体特点。

1. 案例内容强调商业中的真实情境

哈佛商学院的案例都是对工商业将遇到的真实问题的描写。其内容涵盖总经理会遇到的每一个问题，"从财务和生产的问题到营销和人力资源道的问题，从广泛的战略问题到深层次的个人问题，以及大大小小的公司和制度问题、地点问题等。"④所涉及到的案例有钢铁、汽车、航空、石油、电信、电器、计算机、烟草、食品、饮料、日用品等等，涵盖企业管理的方方面面。

2. 充分调动学生的主动性和积极性

哈佛商学院的案例教学法是一个不断向学生"加压"的学习机制。上课与否以及课堂上的表现，占学习成绩的50％。另外，在商学院，一堂课几乎总是以教授冷不丁地提问一个学生从而开启案例讨论并激发全体学生积极地思考而开始的。在一年的课程中，每个 MBA 的学生都有机会至少被提问一次，

---

① David A. Garvin, Making the Case：Professional education for the world of practice ［J］，Harvard Magazine，2003，p9～10.

② The Case Method ［EB/OL］，http：//www. hbs. edu/case/index. html，2006-12-10.

③ 杨光富、张宏菊：《案例教学：从哈佛走向世界——案例教学发展历史研究》，《外国中小学教育》2008 年第 6 期，第 4 页。

④ What is an HBS Case? http：//www. hbs. edu/case/hbs－case. html，2006-12-10.

并且你永远不会知道何时被提问——这对课程准备是一个有力的刺激。另外，如果你被教授提名，却没有进行充分的预习，就会得"Pass"，三次以上的"Pass"，不但拿不到学分，还会受到校方"行为不良"的警告，严重的会被勒令退学。所以学生们非常重视上课前的预习和课堂上的发言。学生们有时为了能争得发言的机会，往往是你喊我叫，互不相让。教室里经常乱作一团。

3. 分班分组教学，相互促进

商学院在新生入学后，每个新入学的 MBA 学生都会被分配到一个特定的班级中，他们在这个班级中共同完成头一年的学业。在那里，大约 90 名学生每天要花 4 小时的时间去完成功课。由于学生们经常就广泛的真实案例共同工作，他们不仅学到了商业和管理的教训，而且还常常发展出持续一生的良好关系。学院每年一般从 A 至 I 共设九个班级。

除了设班级外，学生之间还自发成立一个研究小组，这已形成了哈佛商学院的一个传统。小组成员会一起学习一年，他们每天或一周安排几次见面，研究小组可以根据性情而组合，也可以出于考虑到讨论案例时最好有更多的维度，从而将具有不同背景和专长的人组成小组。研究小组好似班级的微缩版本，在那里，学生们澄清概念、检验想法、提出问题，学到解决问题的新方法。

4. 独特的案例分析结果

哈佛商学院所用的案例与一般学院所用的案例有很大的不同。一般学院往往预先准备好了案例的分析结果，作为正确答案。但哈佛商学院认为，一个案例的正确答案决不是唯一的，重要的是得出结论的思考过程。在一堂课结束时，很少出现案例主角的困境已有了明确的答案这种情形，最后总会留下很多悬而未决的问题。不过通过讨论，学生们对案例中复杂的因素有了更深的认识，对如何运用恰当的技术去分析和评价问题有了清晰的想法，对如何处理现实中混乱的不确定性有了新的洞见。

5. 不强调学生的死记硬背

哈佛商学院的 MBA 学生每周都接触到 14 个左右的案例，这些案例迫使学生直接面对管理者每天会遇到的各种决策和困境。但案例法的精髓不在于让学生强记内容，而是迫使他们开始开动脑筋苦苦地进行思考，然后带着思考所得的行动方案去上课。其实，现实世界中很多的问题很难找到确切的答案。案例法训练的是决策的艺术，旨在锻炼学生在有限的条件下作出决策的能力。

（五）案例式教学法的过程和要求

案例式教学法过程生动活泼、形式多样，很难说有一个固定的模式。归纳起来，一般的案例式教学法过程可分为下面 4 个步骤：

1. 案例式教学法内容的布置

分发给学生的案例材料一般情况下内容都很多，如哈佛一篇案例资料少则一二十页，多则三四十页。除了案例事件的本身内容之外，还有与案例相关的背景知识、理论说明等参考资料。为此，教师除了布置案例让学生进行准备之外，还要对该案例及其相关的材料进行熟悉和准备，达到对案例的充分的熟悉，以及对学生解决案例中问题的可能方案有一定的心理准备。

学生得到案例资料后，教师应该要求学生阅读案例，对案例中的各项内容了解清楚，借助各种手段和工具充分理解案例及问题。完成了解案例内容之后，学生可以开始对案例问题的个人分析，写下自己的观点或问题解决办法。学生这一准备过程也很长，如哈佛商学院的学生仅阅读分析完一个案例，至少要两三个小时。许多时候，学生还要去调查或找相关的资料做准备。因此，这一阅读准备工作不止几个小时。

2. 小组案例的讨论

在这一环节中，教师需将学生分成若干小组，一般由四五个兴趣相投的同学组成一个学习小组。这要求教师根据学生的气质性格、能力、知识经验等进行合理分组，也可以将具有不同背景和专长的人组成小组。小组成员定时开会，一起切磋琢磨，共同研究分析第二天上课要讨论的案例。这种小组讨论可以做到互相启发、加深理解。打算发言的同学还可以在小组里先演示一遍，请同学参谋一下，这样可以增强自己的信心。对于难度较小或学生具备较强的案例学习能力时，这一环节可以省略。

3. 课堂案例的讨论与总结

在该阶段，每个小组派出代表陈述其小组的共同观点，其他的成员可以将自己的不同意见予以发表，同时不同小组成员之间可以质疑问难，在问答中不断吸收各种观点的可取之处，形成各种有效的解决案例问题的的方法。在此过程中，学生还可以就案例材料对教师提出问题，教师进行剖析。

课堂上教师的作用是引导、组织讨论的正常进行，而不是把教师的观点强加于人。在教师引导下，以学生发言为主，分析案例中错综复杂的事件，分析发生问题的根本原因，权衡互相制约的各种因素，比较不同解决方案的利弊，最后以该企业的目标为指针，制定行动计划方案。

显然，行动方案计划不止一个，案例式教学法没有所谓的惟一标准答案。教师鼓励多种方案和多种观点之间的争论，希望在这种思辨中产生创造性的观点或方案。

（六）国外著名的三大案例库

从20世纪20年代起，案例教学在欧洲和北美的管理学科教学中开始运用，至今已走过了近百年的历程，积累了丰富的经验，并形成了世界著名的三大案例研究中心，即哈佛大学商学院案例库、加拿大西安大略大学毅伟（Ivey）商学院案例库以及欧洲案例交流中心案例库（European Case Clearing House，简称 ECCH）。这三个案例库，尤其是哈佛案例库，在英文工商管理教育领域已经形成一统天下的地位，健全的法律制度也使其有稳定的收入得以持续建设案例库。

1. 哈佛商学院案例库

哈佛商学院案例库中的案例涉及到各行各业，有钢铁、汽车、航空、海运、石油、电信、电器、计算机、烟草、食品、饮料、日用品等，内容几乎涵盖了工商管理实际情况中所能遇到的所有问题，包括战略管理、预测和决策管理、新产品开发、市场营销、生产运营管理、财会管理、人力资源管理等等，而且许多案例都是精品。到2002年底，哈佛案例库中有9000个案例，每年更新500～600个。并且哈佛商学院有一支80多人的专业案例写作队伍，一般由刚毕业的硕士、博士、MBA组成，在教授的指导下，以"Researcher Associate"的头衔从事一般两年左右的案例写作工作。

2. 加拿大西安大略大学毅伟商学院案例库

从1923年起，加拿大西安大略大学 Richard Ivey 商学院就开始使用案例教学来使学生以经理的身份对各种情况作出决策，整个过程包括分析情况、讨论备选方案、选择实施计划并交流各自所得。

3. 欧洲案例交流中心案例库

欧洲案例交流中心成立于1973年，由22个高等教育机构联合发起，目的是为商业教学机构的教师们提供一个案例资料的交换机构。欧洲案例交流中心不同于商学院案例库，它是一个高效的案例国际交流与交换系统，案例通过这个系统可以迅速得到传播和应用，扩大了案例的使用和影响范围。欧洲案例交流中心于1974年正式取得公益事业机构的身份，于1991年采用了现行名称，以反映中心运营范围的扩大。ECCH 是从事管理教育与培训组织的专业性联合机构，是无股份资本的非营利性会员制公益团体。目前，其会员范围覆盖了全世界 400 多个教育机构和公司。一个义务性的执行委员会为 ECCH 建立了一套机构政策并监督其运作。

四、情景模拟教学法：模拟具体工作情境，甄别受训者能力与潜力的一种教学方法

领导教育中的教学是一种双向的活动过程，培训者与培训对象同是培训过程中的系统主体，培训对象主动参与教学是培训获得成功的重要条件。因此，培训者要善于给培训对象以激发，创设一个良好、宽松的培训情境，使其处于主体的位置，主动地思考问题和探索规律，达到提高培训对象实际能力的目的。情景模拟教学法就是这样的一种教学方法，它通过模拟具体工作情境，甄别受训者能力与潜力的一种教学方法。

（一）情景模拟教法的由来与界定

在我国和西方教育史上，就有大量注重利用情境模拟来进行教育的事例。比如，在《烈女传·母仪》中，孟母为了教育孟子，设置了"断机"① 这样一个强烈的刺激情境，达到了说教教育不能达到的效果。据考查这是我国历史上最早关于情境教育的著名实例②。20 世纪 60 年代末 70 年代初，保加利亚心理学家洛扎诺夫（Georgi Lozanov）创设了暗示教学法（Suggestive Teaching）。洛扎诺夫给暗示教学法下的定义是："创造高度的动机，建立激发个人潜力的心理倾向，从学生是一个完整的个体这个角度出发，在学习交流过程中，力图把各种无意识暗示因素组织起来。"③其实，暗示教学法也是情境模拟教学法的一种形式。

现代的情境模拟由美国心理学家茨霍恩等人提出④。最初出现在一战、二战期间，它用于选拔军官，目的是测试派到敌后侦查的人员的心理素质，它在德国、英国、美国、澳大利亚和加拿大等国的高级军官选拔中得到普遍应用。英国文职人员评选委员会最先把这一方法应用于非军事目的，使情景模拟适于反映公务员的行政管理才能。后来这一方法被广泛地运用在 MBA、MPA 以及

---

① 孟母非常重视对子女的教育，为了教育儿子曾经三次搬家。孟子年龄大一点时，有一次对学习有点厌倦了，便擅自跑回家，孟母正在织布，一见儿子这么不争气，她非常气愤，用刀砍断织布机说："你荒废学业，就像我砍断这织布机。"孟子感到害怕，每天勤学苦读，后来成为仅次于孔子的亚圣。

② 刘家林主编：《公务员培训新方法》，北京：中国人事出版社 2005 年版，第 63 页。

③ 吴杰主编：《外国现代主要教育流派》，长春：吉林教育出版社 1989 年版，第 303 页。

④ 张德编著：《人类资源开发与管理》，北京：清华大学出版社，1996 年版，第 189 页。

领导人才教育培训中。以下是来自英国军事人才评选最有名的情景模拟测试。

在小溪练习中，一组被试面临着把一根圆木和一些石头运过一条小河的任务。他们可以使用的工具有：木板、绳子、一个滑轮和一个圆桶。只有通过合作，他们才能完成任务。这个练习的主要目的是测试被试的组织领导才能和人际关系技巧。

在建筑练习中，只有一个被试参加，但是主考官带来两个助手甲和乙与被试一起工作。任务是模仿一个模型，用一块块木料搭成一个巨大的木质结构。有两个助手甲和乙可以提供帮助。实际上，甲和乙是扮演预定角色的评价员。甲既被动又懒惰，如果不对他下明确指令，他什么也都不干；乙非常积极，过于主动，急于采用不现实的、甚至错误的方法来干活。甲、乙两人都干扰任务的进行，并用各种方式批判被试。练习的目的在于研究被试的领导才能和情绪的稳定性。

从上文中我们可以看出，情景模拟法就是让受训者模拟具体的工作情境，受训者在模拟的、仿真的工作环境中对可能出现的各种问题进行处理，从而鉴别、预测受训者处理实际问题的能力、应变能力、规划能力、决策能力、组织能力、协调能力等各方面的能力与潜力。

（二）情景模拟教学法的特点

情景模拟教学方法作为一种新兴的一种培训方法，与其他培训方法相比，在领导教育中有以下显著特点。

1. 互动性

这不仅指教师和学生之间的互动，还包括学生与学生之间的沟通，由于模拟过程一般都是分组进行，因此为学生提供了一个相互了解、相互交流的平台。学生在与同伴沟通的过程中，扩大了自己的视野，了解同伴思考问题的不同角度，一步步增强语言表达能力、人际沟通能力、分析问题的能力，并锻炼了团队合作能力。

2. 实践性

能力的培养光靠理论知识的灌输是不够的，必须亲自实践。情境模拟教学方法通过设置一定的情境仿真出复杂的问题，随着情境的推进，学员在其中面临的问题将越来越大面积地触及知识盲区，使学员自主产生一种寻找理论帮助的需要，这种需要对学员在实践中运用正确的理论方法研究、分析、处理问题起到了很好的引导作用。反过来，它又能促使学员再运用获得的知识来解决问题，真正实现"从实践到理论，再由理论回归实践"的培训要求，从而给学员更多的启迪和锻炼。

3. 统一性

在情景模拟教学过程中,学生既是主体又是客体,存在主客体合而为一的特点。在某些情景下,通过角色的变换,他们可以体验不同的感受,但是在实验前要进行周密的设计,强调规则和严肃性,并在事前、事中、事后采取一些必要的控制手段,加强对学生的组织和管理,以取得理想的效果。

4. 趣味性

情景模拟教学不同于一般的教学方法,它把现实中的一个个场景"搬"到课堂上,让每一个学生都扮演一定的角色,真正做到理论与实际相结合,调动了学生的主动性与创造性,使学生的聪明才智得以表现。

(三)情景模拟教学法的优点

一是由于教学环境与过程比较接近事件或事物发生与发展的真实情景,有利于提高学员的形象思维能力;二是能够让学员在角色演练中体会到某些角色(岗位)的地位、作用、处境、工作要领;三是有利于让学员通过模拟事件发生、发展的每个环节,发现自己的创新潜能,找出自己能力上的不足。

(四)情景模拟教学法的适用范围

由于情境模拟耗时间精力较多、场地设施要求高和要求协调操作、不便于学员单独训练等诸多不足,因此,在领导教育中,情境模拟教学较适用以下几种培训内容或模式:

1. 适合实践性强、操作性强的内容

情景模拟教学法是通过模拟具体工作情境,甄别受训者能力与潜力的一种教学方法,由于教学方法注重实践操作,因此在培训内容上,该教学法适合实践性强、操作性强的内容,而不适合理论性强的内容。

2. 适合高层次领导人才教育

由于情境模拟教学法一般费用较高,根据培训成本的核算,在高层次的领导人才培训中运用此法比较合理。因此,该教学方法较适合高层次的管理人员或特殊的专门人员的能力培训。

3. 适合较少人数的培训

在培训人数上,该教学方法适合较少人数的培训班次,而不适合大面积的人员培训,因为这样可以导致模拟的信度和效度的明显下降。

4. 适合培训时间较长的班次

由于情景模拟教学法的运作要花费大量的时间,因此,该教学法在培训时间上，适合培训时间较长的班次，而不适合短期班次的教学。

（五）情景模拟教学法的过程

模拟式教学过程包括的环节有：设计模拟教学方案，准备模拟场地与器材，公布模拟课题与背景资料，分配模拟角色与演练任务，模拟演练准备，模拟演练实施，模拟效果（结论）验证，授课教师讲评，组织撰写模拟演练报告等。

1. 模拟设计

这是进行法学模拟式教学的初始阶段。在这一阶段，要求教师为学生创设一定的情境，激发学生的探索兴趣。首先，挑选较为典型的或与社会关注的热点问题相关的案例提供给学生，使学生在整体上对案件有一定的了解；其次，提出案例所涉及到的法律、政治、经济等问题，引导学生设身处地地进入到案件之中；再次，提示给学生与案件相关的问题以及应注意的一些问题，使学生将实体与程序进行综合考虑。

2. 角色分工

对学生进行合理分工，这是进行法学模拟式教学不可或缺的重要阶段。在法学情景模拟教学中，要求学生根据案件的不同而确定不同的角色，其中，既包括审判人员，又包括案件的当事人，还包括其他诉讼参与人。所以，要根据学生的实际能力来确定各种角色的人选。在这一过程中，教师要为学生提供一般性的指导，但不应当用自己的思维模式禁锢学生的思维，应引导学生自行思考。

3. 实际操作

这是情景模拟教学法的关键阶段。在这一阶段中，学生要按照角色的分工进行实际表演，因此，在表演的整个过程中，活动的主体始终是学生，学生们按照自己的角色进行实际操作。

4. 总结评价

在完成情景模拟教学后，要对整个模拟过程进行分析和评价，这既是情景模拟教学的最后环节，也是进行情景模拟教学的目的所在。

在分析评价阶段，主体仍然是学生。通过学生对情景模拟操作的点评，使学生进一步明确哪些地方值得肯定，哪些地方存在不足。在学生点评的基础上，教师进行系统评价，使学生对案件所涉及的问题有更加深入的了解和掌握，从而实现理论与实际的融合。如在中国浦东干部学院培训中，教师对领导干部日常可能碰到的各种情况，进行应对模拟训练。比如，市里召开新闻发布会，面对摄像头，市领导应该作出什么表情，怎样回答记者的各种提问。模拟新闻发布会召开后，老师会将录下的节目一一回放，由电视专家和学员一起当场评点，和学员一起分析，帮助学员克服不足，提高学员相关方面的能力。之后，"市领导"再次上镜，重新召开发布会。

五、体验式教学法：置身特定情境实战演练，锻炼和提高各项能力的教学方法

体验式教学法通过各种精心设计的活动，在解决问题、应对挑战的过程中，达到"激发潜能、熔炼团队"的目的。它不同于以往传统的教师在课题上传授知识的教学法，将学员置身于特定的情境之中，通过实战演练去感悟，不断挖掘自己的潜力，锻炼和提高各项能力。

（一）体验式教学法的起源与发展

20 世纪初的德国，在已经没有多少人怀疑捧读教科书和课堂授课的教学模式时，曾在牛津从教的德国人库尔特·哈恩（Kurt Hahn）忽然向自己发问：有没有更好的方式让教育更丰富？他想到，18 世纪大学教育刚开始时是没有教科书的，学生学医从解剖开始，学农从种植开始，学哲学从辩论开始，一切知识都源于实践。因此，库尔特·哈恩觉得，学习如同学游泳、学骑脚踏车，因为经验来自亲身体验，就会深刻得终身不忘。于是，他希望建立一所学校，以"从做中学"的方式来实践他的教育思想。1920 年，他在德国成立了一所这样的学校，然而，因为教育思想和纳粹主义相冲突，犹太裔出身的他不得不放弃刚刚开始的事业，流亡到英国苏格兰。1934 年，他和其他人在苏格兰创办了 Gordonstoun School，以期实践自己的教育思想。

在二战时，大西洋上有很多船只由于受到攻击而沉没，大批船员落水，由于海水冰冷，又远离大陆，绝大多数的船员不幸牺牲了，但仍有极少数的人在经历了长时间的磨难后终于得以生还。后来经过了解，发现这些生还下来的人不是最年轻的、也不是体格最强壮的。经过调查研究，专家们发现，这些人之所以能活下来，关键在于这些人有良好的心理素质，他们意志力特别坚强，家庭生活幸福，有强烈的责任感，有丰富的生存经验，有很多不一样的品质，包括团队的协调和配合，当然还有一点点运气。

库尔特·哈恩从这一故事中得到了灵感，加之他两次的办学经验。于是，他于 1941 年和一位英国海运大亨劳伦斯·霍尔特（Lawrence Holt）成立了一所海上训练学校，以年轻海员为训练对象，设计了一项持续 26 天的课程，定

期把海员送到这样的学校里参加一些高空跳跃等项目，以训练年轻的海员在海上的生存能力和船触礁后的生存技巧，明显提高了海员的心理素质和生存率。当时这所学校对二战的兵员保障起到了非常积极的作用。这是拓展训练最早的一个雏形。

二战结束后，一些组织行为专家从这所学校的培训模式中得到启发，于是体验式培训的理念被进一步发扬光大。近些年来，拓展训练的独特创意和训练方式逐渐被推广开来，训练对象由海员扩大到军人、学生、工商业人员等群体。训练目标也由单纯体能、生存训练扩展到心理训练、人格训练、团队合作精神培养等方面，而训练的方法和流程也进一步多样化和精细化，形成了现代意义上的体验式培训。

（二）体验式教学的内涵

"体验"是体验式教学的核心概念。那么什么是"体验"呢？我国古代早就有有关体验的解释。《淮南子·氾论训》中说："圣人以身体之。"《荀子·修身》中说："好法而行，士也；笃志而体，君子也。"这里的"体"就是指实行和体验。① 现代汉语词典对"体验"的解释是"通过实践来认识周围的事物；亲身经历"。据《辞源》解释，"体验"既有"领悟"、"体会"、"设身处地"的心理感受的含义，又有"实行"、"实践"、"以身体之"等外部实践的含义。

所谓体验式教学，是指教师利用各种手段和方法，精心创设一种适宜的情境和情感氛围，通过置身于特定情境的实战演练，让学生主体亲自参实践活动，在活动中以自主独特的方式认识思考、体验、感悟周围世界，最终构建属于自己的知识意义，以实现教学目标和学生的自我教育的活动，从而达到强化认识、锻炼和提高能力的效果。这种方法调动了受训者作为学习主体的积极性，提倡学员在做中学，在实践中领悟。

（三）体验式教学类型

体验式教学的类型多种多样，根据发生地点、目的和涉及人数的不同体验式可分为多种类型（详见下图）。由于篇幅有限，该部分只对中外领导教育中常用的"现场教学"、"拓展训练"、"沙盘模拟"、"行动学习法"（Action－learning）、"教练"（Coaching）等比较流行的教学方法加以探讨。

---

① 《辞海》，上海：上海辞书出版社1999年版，第624页。

体验式培训类型 ┤

发生地点 ┤
- 户外体验式教学：水上、野外、现场
- 室内体验式教学：角色扮演、情景模拟、行动学习、教练、室内游戏等

目　的 ┤
- 认知训练：知识、技能
- 态度行为训练：态度、行为
- 展能训练：管理能力、领导能力、沟通能力、团队协作能力、应变能力、创新能力
- 心理训练：心理素质

涉及人数 ┤
- 个人项目
- 团体项目

体验式教学分类①

1. 现场教学②

该教学法亦称为"现场体验式教学"（empirirical - experiential teaching），是指教育者遵循领导干部的学习规律，按照教学目的的要求，以现场教学点为载体，将学习者引入特定的真实的情境中，通过实地调查、多边互动和交流研讨进行动态案例研究。

该教学法根据领导干部具有相当理论基础以及实践经验的实际情况，从现实中来，到现实中去，强调问题的分析和解决，注重学习者的独立活动，着眼于学习者思维能力的培养。目前，中国的干部院校在培养领导干部时非常重视现场教学，如中国浦东干部学院成立之初就确定了以现场教学为主的新教学模式，学院目前已在苏州工业园区、上海联合产权交易所等建立了40多个现场教学点，还准备加强国际合作，在海外建立教育实习基地。学院已形成课堂教学、互动研讨式教学、现场体验式教学各占1/3的教学格局。

2. 拓展训练

拓展训练由德国人库尔特·哈恩（Kurt Hahn）20世纪40年代最先创立。"拓展训练"一词源于西方英文Outward Bound，它是一个航海术语，从字面解释为"出海的船"。哈恩把这项Outward Bound训练比喻为"一艘孤独的小船，

---

① 陈雪：《企业员工体验式培训研究》，山东大学2006年硕士学位论文，第21页。

② 夏健明、陈元志：《领导干部培训的现场体验式教学研究》，《中国浦东干部学院学报》2007年第1期，第100页。

离开平静的港湾，去迎接暴风骤雨的考验"①。其实，拓展训练就是一种"户外体验式学习"，就是通过个人在活动中的充分参与，获得直接认知，然后在培训师指导下，在团队成员的交流中，提升认识的培训方式。

拓展训练的课程内容主要有：拓展体验课程、回归自然课程、挑战自我课程、领导才能课程和团队建设课程。主要由水上、野外和场地三类课程组成。水上课程包括：游泳、跳水、扎筏、划艇等；野外课程包括：远足露营、登山攀岩、野外定向、伞翼滑翔、户外生存技能等；场地课程是在专门的训练场地上，利用各种训练设施，如高架绳网等，开展各种团队组合课程及攀岩、跳越等心理训练活动。

传统的拓展训练一般由四个环节组成。第一个环节：团队热身。该环节是在团队培训开始前，为了加深学员之间的相互了解，消除紧张，建立团队，以便轻松愉悦地投入到各项培训活动中去而设的。该环节也可进行穿插理论学习，包括团队建设、管理技巧、个人沟通与职业素养或某专题讲座等。第二个环节：个人活动。该环节以个人挑战为主，进行低风险的活动，如跳水。活动在团队的支持下，要求每个人充分发挥出体能和心理上的潜力，经过一定难度的考验，最大限度地完成活动指标。第三环节：团队活动。该环节以团队挑战为主，通过复杂而艰巨的活动项目，建立起良好的团队气氛，以促进学员之间的相互了解、信任、协调、融洽和默契，来克服活动中的困难，达到活动的目的。活动项目如盲人方阵、求生电网、"同心竿"等。如在求生电网训练中，将参加拓展训练的人分成两组，每组必须在规定时间内，让每一个人从电网（其实是用粗绳织成的大网）不同的孔中钻过去，任何人不许触碰孔边绳子，否则，就算本组失败。为取得胜利，彼此尚不熟悉的人，必然要出主意、想办法，或由一些人在前面拽和拉，或由一些人在后面推和抬，争取让每一个人都能从不同的孔中"钻"过去。此时人们发现，小组中有的人会自发表现出较强的领导意识，积极出谋划策，主动指挥别人，而有的人则表现出较强的配合意识，不声不响，愿意服从他人指挥。自然形成的"领导者"们，还须学会对问题解决方案的通盘统筹，如怎样让瘦一些的人先钻小一些的孔，留下较大的孔，让胖一些的人最后去钻……它既锻炼了人们的团队意识，考验了"领导者"的大局观，还检验出每个学员在陌生环境中主动与被动、内向与外向

① Weber, Robin. The Primary and Secondary B – Cell Response. Dermatology Nursing, Feb 2005, Vol. 17 issue 1, p71.

的不同性格。第四环节：回顾与总结。该环节帮助学员消化、整理、提升训练中的体验，以便达到活动的目的，使学员能够将培训中的收获迁移到工作中去，以实现集体培训目标。

通过拓展训练，参训者在如下方面有显著的提高：认识自身潜能，增强自信心，改善自身形象；克服心理惰性，磨练战胜困难的毅力；启发想象力与创造力，提高解决问题的能力；认识群体的作用，增进对集体的参与意识与责任心；改善人际关系，学会关心，更为融洽地与群体合作；学习欣赏他人、关注生活品质、提高人生价值。

20 世纪 60 年代，乔希·曼纳（Josh Miner）将此方法引入到了美国。受到这种新颖的理念和教育模式的启发，曼纳在美国发起了拓展训练运动。在亚洲地区，新加坡最早建立拓展训练学校，此后香港、日本、韩国先后引进了体验式培训方式。1995 年，北京人众人拓展训练公司创办了北京拓展训练学校是中国人自己创办的第一所体验式培训学校。目前，我国体验式培训受欧美等国影响较深，但是随着日韩等国体验式培训的发展，并由于亚洲强调协作和团队精神以及含蓄的文化的原因，日韩式的体验式培训对我国体验式培训的影响逐渐增强。

3. 行动学习法

行动学习法产生于 20 世纪 50 年代的英国，最早由英国国际管理协会主席瑞文斯（Reg Ravens）教授创立①。1965 年，他离开英国曼彻斯特大学，到比利时设计一个为管理人员举办的管理发展课程。在这个课程中，每个参与者所在的机构都提出了一个比较棘手的问题，他们被交换到不同于自己原有专业特长的题目下，组成学习团队群策群力，互相支持，分享知识与经验，在较长的一段时间内，依靠学习团队解决这些棘手的难题。通过实践，这种方法获得了成功，并被称为行动学习法。瑞文斯于 1971 年出版了《发展高效管理者》一书，在该书中，他正式提出了行动学习法的理论与方法。

1975 年，瑞文斯返回英国，运用同样的方法为英国电力公司开办了管理发展培训课程，再次验证了行动学习法的神奇效果。从此，行动学习开始在一些组织，尤其是企业中得以尝试和发展，受到了管理培训与发展领域专业人士的重视，被教育培训界公认为一种理论与实践相结合的有效的学习方法。20世纪 90 年代末，行动学习开始在一些国外先进企业中使用，并取得了惊人的

---

① 张素玲：《行动学习与领导力开发》，《中国浦东干部学院学院》2008 年第 2 期，第 90 页。

效果，被企业誉为快速提升实战能力和改进绩效的秘密武器。

行动学习法于上世纪末引入我国，中央组织部培训中心先后在甘肃、青海、四川、内蒙古和广西等西部省区，以国际合作项目为依托、国内研究与国外学习相结合，进行了行动学习法较大范围的实践，解决了包括环境保护、生态旅游开发、区域经济发展、劳动社会保障、人力资源开发等一系列难题，有效地推动了这些省区的改革发展，也培养了一大批勇于攻坚、敢于创新、能够理论联系实际地解决工作难题的干部。来自国外的培训专家在几次深入考察评估后认为中国的行动学习十分有效，也有很多创新，给予了"国际合作培训的范例"这样高的评价。

4. 教练

教练源于体育，它作为一种管理技术从体育领域应用到企业管理领域。教练会对学员表现的有效性给予直接的回应，使学员及时调整心态，认清目标，以最佳状态去创造成果。以谈话沟通的形式促成学员主动改变心态，是教练技术的基本形式。

上世纪 70 年代，在美国海军担任军官的葛维向公众声称，他能够让一个完全不会打网球的人在 20 分钟内学会打网球。这一声明引起了美国 ABC 电视台的兴趣，他们找来了 20 个不会打网球的人，并从中挑选了一个很少参加体育锻炼、身体条件十分糟糕的 55 岁肥胖女子。果然，在短短 20 分钟内，葛维就让这名女子自如地打起了网球。事后葛维解释说，他并没有在这 20 分钟内传授打网球的技巧，而只是帮助她打破了自己不会打球的固有信念，让她的心态从"我不会打网球"转化为"我会打网球"。

葛维卓有成效的教练方式引起了美国 AT & T 公司的兴趣，1970 年，该公司邀请葛维为经理做管理培训。在葛维给经理们讲授如何教运动员打网球时，经理们却在笔记本上把它翻译成了企业管理的内容。葛维的讲课不仅启发了 AT & T 的经理们，葛维自己也从 AT & T 经理们的行为中受到了启发。随后，葛维连续撰写了《网球的灵魂游戏》（The Inner Game of Tennis）、《高尔夫的灵魂游戏》（The Inner Game of Golf）和《赢的灵魂游戏》（Inner Game of Winning）等畅销书，并创立了一家名为 The Inner Game 的企业教练服务公司，在 AT & T 之后还为苹果电脑、可口可乐和 IBM 等公司进行教练培训。目前，教练式培训方法由于能激励潜能、提高效率，受到了越来越多企业的青睐。同时，领导干部教育培训中也越来越多地采用这种方法，并收到了较好的效果。

（四）体验式教学法的特点

体验式教学法通常是在一种真实的或模拟的情境中进行的，通过精心的设计，引导学员运用多种感官去接触情境中的事务，使其受到多感官、强烈的刺激，从而产生丰富的体验，它有以下几个特点。

1. 亲历性

这是体验式教学的基本特征。亲历不同于亲身经历，它包括：①实践层面的亲历，即主体通过实际行动亲身经历某件事，比如学生在教学活动中行为的参与；②心理层面的亲历，即主体在心理上虚拟地"亲身经历"某件事，包括对别人的移情性理解和对自身的回顾与反思。体验式教学主张，在教学活动中，学生不再是被动的知识接受者，而是从行为和感情上直接参与到教学活动中来，通过自身的体验和亲历来建构知识。

2. 互动性

传统的教学注重师生之间的"授—受"关系，而体验教学中的师生关系是通过教学中的交往、对话、理解而达成的互动关系。体验式教学强调帮助学生学习的方法，真正凸显了学生的主体地位，教师是学生学习和成长的帮助者，及时准确地发现学生的需求并提供恰当的帮助。关注的根本点是怎样帮助学生进行研究式和体验式的学习。教师的作用不再是一味地、单方面地传授知识，更重要的是利用那些可视、可听、可感的教学媒体技术努力为学生做好体验开始前的准备工作，让学生产生一种渴望学习的冲动，自愿地、全身心地投入学习过程。

3. 个体差异性

主体间存在种种差异，他们水平不一、兴趣爱好各异，对事物的理解不同，体验也各不相同。即便对于同一事物，不同的主体可以以不同的方式去亲历，得到不同的认识，产生不同的情感。正因为主体的体验存在差异，他们之间才有交流和分享的必要和可能。经过交往和沟通，不同的方式、不同的感受、不同的理解能碰撞出心灵的火花。

（五）开展体验式教学的注意事项

开展体验式教学要把握四个环节：一是培训项目要有吸引力，能引起学员的兴趣；二是培训形式要出其不意，能激发学员的好奇心，主动学习；三是培训师要注意引导学员自己消化信息、寻找答案，通过充分的切身体验，掌握知识和技能；四是通过团队成员相互交流，实现个人体验的集体分享，增强团队意识，提高协作能力。

2003 年，中共中央组织部、中央政策研究室、中央党校、国家行政学院在"关于加强和改进干部教育培训调查报告"中指出，我国领导干部教育培训主要存在培训方法比较单一和手段比较落后的问题。问卷调查中有43.02%的人认为，干部教育培训存在的主要问题是"培训方式方法单一"，有25.41%的人认为"改进培训方法"是加强和改进干部教育培训的关键环节之一。目前，我国领导教育培训基本沿用课堂讲授的教学方法，情景模拟、案例教学、启发式研讨等方法用得比较少。在"关于干部最喜欢的教学方法"的调查中，结果表明，研讨式教学方法占57.43%，案例式教学占56.84%，情景模拟占19.41%，课堂教学占11.98%，远程教学占5.18%。① 因此对上述教学方法的探讨，有助于提高我们对这些教学方法的认识，并在教学实践中加以恰当地运用，从而改变我国领导教育培训教学方法比较单一的问题。

第二节　国外领导教育教学方法最新趋势

除了上述常用的教学方法之外，在国内外领导教育中，诊断式、在线学习、沙盘模拟和管理游戏等方法因为方式灵活多样、培训针对性强等特点，普遍受到企业培训的欢迎，逐渐地被引入到领导教育中去，这也是领导教育教学方法发展最新的趋势。

一、以培训对象的需求为导向，诊断式教学方法强调实际问题的解决

（一）诊断式教学方法的由来及界定

诊断是医学上常用的术语，其含义是以观察、把脉的方法判断病人的病情和病因，并开出治疗处方。而诊断式教学方法（clinical education）来源于20世纪60年代的美国，它是美国法学教育的最有趣的发展成果。从本章案例式教学发展历史中，我们知道在哈佛大学法学院大力推行案例式教学法的同时，哈佛医学院也引入了案例法教学模式，即采用临床诊断的教学方式。当时的美国法学院为了提高法学教育的实效性和可操作性，从医学院的临床诊断教学中得到启示，把"临床诊断式教学方法"借鉴到法学教育中。法学院开办了律师事务所，在教师的指导下，法学院学生如同真正的律师一样处理诉讼事务，培养实务操作能力。由于这一过程与医生诊治病人有许多相似的地方，因此，

① 中共中央组织部、中央政策研究室、中央党校、国家行政学院课题调研组：《关于加强和改进干部教育培训调查报告》（内部文件未发表），2003 年 9 月，第 42 页。

学者们把这种教学方法称作诊断式教学法。

所谓"诊断式教学方法",就是在教学之前,先对培训对象的实际情况与问题作一个详细的了解分析原因,并结合相关各方的建议度身定做个性化的培训方案。在教学实施的过程中,通过与学员的充分互动,教授相关知识技能传达最新资讯,提供分析、解决实际问题的方法。

(二)诊断式教学方法主要流程

诊断式教学方法非常重视教学前的准备工作,其整个教学过程包括:前期沟通,明确培训需求;深入调查,制定培训方案;实战互动培训。

1. 前期沟通,明确培训需求

诊断式培训方法的第一步是就是和培训对象进行前期沟通,知道培训对象存在哪些具体的问题,或希望培训机构就这些具体问题的解决方法或思路进行培训。这是培训的第一步,通过沟通,明确培训对象的培训需求。

2. 深入调查,制定培训方案

这一步骤也采用中医上的"望、闻、问、切"的方式。所谓的"望"就是观察培训对象工作的运作情况与工作表现。可以调阅相关的资料、人员情况、管理制度,仔细观察培训对象环境运作情况、职员工作状态精神面貌并作详细的记录。所谓"闻",是听取对象关于各项问题的描述,如通过访谈相关人员或通过召开座谈会倾听他们对领导管理中遇到问题的看法。

所谓"问",是以专家的角度找出关键点并询问相关人员的看法及建议或是征询他们的意见。所谓"切",如果是给企业领导培训,就是亲身下到市场当中去走访,切入问题核心部分。

只有找出问题才能制定针对性的方法;只有将问题清晰化才能做出有条理的培训计划。培训专家应花一定的时间对问卷与收集到的资料进行充分的分析,对问题进行清晰的归纳,并找出培训对象目前存在的问题。在此基础上由培训专家亲自到培训对象单位进行面谈调查。面谈对象以高层领导为主,也包括专家认为必要的其他人。通过深入面谈,专家在进一步了解企业最高层领导的培训意图的同时,了解与培训主题有关的问题背景、问题表现、问题原因。在此基础上,编写出培训讲义,就讲义的核心内容再与最高层领导沟通达成共识。

3. 实战互动培训

在实际的培训执行中,诊断式教学要始终围绕着培训对象的实际问题与学员反应来进行。针对每一类问题要采取详细诊断说明——分析与解决问题——

传授实操方法的三个步骤来进行。另外，诊断式教学要以解决问题为导向。在教学中必须让每一个人在心理、情绪思路乃至角色上充分参与进来，才能很好地达到预期的培训效果。

由于诊断式教学方法是以项目的方式运作，因此从解决问题的针对性和有效性来看，它比一般知识普及性培训有效得多，但是其准备周期也比较长。显然，对自己的问题比较清楚、相应工作基础也比较好的企业，没有必要选择诊断式教学方法。但是，如果企业本身对自己存在的问题或问题的原因比较模糊，相应的工作规律也不十分清楚的，以解决问题为导向，选择诊断式就是明智之举。

诊断式教学方法主要的特点是培训对象需要什么就培训什么，缺什么就补什么，从而达到学以致用、立竿见影的效果。因此，近年来诊断式教学方法从企业培训中也逐渐地引入到领导人才的培训工作中。如新加坡文官学院于（Singapore Civil Service College）2001 年 8 月成立了学院专家咨询团（CSC Consultants，CSCC）。其中的一项任务就是为企业和政府部分的培训提供诊断式培训服务①。

二、以网络学习为依托，在线学习不受时间地点限制而受到在职领导的欢迎

当今社会的竞争归根到底是人才的竞争，因此如何培训人才，特别是领导人才的培训，是关系到一个国家兴旺发达，甚至兴衰存亡的一个重要的方面。知识更新的加快也使终身学习成为必要，学习成为贯穿人一生的重要活动，员工必须不断地接受继续教育或在职培训，以适应知识经济发展的需要，而要使员工的知识和技能持续更新，必须实施有效的员工培训。一方面，传统的、面对面的培训方式因其耗费资源、需受训对象集中或脱产、培训内容更新慢、及时跟踪难以及管理机制问题，已远不能满足 21 世纪领导人才培训需求与适应变化迅速的竞争环境；另一方面，现代通信技术和网络技术的发展使新型的员工培训方式成为可能，由此，以在线学习的网上培训应运而生。

何谓"在线学习"？在线学习（on-line learning），也常常被称为电子化学习（E-Learning）、电子化培训（E-training）等。在这种学习模式中，教师与学习者之间、学习者与教育组织之间往往采取多种媒体方式进行系统的教学和

---

① CSCC Our Mission，Vision and Values，http：//www.cscc.gov.sg/mission.htm.

基于通信联系的教学互动，是将课程传送给一处或多处学习者的教育。

在线学习，实际上也是基于网络的一种远程教育或远程学习模式，它是随着现代信息技术的发展而产生的一种新型的教育与学习方式。它的特点是：学习者与教师分离；采用特定的技术传输系统和传播媒体进行教学；信息的传输方式多种多样；学习的场所和形式灵活多变。与面授教育相比，现代远程教育的优势在于它可以突破时间与空间的限制，向社会提供更多的学习机会，通过技术优势降低教学的成本，提高教学的质量。

在线学习技术从 20 世纪 40~50 年代开始发展成型。随着计算机技术和网络技术等相关技术的快速发展和支持，在线学习得到巨大的发展。从简单的光盘学习，到多媒体技术的不断应用和丰富化，再到互联网或企业内部网为骨干的复杂的大型学习管理系统（LMS）、学习内容管理系统（LCMS）和内容管理系统（CMS），在短短的几十年的时间里，在线学习日新月异地发生着变化。

由于具有快速、高效、节省成本等特点，在线学习的方式已经在美国等发达国家的企业里得到普遍应用。比如：跨国公司西门子通过"网络虚拟大学"，针对分散于北美各地的 1000 名技术人员进行新产品技术训练。通过在线学习方式节省的经费全年合计约为 105000 美元[1]。而 IBM 应用在线学习培训后，花费在经理人的管理训练成本大约是原来成本的一半。根据美国培训与发展协会 2005 年的调查，美国企业对员工的培训投入增长了 16.4%，在线学习培训比例则从 24% 增长到 28%，通过在线学习的人数正以每年 300% 的速度增长，60% 的企业已使用在线学习的形式培训员工；在西欧，在线学习市场已达到 39 亿美元规模；在亚太地区，越来越多的企业已经开始使用在线学习。[2]在线学习由于不受时间地点限制而受到在职领导的普遍欢迎。

三、以学员兴趣和参与为基础，管理游戏等方法日渐兴起

除了上述讲授、案例、情景模拟等常见的教学法外，近年来，在中外领导教育以及企业员工的培训的教学实践中，管理游戏、沙盘模拟等新方法也正日益兴起。

---

[1]　江建平：《企业新员工 E-learning 培训设计》，江西师范大学 2006 年硕士论文，第 6 页。
[2]　崔玉军：《基于 e-learning 的企业培训模型构建》，上海交通大学 2007 年硕士学位论文，第 2 页。

（一）管理游戏

管理游戏（management game）是指两个或更多的参与者在遵守一定规则的前提下，通过相互竞争决出胜负。管理游戏式教学法是一种以管理为内容、以游戏为形式的教学方法。该教学法是一种以完成某项"实际工作任务"为基础的活动。在这种活动中，小组成员各被分配一定的任务，必须合作才能较好地解决它。目的是使接受培训者通过"游戏"活动获得某些关于管理的原理、原则和方法。管理游戏是领导教育中常用的教学方法之一。

管理游戏式教学方法模式分类是多种多样的。如学者从宏观的角度将其划分为三类①：一是心理管理游戏，就是通过游戏启发学员以良好的心态去适应环境、接纳他人，或者帮助学员面对压力进行心理调适；二是思维管理游戏，就是训练学员思维能力的游戏；三是行为管理游戏，就是训练学员的沟通、协调、激励等行为能力的培训方式。还有的著作把管理游戏式教学方法分为八类，即领导管理人员的创新能力、沟通能力、团队协作能力、应变能力、学习能力、思维能力、领导能力、激励能力八种能力，并开发和编纂了八大类近300个游戏。② 另外，管理游戏式教学法的模式还可以按照管理工作的类型进行分类，也就是说，只要有一种管理工作，就可以开发出一种管理游戏。如2003年上海科技出版社翻译出版的系列丛书——管理游戏宝典，该系列丛书包括《破冰游戏》、《创造力游戏》、《会议游戏》、《客户服务游戏》、《团队建设游戏》、《压力缓解游戏》以及《激励游戏等》等八种。显然，这是从管理工作的角度开发的。

管理游戏式教学法的优点有以下几点：（1）它能够突破实际工作情景中时间与空间的限制，与现实生活相比，游戏是虚拟的，即使发生错误，也不会酿成严重后果，但学员可以从他们的决定所产生的后果中进行深刻的思考和反思；（2）模拟内容真实感强，具有浓厚的趣味性，这样可以使学员的理解和记忆更加深刻；（3）管理游戏可以改善学员集体的人际关系，特别是团队游戏、破冰游戏等更是能够使学员通过参与加深彼此之间的了解和理解，从而创造出一个宽松和谐的团队学习氛围。当然，管理游戏本身也存在某些缺点：（1）游戏毕竟不是现实，当学员没有身临其境、积极进入角色，而是把这项活动当作完全的游戏时，他们的决策及其行为后果很可能是相当随便的，这样

---

① 刘家林主编：《公务员培训新方法》，北京：中国人事出版社2005年版，第157页。
② 众行管理资讯研发中心编：《管理培训游戏全局》，广州：广东经济出版社2003年版。

会使教学效果大打折扣；（2）管理游戏教学活动较为费时，组织好一次管理游戏通常需要花费很长的时间去准备与实施，有时会出现后勤保障方面的问题。

（二）沙盘模拟

1. 沙盘模拟的由来

沙盘实战模拟训练课程源自军事上高级将领作战前的沙盘模拟推演。为了研究和讨论作战过程，制定作战计划，人们将作战地幅与地貌按一定比例缩小后用沙盘表现出来，用各种标示器代替敌我双方的兵力部署，以人工移动各种模型代替部队的移动，从而使作战过程得到演示，这种形式的模拟称为沙盘模拟。世界上最早的沙盘模拟出现于 1818 年的普鲁士军队。[①] 由于战争沙盘模拟推演跨越了通过实兵军演检验的巨大成本障碍和时空限制，在重大战争战役中得到普遍运用，其实演效果尤其在"二战"中发挥到了极致。

沙盘模拟教学法是从上世纪 50 年代由军事沙盘推演演化而成。1978 年，瑞典人将其引入企业经营实战演练课程[②]。美国哈佛大学将它加以研究，开发成商业博弈系统[③]，这种新颖而独特的培训模式现已风靡欧美，成为世界 500 强企业经营管理培训的主选课程，接受过沙盘模拟训练的中国优秀企业也已超过 7000 家。沙盘模拟教学模式现已被北大、清华、人大、浙大等多所高等院校纳入 MBA、EMBA 及中高层管理者在职培训的教学之中。

2. 沙盘模拟的主要内容及其组织

在实验过程中，学生通过企业模拟实境和推演平台，清晰直观地标示出企业的现金流量、产品库存、生产设备、银行借贷等指标。所有参加训练的学员分成 6 组，每组 5～8 人，各代表一个虚拟公司，每个小组的成员将分别担任公司中的重要职务（CEO、CFO、市场总监、生产总监等）。在沙盘实训中，每组要经营一家拥有一定资产规模、销售良好、资金充裕的企业，并连续从事 6～8 个会计年度的经营活动，面对来自其他企业（小组）的激烈竞争，根据市场需求预测和竞争对手的动向，决定公司的产品、市场、销售、融资、生产方面的长、中、短期策略。之后使用年度会计报表结算经营结果，每年讨论制

① 李兴玮：《计算机仿真技术基础》，北京：国防科技大学出版社 2006 年版，第 134 页。

② 黄卫东、杨瑾、徐建勤：《经营决策沙盘模拟实验的教学模式研究》，《南京邮电大学学报》（社会科学版）2007 年第 1 期，第 60 页。

③ 傅维利、陈静静：《国外高校学生实践能力培养模式研究》，《教育科学》2005 年第 1 期，第 52 页。

定改进与发展方案，并继续下一年的经营运作。

在教学互动中，教师作为引导者和提供知识的服务者处于协作位置，学生何时需要某个信息或知识，他就在这个时候提供这个信息或知识，并对所有参与培训的人的实际经营决策行为及相关操作数据作动态分析。除解答共同问题之外，教师是每个"公司"的"教练"。当被问及问题的时候，他提供最起码的信息，然后让学生自己消化信息、讨论分享，对比已有的知识，进而找到解决问题的答案，最后，去尝试他们自己的办法。

3. 沙盘模拟教学法的基本环节

沙盘模拟训练的最大特点就是"在参与中学习"，强调"先行后知"，以学员为中心，以提升实战经营管理水平为目标。学员在两天的模拟训练中，将切身体验企业经营中经常出现的各种典型问题，他们必须和同事们一起去发现机遇，分析问题，制定决策并组织实施。其主要包括以下几个基本环节。

（1）全员热身。一般在模拟实验正式开始之前，会安排学员进行组合、给自己的团队取名字、定队徽、合唱队歌、设定企业目标、分配角色等活动。

（2）培训师初步讲解。考虑到学员的专业背景和基础知识的不均衡性，培训师会对模拟企业的初始状态（包括现金流量、产品库存、生产设备、银行借贷）、企业运行条件、市场预测情况、企业内外部竞争环境等逐一介绍，并讲授一些有关的管理知识和方法。

（3）熟悉游戏规则。在培训师的指导下，各组按照统一的规定动作，运行一个生产年度，目的是熟悉产品调研、市场分析、订单处理、生产销售、融资结算的每个过程，使所有学员都能很快进入角色并开始全身心投入，各个成员也进一步明确工作职责，为实战打好基础。时间在一个小时之内。

（4）实战模拟。各组在相同的初始条件下，开始运作。各组成员分别进行分析、讨论和集体决策，目标是在激烈的竞争中占领市场、获得较好的经营业绩。学员要随时掌握并解析与竞争有关的所有信息，预测结果，同时也要学会沟通，学习集体决策、成败共担。学员可根据实际情况，选择 6~8 个经营年度进行模拟，时间在 2 天左右。

（5）阶段小结。在年度运营中，培训师将会带领学员思考并讨论企业经营成功的基本条件，恰到好处地教授企业战略研究、市场调研方法、订单处理、营销技巧、生产运行、库存管理、财务能力以及沟通技巧等管理知识，使学员有茅塞顿开的感觉，并可将所学到的知识立即在下一年度的运作中加以实践、思考和回味。各个年度间讲解的内容程度递进，学员也会渐入佳境。时间在每个运营年度之间，每次 15～30 分钟。

（6）决战胜负。随着模拟财务年度的推进，各企业会有越来越大的分歧，正如现实社会中，有稳扎稳打的，也有一夜暴富的，有产品滞销的，也有拿不到订单的，有设备运行不良的，也有资金困难抵押厂房的，有苦苦支撑继而东山再起的，也有破产被大厂兼并的，等等。最后，通过公平竞争，经营状况最佳的小组成为优胜者。

（7）总结与体会。通过沙盘模拟实验，学员将深刻体会到如何提升企业竞争力并增加获利，体会到即使工作几年也不一定能体会的企业运作的系统模式。最重要的是，通过实验他们将认识到必须同心协力、破除本位主义、充分沟通才能达到目标。

管理游戏和沙盘模拟都以学员兴趣和参与为基础，具有竞争性、趣味性、互动性等特点，是一种喜闻乐见的培训方式，尽管这两种教学方法在我国领导人才培训中还没有得到广泛的应用，但作为一种生动有趣而适用广泛的培训方法，管理游戏和沙盘模拟式教学法具有极大的魅力和生命力，现已逐渐地从企业培训中引入到领导人才的培训中去，受到越来越多人的欢迎。

本章小结

当今世界，经济全球化趋势持续发展，知识创新速度大大加快，综合国力竞争日益激烈，国际交流和联系更为频繁与广泛。国内现在也正处于经济战略性结构的调整之中，各种矛盾错综复杂。这都对领导干部的战略思维、全局观念、决策水平、实际工作能力以及党性修养提出了较高的要求。因此，怎样在我国干部教育培训中寻找一个理论和实际的切入点，通过一定的行之有效的方法与手段对他们进行训练与培养，以适应复杂环境的需要，这是我国干部教育培训过程中值得思考和研究的问题。

从上面国外领导人才培训的教学方法的比较和哈佛商学院案例教学的论述中，我们可以看出，这些教学方法，特别是案例教学在法学、医学、工商管理等诸多领域都被成功地应用，这为我国干部教育培训方式的创新提供了一个新的视野。新颁布的《干部教育培训工作条例（试行）》指出："开展干部教育培训应当根据干部的特点，综合运用教授式、研究式、案例式、模拟式、体验式等教学方法，提高培训质量。"①因此，在中国的干部教育、培训中，应该综合应用案例教学等多种教学方式，不断提高干部教育的实效性，这是大势所趋。而当务之急是我们如何吸收、借鉴国外各种具有先进理念的教学方法，汲取其精华，更好地为我国干部教育培训服务，这仍是一个值得研究的课题。

---

① 中共中央组织部干部教育局编：《干部教育培训条例（试行）学习辅导》，北京：党建读物出版社 2006 年版，第 80 页。

第八章

国外领导人才培训的特点与发展趋势

通过前文的研究可以看出，国外在领导人才教育培训方面积累了许多行之有效的方法以及值得我们借鉴的经验，形成了独具特色的培训模式。随着世界经济与政治形势的发展，尤其是信息技术的迅速发展，国外各国领导人才培训在培训机构、培训者、培训对象、培训内容和培训方法上都呈现出许多新的特点与趋势。

第一节　国际化——培训机构不断提升其国际影响力

一、各培训机构采取不同措施提高自身的影响力

（一）扩大国外学生的招生数量

各人才培训机构除了为本国培训领导人才外，还不断加强对国际生的招收力度，以此提高自己的国际影响力。其中哈佛大学商学院、哈佛大学肯尼迪政府学院、李光耀公共政策学院等机构都是国际化程度较高的培训机构。如肯尼迪政府学院每年大约有800名左右全脱产的学生申请学院的研究生学位课程，其中40%以上是国际学生，具体情况见表8-1。

表8-1　哈佛肯尼迪政府学院主要学位课程国际学生来源情况①

硕士课程	公共政策硕士（MPP）公共政策与城市规划（MPP/UP）	公共政策与国际发展硕士（MPA/ID）	两年制公共行政硕士（MPA2）	在职公共行政硕士（包括梅森项目）（MC/MPA）
典型班级				
班级人数	230人	75人	80人	210人
国际学生所占比例	27%	75%	53%	54%

---

① Comparison of Kennedy School Master's Degree Programs，http：//www. ksg. harvard. edu/apply/comparison. htm.

（二）加强与国外领导人才培训机构的交流与合作

国外领导人才培训机构都非常重视与境外人才培训机构的交流与合作。各机构都设立与国外交流的专门机构。如新加坡文官学院的学院国际部（CS-CI）、法国国立行政学院国际交流部等。

各机构都把国际交流工作放到与培训工作同等重要的位置。如法国国立行政学院在 20 世纪只在教学部下设教学和国际事务处，实习部下设国际事务处。进入 21 世纪后，学院不断加强学院的欧洲特性和国际化程度，特定设立了国际交流部，把它提高为和教学部、实习部、教学教育和研究部同等重要的部门。国际交流部还下设非洲、美洲、亚洲、欧洲等研究室，加强对上述地区的研究和交流工作（详见第二章第一节相关内容），可以看出，学院对国际交流的重要性有充分的认识。

各机构都采取多种措施加强国际交流，合并后的埃纳除了加强与校友之间的联系之外，还采取多种措施以保证与其他国家的交流与联系。如 2002 年，学院国际事务处（Department of International Affairs）率领 67 支代表团访问了 39 个不同的国家，同时学院也接待了来自 48 个国家的 100 多个国外代表团的访问。① 与世界各地校友及干部培训机构频繁的交流与合作，进一步强化了埃纳在国际干部培训舞台上作用。

另外，合作办学也是培训机构国际交流的一项重要工作。如新成立的李光耀公共政策学院，为了更好地研究亚洲各国的竞争力问题，已与哈佛商学院战略与竞争力学院（the Institute for Strategy and Competitiveness，ISC））签署正式的合作协议。它主要在亚洲竞争力研究方面为学院提供专家方面的意见和智力支持。

（三）办一份有影响的学术期刊

出版学术期刊也是交流与合作的一个重要组成部分，在这方面，哈佛商学院的《哈佛商业评论》（Harvard Business Review）影响甚大。早在 20 世纪 20 年代初，哈佛商学院的多汉姆（Mallace B. Donham）就颇有远见地创办了这份迄今代表管理前沿的刊物②。它是一份荟萃商业管理思想精华的出版物，在美国管理科学的发展上起了很大作用，特别是它的创新性，很多新的思想首先

---

① ENA, école nationale d'administration Annual Report 2002, p3, http：//www. ena. fr/tele/bro-chures/enaactivite. 2002english. pdf.

② 多汉姆于 1919 年出任哈佛大学商学院第二任院长。

是在它里面被提出来的。该份学术刊物的传播为哈佛商学院带来了巨大的影响，有资料表明，到上世纪 80 年代，《哈佛商业评论》的影响力甚至一度超越了哈佛商学院本身。

法国国立行政学院为了扩大学院的影响，2003 年对作为国立行政学院研究活动轴心的《法国公共行政杂志》（Revue Française d'Administration Publique，RFAP）进行了彻底改组。通过设立国际学术委员会，采纳出版宪章并加强文章筛选与学术认证程序，杂志达到了国际公认的研究出版物标准。2004 年全年出刊四期，在国内外公开发行，并逐渐产生一定的影响。①

印度拉芭斯国家行政学院也出版了《行政官员》（The Administrator）学术期刊，其研究的重点是"聚焦社会热点问题，关注公共领域的政策和实践"②。该学术期刊为印度行政官员提供一个交流的平台，它也是研究印度公共政策和实践的高地。

另外，它们还充分利用网络，读者可以通过网络免费获得电子期刊。如新加坡国立大学李光耀公共政策学院的《亚洲公共事务》（The Asian Journal of Public Affairs）和哈佛肯尼迪政府学院的《肯尼迪政府学院评论》（Kennedy School Review）等电子期刊都可以通过学院网页免费获得。

因此，充分利用期刊的作用，加强对培训相关问题的研究以及办学理念的宣传，也是进行交流与合作的一个重要方面，其作用不可小觑。

二、个案研究：法国国立行政学院国际化之路重要举措

（一）合并法国国际行政管理学院，发挥埃纳在国际上的辐射力

法国国际行政管理学院（the Institut International d'Administration Publique，IIAP）创立于 1945 年，成立之初的名称为法兰西国立海外学校，1960 年改为法兰西海外高等学校，1966 年 12 月 6 日，它按照戴高乐将军签署的法令正式改名为法国国际行政管理学院。它与培养法国高级行政管理人员的法国国立行政学院相呼应，主要任务是"针对外国高级文官进行教学和培训，它同时也开展公共行政管理方面的科研和出版，并作为一个国际化的学院活跃在行政管理教研领域的国际舞台上。"③

为了发挥埃纳在国际上的辐射力，2002 年 1 月，法国国际行政管理学院

---

① ENA-Annual report 2004，p11，http：//www. cees－europe. fr/en/ra2004en. pdf.

② LBS Annual report 98，http：//www. lbsnaa. ernet. in/lbsnaa/research/trdc/trdc. htm，p2.

③ 张修学主编：《国外著名行政院校概览》，北京：国家行政学院出版社 1999 年版，第 311 页。

并合并到法国国立行政学院，合并后的埃纳在其功能上发生了显著的变化，根据 2002 年的年度报告，目前学院的主要功能有以下四点①：

（1）继续为法国高级文官进行入职训练，这也是它自从 1945 年成立以来所确定的最初功能；

（2）为法国文官的职业发展及为外国文官职业经历的高级培训服务；

（3）在公共管理和双边或多边业务方面，加强与欧洲及国际上其他国家的行政院校的合作；

（4）加强上述领域的研究和出版。

合并前的法国国际行政管理学院与世界 80 多个国家保持着密切的合作关系，"学院每年开办一届长期培训班、20～30 个短期培训班和 30 多个委托培训。一年中大约有来自 40 多个国家的 700～800 位学员接受培训。"②它以独特而又严格的招收制度和注重实际的教学培训享誉海外。从上述埃纳发展的功能地位中可以看出，合并后的埃纳除了继续开展国内高级文官的培训之外，还特别借助原国际行政管理学院的力量，开展国外文官的培训工作，并加强与其他国家在文官培训方面的合作，这对提高埃纳的国际影响力有着极其重要的作用。

法国国立行政学院的培训目标是面向国际化，自从和国际行政管理学院合并后，埃纳进一步加强了和国外的交流与合作，正如学院国际培训班指南中所指出的那样，"埃纳的国际化前景自 2002 年学校与原国际公共管理学院（IIAP）合并以来获得了进一步加强。"③

除了加强对国外文官的培训及在培训方面的合作外，埃纳还特别强调与世界各地的校友之间的联系。自从 1966 年 IIAP 成立以来，埃纳已经为 1 万多名外国学生提供了培训；自 1949 年成立以来，埃纳已为世界上 106 个国家 2241 名（截至 2002 年）的外国留学生提供了培训，其中德国、摩洛哥、日本、英国、加拿大、阿尔及利亚、希腊和意大利人数最多，约占总人数的 48.7%④。随着埃纳加大对国外留学生的培训力度，埃纳国外校友的总人数在急剧地增

① ENA, école nationale d'administration Annual Report 2002, p1, http：//www. ena. fr/tele/brochures/enaactivite. 2002english. pdf.

② 张修学主编：《国外著名行政院校概览》，北京：国家行政学院出版社 1999 年版，第 314 页。

③ ENA The international cycles, http：//www. ena. fr/popup. php? module = localisation&action = changeLangue&langue = en, p3.

④ ENA, école nationale d'administration Annual Report 2002, P. 3, http：//www. ena. fr/tele/brochures/enaactivite. 2002english. pdf.

加。为了加强与世界各地的校友的联系与交流，2002 年，埃纳成立了专门的机构——校友会（alumni relations），来负责联络世界各地的校友。①

其实，埃纳的校友会早在 1947 年 11 月 7 日就成立了，其宗旨是"建立校友之间的友好联系，相互帮助，对有关当局代表国立行政学院之校友，并给予在校同学以各种支持"②。凡是埃纳的法国籍学生及正规班的外国学生均可参加校友会，作为正式成员。但是以前的校友会只是一个民间自发组织，并不属于学院的一个专门机构，另外，以前的校友会一般只限于本国校友之间的交流与联系，现在学院把校友会纳入学院的一个专门的机构，并特别强调与国外校友之间的联系，把那些分散在世界各地的精英聚集起来，凝结成一股巨大的力量，为埃纳在世界政治舞台上的进一步发展出谋划策。

（二）迁至斯特拉斯堡，加强学院的欧洲特性

拥有 45 万人口的斯特拉斯堡（Strasbourg）是法国的第五大城市，它位于欧洲的中心地带，欧洲风味浓厚，自古罗马时代开始，斯特拉斯堡一直都是欧洲贸易及政治中心，在法国经济、文化和学术上都占有重要地位。它也是欧洲欧洲理事会和欧洲议会的所在地，被称为"欧洲的首都"。斯特拉斯堡也聚集了斯特拉斯堡大学、斯特拉斯堡工业与艺术高等学院等一大批著名的大学。所以，斯特拉斯堡也被誉为法国的大学城。

正因为斯特拉斯堡具有得天独厚的地理位置，学院作出了两项重大的决定：即将斯特拉斯堡欧洲研究中心合并；同时把法国国立行政学院的总部迁至作为"欧洲之都"的斯特拉斯堡。"这无疑是该校发展史的一个重大转折，同时也意味着 ENA 将绝不仅仅为法国本土输送人才，她已将目光瞄向全欧洲"③。

斯特拉斯堡欧洲研究中心（The Center for European Studies in Strasbourg，CESS）主要为法国、欧盟其他成员国、中欧、东欧、地中海、乌克兰、印度、韩国、中东等国家的文官提供欧洲事务方面的培训。根据斯特拉斯堡欧洲研究中心 2004 年的年度报告，该研究中心所提供的培训和教育主要集中在"欧盟、欧洲议会、欧洲安全和合作组织（OSCE）"三个方面的内容，问题同时涉及

① ENA, école nationale d'administration Annual Report 2002, P. 3, http://www.ena.fr/tele/brochures/enaactivite. 2002english. pdf.

② 刘君桓、李爽秋编著：《法国国家行政学院》，长沙：湖南教育出版社1990年版，第157页。

③ http://www.sinofrance.org/dire/lofi.php? t8168.html.

"欧洲各国之间的合作和发展的关系等问题"①。该中心成立十年以来，它在欧洲问题研究和培训方面已经取得了令人瞩目的成绩。为了加强欧洲研究中心和国立地方行政研究学院（INET）的合作，进一步加强对欧洲人才的培养，2005 年 1 月 1 日，埃纳将斯特拉斯堡欧洲研究中心纳入法国国立行政学院。

自 2002 年与国际行政管理学院（IIAP）合并后，法国国立行政学院在巴黎有大学路（rue del'Université）和天文台大道（avenue de l'Observatoire）两处校址。为了扩大埃纳在欧洲的影响，学院不仅将斯特拉斯堡欧洲研究中心合并，同时还作出重大的决定：学院除留天文台大道一处校址外，将总部从巴黎迁至斯特拉斯堡的圣 - 让骑士团封地校园（Commanderie Saint Jean）。为了扩建斯特拉斯堡校区，政府已将价值约 4500 万欧元大学路校址出售，所出售资金用于在一块由市政府提供的与圣 - 让骑士团封地毗邻的土地上完成扩建工程，修建一幢国立行政学院和国立地方行政研究学院（INET）共用的大楼。

搬迁后的国立行政学院与国立地方行政研究学院（INET）设立了一个为期七个月的公共教学单元，在此期间，两校学生将可共同分享实习和课程教学。为了加强与欧盟的联系与合作，根据 2004 年 10 月 22 日法令，学院校务委员会组成人员当中必须有一名欧洲议会议员②。至 2005 年 1 月 1 日，埃纳的初始教育及继续教育的所有长期班总共 600 名学生都已集中搬迁至斯特拉斯堡校园。与之相关的全部教学团队和技术支持部门也都将迁到那儿。巴黎分部只负责竞考预备班及入学竞考工作。除此之外，它只接待继续教育部（一个月以下）的短期培训班和学院的国际合作活动。学院将主要活动集中至斯特拉斯堡使得国立行政学院同时兼备了"地方和欧洲两个特性"③，这也表现了埃纳立足法国、辐射欧盟和全世界的雄心。

（三）加大招收国外学生的力度，为世界培养高素质领导

1. 三类入学考试对欧盟籍公民开放

按照法国《文官总章程》规定，所有报考者必须具备"法国国籍"。为了配合学院的改革，同时也为了扩大埃纳在欧洲事务中的作用，根据 2004 年 3

---

① the Strasbourg Centre for European Studies（CEES）-Annual report 2004, P. 4, http：//www. cees – europe. fr/en/ra2004en. pdf.

② ENA-Annual report 2004, P. 5, http：//www. cees – europe. fr/en/ra2004en. pdf.

③ ENA-Annual report 2004, P. 3, http：//www. cees – europe. fr/en/ra2004en. pdf.

月 29 日政令，"国立行政学院的三类入学竞考全部都对欧盟籍公民开放"①。这样可以吸纳欧盟其他国家更多人员到埃纳来学习，为欧盟国培养出更多的高级文官。

2. 扩大国际班的招生数

根据法国 1971 年 9 月 21 日颁布的法令第 52 条款规定，法国国立行政学院从 20 世纪 70 年代开始招收外国学生，以扩大学院在国际上的声誉和影响，加强法国与其他国家的交往。其实，学院自诞生之日起即关心与国外的接触，当时主要为原法兰西共同体国家和法属殖民地国家培训文官。随着学院声望逐年提高，"埃纳"办学的特点、学生的才干越来越引起世界的瞩目。进入 20 世纪 70 年代后，招收外国留学生的范围有所扩大，"从法语非洲国家、西方发达国家扩大到第三世界国家，并开始接受社会主义国家派出的青年官员。"②

每年法国国立行政学院外国留学生的录取人数是有限的，一般为国立行政学院在校法国学生总数的 1/3，即 70 名左右，其中国际长期班约 40 名，国际短期班约为 30 名。③ 此外，学院还积极参与与国外双边和多边的国际合作，每年受委托为外国文官举办 20 多个培训研讨班。④

据统计，从 1949 年至 1998 年，法国国立行政学院共招收和培训了 1955名来自 100 个不同国家的进修生，其中国际短期班 190 人，来自 68 个国家（截至 1998 年 7 月 31 日）。⑤ 国外培训班的学生来自许多不同国家，这有助于来自五大洲的外国学生与法国学生之间进行极其难得的经验交流。

自从与国际公共管理学院（IIAP）合并以来，埃纳扩大了国际班的招生人数。学院现在所提供的主要国际班次有国际长期班（CIL）（18 个月）、国际短期班（CIC）（9 个月）、公共管理国际班（CIAP）（6.5 个月）、公共管理硕士（MAP）和公共管理国际专题班（CISAP）⑥。

各类国际班招生名额数量有限，约占每届入学法国学生的三分之一，也即：国际长期班每届约 30 人，国际短期班也约 30 人，公共管理国际班每届约

① ENA – Annual report 2004, P. 5, http：//www. cees – europe. fr/en/ra2004en. pdf.

② 刘君桓、李爽秋编著：《法国国家行政学院》，长沙：湖南教育出版社 1990 年版，第 150 页。

③ 潘小娟：《埃纳与法国行政：法国国立行政学校》，北京：中国法制出版社 2000 年版，第 135页。

④ 张修学主编：《国外著名行政院校概览》，北京：国家行政学院出版社 1999 年版，第 308 页。

⑤ Les Cycles internationaux de l'ENA, P. 34, L'Ecole Nationale d'Adminisatration, Paris, 1998.

⑥ ENA the international cycles, http：//www. ena. fr/popup. php? module = localisation&action = changeLangue&langue = en, p2.

50 人①。公共管理国际专题班所招的人数更多，2003 年，埃纳接受 839 名申请者，其中有 417 人被录取参加学习②。

另外，学院开办了公共管理硕士班。我们知道，埃纳对本国文官的培养只发证书，不授其学位。为了适应外国进修生的实际需要，法国国立行政学院董事会 1998 年 10 月 21 日会议决定，设立公共管理硕士学位，并从 1999 年开始招收报考该学位的研究生③。设立该学位的主要目的在于通过授予这一国际普遍认可的文凭，使希望获得这一学位的外国进修生更加重视国立行政学院教学课程的学习；同时也是为了使国立行政学院能更好地纳入欧洲和世界高级文官培训机构的网络之中。

用法国国立行政学院院长安图瓦纳·杜尔勒曼（Antoine Durrleman）的话来说："鉴于学院现已迁至斯特拉斯堡，因而应充分发挥我们的特殊地位优势。我们成为一种双重现实的优先切入点，即一方面是法国行政和法国社会的现实，另一方面则是欧洲的现实……学院集团的核心为各类长期课程班，共设学制 7 至 27 个月的长期班 5 个，招收一半法国学生，一半外国学生，使国立行政学院成为法国各高等专业学院（"大学校"）中国际化程度最高的院校。"④

教育国际化已成为一种世界教育发展的必然趋势，种种迹象表明，干部培训国际化是我国干部教育发展的必然选择，因为国际化的趋势不可遏制，它渗透于国家发展的各个方面，尤其对干部的素质提出了严峻的挑战，为了培养适应国际化趋势、具有国际化战略眼光的干部，推进干部培训国际化是我国干部教育发展的必然出路。如果固步自封，对教育国际化的大局漠然视之，则最终将贻误整个国家的命运。在这方面，法国国立行政学院以面向国际化为导向的改革，为我们干部培训如何应对全球化的挑战，在世界干部培训的舞台上立足，并发挥一定的影响，提供了一定的借鉴。

---

① ENA the international cycles, http：//www. ena. fr/popup. php? module = localisation&action = changeLangue&langue = en. , p18.

② ENA, école nationale d'administration Annual Report 2003, http：//www. ena. fr/tele/brochures/enaactivite. 2003 - en. pdf, p4.

③ 潘小娟：《埃纳与法国行政：法国国立行政学校》，北京：中国法制出版社 2000 年版，第 144 页。

④ ENA-Annual report 2004, http：//www. cees - europe. fr/en/ra2004en. pdf, p2.

第二节　个性化——培训内容满足不同培训对象的需求

个性化培训是按照培训对象现有的知识与技能结构，通过对工作能力要求与当前受训人员所具备的能力进行对比分析，确定岗位能力要求与受训人员当前个人能力之间的差距；确认通过培训能够解决的能力项，明确员工个性培训需求，采取灵活多样的培训方式，为有效学习知识、技能而开展的针对性技术指导和技能训练活动。个性化培训与传统的培训相比发生了三个方面的变化：一是学员的学习态度发生了根本的变化，由过去的"要我学"变成了现在的"我要学"；二是学习方式发生了变化，由原来的套餐式、版块式变成了灵活的组合式，大大提高了学习效率；三是学习时间发生了变化，由过去硬性规定学习时间变成弹性学习时间，学员可以自己安排学习时间。因此，种类培训日趋受到人们的欢迎，也不断地成为市场上培训份额较大的培训项目。

一、满足不同的兴趣爱好，加大选修课的比例

长期以来，国外的领导人才培训部门的培训内容一般是固定的，即所有的受训人员接受同样的培训内容，但这种培训最大的弊端在于，没有考虑到受训人员的兴趣、爱好和自身的特点。为了解决这个问题，现在国外的培训机构都非常重视学生的不同的兴趣爱好，反映在课程上就是开设大量的选修课，供学生自由选择。

法国国立行政学院的培训就分为共同培训和个性化培训两个部分。其开展的个性化的培训是为了满足多方面的需求，如：完善对学生语言能力的训练，让他们保持个人所学外语的不断练习；开发学生的个性特色和提高个人素质；使每个人参与单项或集体的体育运动等。除此之外，每个学生还要结合自身的情况在法律、社会、经济与财政、区域行政与国际事务五大主题中任选一门深化专业课程进行学习。

还有的培训机构开设的选修课数量之多令人咋舌，如李光耀公共政策学院的学位课程，除了核心课程外，学院还提供了将近35门选修课程。学员可以根据自己的研究领域和关注的问题自由选择。哈佛大学肯尼迪政府学院为学生设置了大量选修课供学生自由选择。根据肯尼迪政府学院2005年～2006年课

程目录，开设的课程总数达 230 多门①，仅 2005 年秋第一个学期，开设的课程就有 120 门左右②，这些课程多为选修课。哈佛大学商学院也为学生提供了大量的选修课，商学院目前提供 10 个领域 100 多门的选修课③。众多的选修课满足了学员的需要，为发挥其特长起到了重要的作用。

二、考虑个性差异，开设"菜单式"课程

根据学员具有性格差异的特点和学习终身化的需求，开设"菜单式"课程，让学员选择，做到"缺什么、补什么；用什么、学什么"。由于"菜单式"课程是双向互动的学习模式，从"要我学"转向"我要学"，学员需要参加什么课程的培训、什么时候参加、想听哪一位老师的课，都可以由自己选择了，这是国外领导人才培训的一大趋势。培训对象从被动的受教育者变成了主动汲取知识的学习者。

如哈佛大学肯尼迪政府学院为来自公共部门和非赢利组织的领导者提供了广泛的菜单式课程，并收到了培训对象的欢迎，"仅 2002 ~ 2003 年度就有 2400 多人接受这些项目一周或者更长时间的训练"④。

这类课程在时间安排上都很短，一般在 2 ~ 5 天，适合在职人员的学习，另外，该类培训实用性较强，每次培训专门解决学员在工作中遇到的一个或几个具体的问题，以针对性很强的短期强化培训，用新理论、新政策、新法规、新经验、新技能、新本领培训学员，着力提高学员的工作技能、满足学员的全面发展。如肯尼迪政府学院短期的菜单式课程培训的主要集中在"公共管理；实践能力发展；高层行政人员的领导能力；政策发展。主要帮助领导者为公共事务做好准备"⑤。以上特点从肯尼迪政府学院所提供的菜单式课程的目录中可以看出，详见表 8 - 2⑥。

---

① Teaching Support, John F. Kennedy School of Government, Harvard University Catalog Pages 2005 – 2006 [EB/OL], http: //ksgaccman. harvard. edu/courses/.

② Teaching Support, John F. Kennedy School of Government, Harvard University Fall Schedule 2005 [EB/OL], http: //ksgregistrar. harvard. edu/reports/courses – fall. htm.

③ HBS Elective Curriculum Elective Curriculum, http: //www. hbs. edu/mba/academics/elective. html.

④ 袁岳等：《哈佛：MPA 是怎样炼成的》，北京：中华工商联合出版社 2004 年版，第 300 页。

⑤ 陈振明主编：《美国 MPA 十大名校》，北京：中国人民大学出版社 2003 年版，第 45 ~ 46 页。

⑥ Executive Programs, http: //www. ksg. harvard. edu/leadership/executiveprograms. html.

表 8 – 2　哈佛肯尼迪政府学院 2003 ~ 2004 年领导教育短期课程目录

课程名称	持续时间
高级官员培训课程（Senior Executive Fellows）	26 天
州和地方政府部门高级领导课程（Senior Executives in State and Local Government）	4 天
危机管理：在非常时期的领导能力训练（Crisis Management：Exercising Leadership in Extraordinary Times）	4 天
改善政府表现：领导策略与成果产生（Driving Government Performance：Leadership Strategies and Produce Results）	7 天
说服的策略：有效发挥影响力的科学和艺术（Strategies of Persuasion：The Science and Art of Effective Influence）	2 天
制定决策的精粹：避免偏见、达成更佳的结果（Essentials of Decision Making：Avoiding Biases，Achieving Better Outcomes）	2 天
21 世纪的领导：混乱、冲突和勇气（Leadership for the 21st Century：Chaos，Conflict，and Courage）	6 天
领导能力开发的艺术与实践：为培训师、教育工作人员和咨询顾问开设的课程（The Art and Practice of Leadership Development：A Master Class for Professional Trainers，Educators，and Consultants）	8 天
妇女和权力：新世界的领导（Women and Power：Leadership in a New World）	6 天
政府高级管理者课程（Senior Managers in Government）	20 天
发展中的领导者：管理政治和经济改革（Leaders in Development：Managing Political and Economic Reform）	13 天
21 世纪的领导（Leadership for the 21st Century）	6 天
以色列政府领导和管理的变革：为以色列局长级高级官员培训项目（Leadership and the Management of Change in the Government of Israel：An Executive Program for Israeli Directors General）	6 天
21 世纪的城市领导（Urban Leadership for the 21st Century）	4 天
领导教育课程（Leadership Education Program）	12 天
新当选的美国国会议员课程（Program for Newly Elected Members of U. S. Congress）	4 天
美国州政府行政官员领导课程（Leadership Program for State Government Executives）	1 天

由于培训市场的竞争日益激烈，开展菜单式的课程培训也是为了吸引更多的学员来学习。因此，这类培训也是为了适应市场化培训的需求，在培训方面与私营培训、咨询机构一起在市场上竞争。如隶属于内阁公共服务办公室的英国文官学院1989年改为自主性的执行机构（Executive Agencies）后，不再具有官方的垄断地位，到1996年不再接受政府的财政补贴，以企业经营的方式按市场机制招徕学员。为了在市场上取胜，该院奉行"顾客至上"的准则，开设了500门短期的菜单式课程，每年举办2500项培训、研讨活动，参训3万人次。另外，新加坡文官学院（CSC）也是类似的培训机构，每年以220门菜单式课程（备注：2007年为344门课程）、每人120新币/日的学费在培训市场上吸引着全国75%的文官参训。①

这些培训有以下三个特点：一是自主性，即由学员申请参加，培训机构自主组织实施培训；二是菜单式，提供的培训是以菜单形式进行的，有课程菜单、时间菜单、师资菜单；三是实用性，培训主要解决学员在工作中遇到实际的问题，着力提高学员的工作技能、满足学员的全面发展。

三、根据客户需求，提供"定制式"课程

除了选修课、菜单式培训课程外，国外培训机构还根据客户需求提供定制式的培训课程，种类课程在国外称为"量体裁衣式培训班"（customised special programme），这类培训很受国外欢迎。

如法国国立行政学院除了学院正常的培训工作以外，还不断按照国外客户定制课程的要求开设"量体裁衣式培训班"，并且这类培训增长很快。资料显示，2002年有266人参加这类培训，而到了2003年人数竟达到370人，增长率约为39%②。

市场化程度较高的新加坡文官学院的政策发展学院（IPD）、公共行政管理学院（IPAM）以及学院国际部（CSCI）除了提供菜单式培训课程外，还提供定制式的培训课程，以应对政府机关和国际机构的挑战和需求。如学院国际部（CSCI）提供的定制课程主要"保证满足客户的需求及其工作中所面临的挑战③"。课程的时间可根据客户的需求来安排，一般课程将持续5至10个工

---

① 张修学：《公务员培训的国际借鉴》，《国家行政学院学报》2000年第4期，第14页。

② ENA, école nationale d'administration Annual Report 2003, P. 4, http：//www. ena. fr/tele/brochures/enaactivite. 2003-en. pdf.

③ About Civil Service College International（CSCI），http：//www. csci. gov. sg/about_ us. asp.

作日。公共行政管理学院（IPAM）还提供以下 5 个层次的定制式课程，以满足不同层次的学习者的要求。这 5 类课程是：（1）入职学习（Induction learning）；（2）基础学习课程（Basic learning equips）；（3）高级阶段学习课程（Advanced learning）；（4）延伸学习课程（Extended learning）；（5）继续学习课程（Continuing learning）。①

随着培训市场化脚步的加快，同时也是为满足不同的培训需求，国外很多培训机构推出了菜单式培训课程，供受训人员自由选择。这不能不说是一种进步，但这种培训也有局限性，即培训机构有什么，学员就只能点什么，不能开展培训"菜单"以外的培训活动，因此，"菜单式"培训实际上很难满足各种各样的培训需求和口味，因而也影响培训的效果、效益和发展。如今，当众多机构和人员开始追求培训效益最大化，并要求培训能为组织或个人解决实际问题提供有效帮助，"菜单式"的培训内容提供方式已不能适应要求。所以，近年来，"量身定制式"培训课程及相应的培训活动开始不断发展，定制课程和组织内训渐成时尚。这种培训内容需求方式从"点菜"到"定制"的转变，是当今国外领导人才培训发展的一种趋势，亦是一种适应新时期培训需求的重要培训模式。

第三节　法制化——使培训工作做到有法可依

国外领导人才培训的另一大趋势是培训制度的法制化，使培训工作做到有法可依。国外许多国家主要通过制定法律和有关法令，把培训建立在"法制"的基础上，明确规定接受培训是文官的权利和义务，同时规定培训文官是政府的职能，并制定配套的法规和政策，对培训的各个方面作出具体规定，如目标、原则、内容、方式、时间、培训期间的待遇与任职升迁的关系，使培训工作目标明确，易于操作。

国外各国对领导人才的培训工作都非常重视，相继颁布了一系列的法律法规。如法国自二战以来就高度重视文官培训，把培养高素质的文官置于重要的战略地位，并建立较为完备的法律制度，明确培训为文官不可剥夺的权力和义务，以此给予法律保障。《文官总章程》和《公职人员地位法》构成了法国培

---

① IPAM Customising Training Programmes，Last updated on 17 Jul 2006.

训制度的法律基石，①美国国会则通过了《职员培训法令》，把文官培训问题列入法定范围。

各国对官员的培训时间都进行了较为详细的规定。如法国早在1971年就对文官的培训与进修作出专门规定。1985年，法国政府在法律上又作出更为详尽的规定："文官每3年至少需要参加1次更新知识、提高能力的培训或进修；凡为提高工作能力而进行的培训或进修，费用全部由国家承担。"②印度规定行政文官除了接受为期两年的入职培训外，还对其进行不断的在职培训，如6~9年、10~16年、17~20年不同阶段的行政文官都需再次回到拉芭斯国家行政学院进行在职培训③。

另外，国外很多国家不仅认识到官员培训工作重要的战略地位，而且对官员的培训经费来源也作出了明确的规定。如发达国家中，日本每个文官的年平均培训经费在数万日元，而且有专门的拨款途径；加拿大每年培训文官的费用达1.5亿美元。而法国每年的培训经费按工资的总额1.2%开支，这一比例是法定的，实际执行情况一般都超出这一比例，如：1987年是5.4%，137亿法郎；1988年是5.7%，148亿法郎；1989年是6.32%，169亿法郎④。

领导人员的素质优劣直接影响着一个国家的政务水平，为此，国外很多国家都通过不断的立法在经费、时间和培训方式等方面给予领导人员的培训保障。实践证明，惟有建立健全官员法制化的培训制度，使其培训有序化、系列化、法制化，才能使领导人才的人力资源开发紧紧跟上时代前进的步伐，这是大势所趋。

①　［法］夏尔·德巴什著，葛智强、施雪华译：《行政科学》，上海：上海人民出版社1999年版，第413页。

②　徐振寰主编：《外国公务员制度》，北京：中国人事出版社1995年版，第218页。

③　Huque, Ahmed Shafiq, Public service in a globalized world: central training institutes in India and Hong Kong, Aldershot, Hants, England；Burlington, VT 2004, p74.

④　陈榕：《试析国外公务员培训的新趋势》，《云南行政学院学报》1999年第2期，第65页。

结　语

　　我国历来都非常重视干部的学习和教育工作，始终把干部教育培训作为一项事关全局的战略性、基础性工作来抓。研究和学习国外领导人才培训工作，也是为了更好地为我国干部教育培训工作服务，这才是本书的研究目的所在。纵观国外领导人才培训工作的方方面面，虽然与我国的制度、国情等各方面都有所不同，但这些培训机构的部门设置，教学、科研和服务一体化机制和师资构成等很多方面仍值得我们去关注、借鉴和思考。

一、干部培训以教学为主，同时应加强科研和服务的功能

　　据今年统计，我国共有县级以上干部教育培训机构 4500 余所，拥有教职工总数 18 万余人，同期可容纳学员 130 多万人，初步形成了具有中国特色的、具备一定办学规模和教学科研水平的、比较适合干部教育培训需要的干部教育培训机构网络[1]。

　　笔者对中央党校和国家行政学院以及北京、上海、天津、重庆等 4 个直辖市党校的机构设置情况进行了调查。从中可以发现他们主要是以"教学 + 管理"机构为主的模式，这也从一个侧面反映了我国当前干部培训机构部门的设置状况。在教学机构设置方面，它们共同的特点是按照专业进行设置，见表 9 - 1。

表 9 - 1　国内 6 所干部培训机构教学和研究机构设置情况

培训机构	教学单位	研究机构
中央党校	由哲学、经济学、科学社会主义、政法、中共党史、党的建设、文史等 7 个教研部构成。	国际战略研究所

---

[1]　中共中央组织部干部教育局编著：《干部教育培训工作条例（试行）学习辅导》，北京：党建读物出版社 2006 年版，第 87 页。

续表

培训机构	教学单位	研究机构
国家行政学院	由公共管理、经济学、法学、政治学和综合教研部5个教研部构成。	领导人员考试测评研究中心（电子政务研究中心）
北京市委党校	由哲学、经济学、政治学、党史党建、公共管理、工商管理、法学、社会学、外语9个教研部构成。	北京市人口研究中心
上海市委党校	由哲学、经济学、科学社会主义、中共党史党建、行政学5个教学部门构成。	政党研究所、政府研究所、城市社会研究所，以及现代人力资源测评研究中心
天津市委党校	由哲学、理论经济学、应用经济学、科学社会主义、中共党史、党建、法学、公共管理学教、基础课、计算机10个教研部构成	党建研究所 经济发展战略研究所
重庆市委党校	由哲学、经济学、公共管理、党史、党建、法学、社会学、经济管理、现代科技、文史10个教研部构成。	

它们按照专业设立教研部，便于专业教师之间的沟通和交流，同时也充分体现了我国干部培训以教学为主的原则，但在教学研究方面机构过少。如中央党校、国家行政学院、北京市委党校，它们各自只有一个研究机构。因此，从它们的机构设置来看，并没有突出培训机构对国家和国际重大问题研究的特色。

纵观国外领导人才培训机构，不管机构是以哪种模式设置，它们在以教学为主的前提下，对学院的研究和社会服务的功能都非常重视。如哈佛大学肯尼迪政府学院以社会的各种问题分类，设立了十几个研究机构，开展对国内外重大问题的研究，并吸引了国内外一大批著名的学者专家，所研究问题不仅促进了培训工作，且为政治机构、各类公立和私营企业提供决策服务，并产生了巨大的经济效益和社会效益，从而形成了自己的办学特色。有的学院结合自身培训的特色，开展系列的研究工作。如新加坡国立大学李光耀公共政策学院在成立不久就开办了两个研究中心：一是亚洲和全球化研究中心；二是亚洲竞争力学院，开展相关问题的研究和教学工作。有的学院能结合自己国家的具体情况而设立研究机构。如印度拉芭斯国家行政学院，在教学研究方面，它除了设立 9 个院为教学研究服务外，还设立了 5 个研究中心，尤其需要指出的是，该院还能结合印度是农业大国的国情，还特别设立了农村研究中心、合作社和农村发展中心和灾难管理中心，开展农业方面的研究，并提供相关的决策。

而更多的学院越来越意识到开展教研、服务工作的重要性。如以管理机构为主要模式的法国国立行政学院，以前是没有专门的研究机构的，为了加强学院在研究方面的力量，2005 年 1 月 1 日，学院将斯特拉斯堡欧洲研究中心（The Center for European Studies in Strasbourg，CESS）合并到法国国立行政学院，加强"欧洲各国之间的合作和发展的关系等问题"① 的研究。另外，还有社会化程度较高的新加坡文官学院，以前开展科研工作，主要由政策发展学院（IPD）和公共行政管理学院（IPAM）两个部门负责，为社会提供决策服务的是学院专家咨询团（CSCC）、组织优化服务中心（PSCOE）。学院为了加强科研力量，还于 2007 年 3 月 1 日成立了"治理和领导研究中心"（The Centre for Governance and Leadership）以开展科研工作。该中心主要开展"新加坡政府战略问题"的研究。②

《中国共产党党校工作暂行条例》第 33 条也规定：科学研究是教学工作的基础。党校科学研究工作要全面贯彻党的基本路线，运用马克思主义的基本原理，围绕改革开放和现代化建设中的重大理论问题和实际问题，调查研究，总结经验，探求规律，提出对策，为提高教学质量服务，为社会实践服务，为党委和政府的决策服务。因此，借鉴国外在领导人才培训方面的成功经验，我们在机构设置上，不仅强调为教学服务，同时还更应强调培训机构的科研和服务的功能。如作为国家级的干部培训基地——中国浦东干部学院确立了"研究立校"的战略，"以教育培训需求为导向，以应用研究和开发研究为主要形式，加强对重大理论和实践问题的研究"，"同时提倡针对学院主体班次以及部门工作实际进行研究……发挥研究对教育培训、咨询服务、领导测评和网络服务等功能的基础作用"③。

因此，我国干部院校"不仅承担着为党和国家培养培训干部的职能，在

① The Strasbourg Centre for European Studies（CEES）Annual report 2004，http：//www.cees-europe.fr/en/ra2004en.pdf.

② The Centre for Governance and Leadership，http：//www.cscollege.gov.sg/page.asp? id＝112.

③ 奚洁人：《干部教育培训的创新与实践》，《党建研究》2006 年第 2 期，第 57 页。

现代意义上，还承担着开展科学研究的重要社会职能"①。为了提高我国干部培训机构的科学研究水平和增强培训机构的社会服务功能。除了要根据机构的办学水平及国家和地方的情况设置一些主要的研究机构，加强相关问题的研究外，还可以通过其他的形式加强研究和服务功能的拓展。如可以创办硕、博士学位点，加强相关学科的基础建设，构建特色学科体系，从而带动其他学科，促进教学、科研、咨询一体化的发展。另外，还可以将重大课题研究和学科建设相结合，推进教学、科研、咨询一体化发展，进一步提高教育质量和科研水平。

达到上述目标最重要的是，建设一支高素质的专兼职教研人员的队伍。要贯彻引进、培养、使用相结合的原则，适当增加专职教研人员，大力引进领军人才，加大在职教研人员的培训力度，特别要加速青年学者队伍的培养；着力发挥好学科带头人和学术骨干的作用，扶持各学科专业方向青年带头人的成长，努力形成教研、咨询一体化的人才梯队。

二、有针对性地选择出国（境）培训机构，增加培训的实效性

（一）我国赴国（境）外干部培训的现状

我们党历来重视干部教育培训工作，始终把做好干部教育培训工作作为加强党的建设、建设高素质干部队伍的一项重要内容。2002 年 12 月全国组织工作会议首次明确提出，从 2003 年开始，要大规模地培训干部，要求 5 年内全国县处级以上党政领导干部普遍培训一遍。于是，党政干部大规模赴境外学习培训就似乎成为贯彻落实中央精神的最好选择。各地党政部门的官员们大张旗鼓、积极地把自己往境外送，并把各级党政领导干部出国考察、出境学习定为借鉴西方发达国家"先进经验"的一种途径，因此，近二三十年来官员出国深造"蔚然成风"。

2002 年 1 月，国务院发展研究中心与哈佛大学肯尼迪政府学院、清华大学签署合作协议，其核心内容是：三方将在以后的 5 年内，共同持续开办针对中国政府官员的公共管理高级培训班，每年一期，每期为中国政府培训 60 名左右的地方和中央官员，明确实现在职的省部级干部的 90% 以上有在国外受训的经历②。2005 年 6 月 21 日，中华人民共和国卫生部、清华大学、哈佛大

---

① 吴林根、石作斌著：《中国共产党干部教育概论》，哈尔滨：黑龙江人民出版社 2001 年版，第 229 页。

② 胡云生：《干部出国培训：缘何叫好不叫座》，《人大建设》2004 年第 10 期，第 30 页。

学（www. harvard. edu）共同决定在中国开展高级卫生行政人员培训合作项目，项目为期 5 年（2006 至 2010 年），每年开展 2 期培训班，每期 50 人，共计划培训 500 人。①

而地方政府派出文官、高级经营管理者前往国外受训的规模也越来越大。资料显示，近 5 年，北京市已选派 636 名领导干部出国参加培训，预计到 2008 年，该市 80% 以上的县区局级领导班子将拥有 1 名至 2 名经过国外培训的干部。即便是经济欠发达的甘肃省，近年来选派出国培训的领导干部也已达到年均 100 人以上②。

（二）对我国干部赴国（境）外培训的思考

组织干部出国培训，可以更充分地利用国外教育资源，同时也可以通过零距离接触，更深刻地领会国外文明成果的精神要义，借鉴国外的经验和技术，更好地促进我国的社会经济发展，其好处是显而易见的。但我国的干部出国（境）培训还处于探索阶段，相应的制度和规范还很不健全。因此，有些问题仍值得我们去思考。

1. 成本过高，应适度控制出国（境）培训的规模

从经费投入来说，赴国（境）外培训无疑是各种干部培训项目中经济成本最高的。每年中央财政要拨给外专局 1 亿元人民币，专门用于干部出国培训。一个中长期培训项目平均所需费用是每人 10 万元人民币。1999 年以来，北京市每年花在干部赴国（境）外培训上的费用达 1200 万人民币。即使贫穷省甘肃每年在这方面的花费也达到了 400 万人民币③。可是，即使官员在国外把所有的知识学遍，诸如工商管理、公共管理、法律、金融等，但由于那些与西方地方政治体制、市场结构、文化传统血脉相连的管理、法律经济学知识往往并不能简单地复制到中国这片土地上来，另外，还有少数的官员将出国培训当成了公费旅游，因此，到国外培训的成效有待进一步提高。为此，我国出国（境）培训必须严格审批制度，适度地控制规模，注意把握正确的导向。

另外，我们应该立足本国，办好各级各类的干部培训机构。2003 年，中共中央组织部、中央政策研究室、中央党校、国家行政学院就"加强和改进干部教育培训机构"开展调研，其中"关于干部最愿意出的培训机构"统计

① http：//www. thot. cn/cfour/2006/8/odpwduwlpr. asp.
② 世泽、万勇：《干部出国培训应当缓行为》，《领导科学》2004 年第 19 期，第 23 页。
③ 毛飞：《官员出国培训成本收益》，《观察与思考》2004 年第 15 期，第 6 页。

结果表明，只有35.49%的人愿意到国（境）外培训机构接受培训，而更多的人更愿意在国内接受培训，如有一半以上的人更愿意到党校、行政学院机构接受培训，这类人员占到了51.50%（见图9－1）①。

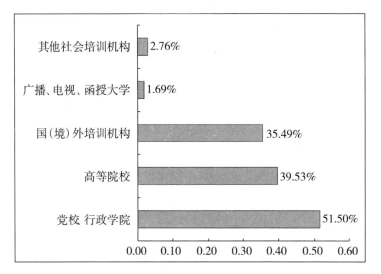

图9－1　我国干部最愿意去的培训机构调查

上述调查结果说明，当今干部要求改善知识结构的愿望日益增强，对开放办学、接受多渠道的教育培训和提高培训的实效性提出了更高的要求。我们现在的当务之急是加强干部教育培训机构建设，构建分工明确、优势互补、布局合理、竞争有序的干部教育培训机构，并充分发挥党校、行政学院和干部学院在干部教育培训中的主渠道作用。

新颁布的《2006～2010年全国干部教育培训规划》也指出，我国干部培训工作"坚持以境内培训为主，发挥境外培训的补充作用。根据我国国情，干部培训应主要依托国内培训机构进行"②。因此，党的干部教育培训工作应充分考虑我国的国情，要立足国内，以干部的思想政治素质和理论思维能力的培养为主，真正做到不出家门就能让干部在国内也学到国外培训机构才有的东西。

2. 有针对地选择国（境）外培训机构

---

① 中共中央组织部、中央政策研究室、中央党校、国家行政学院：《关于加强和改进干部教育培训调查报告》（内部文件未发表），2003年9月，第40页。

② 《2006～2010年全国干部教育培训规划》。

问卷调查显示，认为效果"很好"和"较好"的为 45.17%，认为效果"一般"的为 39.99%，认为效果"较差"的为 10.25%[①]（参见图 9 - 2）。

　　从图 9 - 2 可以看出，我国干部赴国（境）外培训时，培训的效果并不理想，这很大的原因在于选择国别和培训机构时针对性不强。就从本文研究的六所干部培训机构来看，它们各有特点。如法国国立行政学院的培训更加重视欧盟知识和实践方面的内容。哈佛和李光耀公共政策学院更加重视学位教育，其领域主要集中在公共管理、公共行政和工商管理等领域。因此，在干部在选择培训机构时应该结合官员实际的情况和需要加以选择。

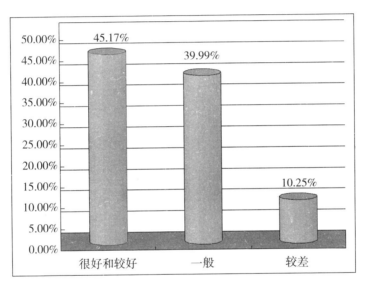

图 9 - 2　我国干部出国（境）培训的效果调查

　　另外，在选择培训机构国别方面，除了选派官员到发达的欧美国家学习先进经验外，我们也可以多派官员到那些与我国国情和制度相接近的国家学习，这样更有助于借鉴。如印度和中国同是亚洲国家，国土互相接壤，又都是发展中国家。论人口，印度仅次于中国。印度的经济欠发达，也与中国相近。但印度确实有值得我们学习和借鉴的地方。比如印度的医疗制度尽管是"低水平的"，也比向城市老爷"倾斜"的医疗制度强。再比如，印度的软件业非常有特色，印度连彩电都没有普及，却成为世界上仅次于美国和日本的软件输出

---

　　①　中共中央组织部、中央政策研究室、中央党校、国家行政学院：《关于加强和改进干部教育培训调查报告》（内部文件未发表），2003 年 9 月，第 53 页。

国。因此，我们应该有针对地选择国（境）外培训机构，避免一窝蜂地涌向欧美国家学习。

三、努力建设一支专兼结合的高素质师资队伍

（一）国内外专兼职教师队伍的现状

我国《干部教育培训工作条例》（试行）第34条规定："按照素质优良、规模适当、结构合理、专兼结合的原则，建设高素质的干部教育培训师资队伍。"因此，努力建设一支专兼结合的高素质的师资队伍，是加强和改进干部教育培训工作的重要环节。这方面，国外这些培训机构已为我们提供了很好的借鉴。这些机构的兼职教师均占到了一定的比例，如肯尼迪政府学院占到18%，李光耀公共政策学院占到29%，新加坡文官学院占到90%，而法国国立行政学院除体育和外语外，均为兼职教师，见图9-3。

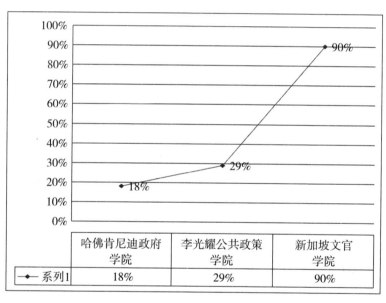

	哈佛肯尼迪政府学院	李光耀公共政策学院	新加坡文官学院
◆ 系列1	18%	29%	90%

图9-3　国外领导人才培训机构兼职教师所占比例

根据《国家公务员培训暂行规定》，公务员培训施教机构的师资队伍要遵循专兼结合、以兼职为主的原则。在这方面，全国党政院校都积极地探索，除了不断提高教师的学历和教学技能外，还采取多种形式，聘任兼职教师。以广州市委党校和广州市人才培训中心为例，它们的专兼职教师之比分别达到49：19和11：79，但兼职的教师大多来自高校。如广州市委党校19名兼职教师中，有16人来自高校，而广州市人才培训中心79名兼职教师中，有72人来

自于高校①。这些教师理论性较强，但比起那些具有丰富实践经验的政府官员来说，其实践上的缺陷是显而易见的。通过对我国干部院校师资构成的抽查研究发现，我国大部分干部院校都存在着实践型教师缺乏的现象。

我们知道，领导人才的培训是一种在职教育，是一种岗位培训，培训对象在年龄、知识结构、社会阅历等方面差异很大，他们在工作中对一些理论和实践问题都已有一定的思考，他们需要的是如何让自己的实践经验提升到理论高度，或者如何把一些理论应用到自己的工作实践中去。这就是说，对他们的培训不仅需要一些深刻掌握丰富理论体系的教师，更需要一些具有丰富实践经验的教师。只有二者有效结合，才能真正达到培训效果。显然，我们绝大多数的干部院校的师资队伍，和广州市委党校和广州市人才培训中心一样，还无法达到这样的要求。

究其原因在于：（1）时间方面的限制，在行政机关任职的党政领导在上班时间并没有自己自由支配的时间，很多担任要职，工作本来就比较忙，无法抽出时间来兼职授课；（2）制度上的限制，党政法纪也不允许政府机关人员随意出外兼职授课，一些党政领导也不敢轻易出外兼职授课②。同时，如果聘请政府机关党政领导授课，不仅无法自由安排时间，而且每次聘请都需要办理很多手续，甚至出现授课即将开始，主讲人却因临时有事无法上课的情况。由此，对于施教机构来说，如果不是迫不得已，必然更倾向于聘请能够自由安排时间的高校教师。因此，出现了干部院校担任教学工作的人员更多的是来自于高校的教师的局面。

（二）对建立专兼结合、高素质的师资队伍的建议

通过前面相关章节的研究，我们可以看出，在国外这些培训机构的兼职教师中有著名的学者、专家，而更多的是在国际组织、公共和私营企业、政府机构中担任过要职的官员和专家，这也可以避免党政机关领导，高校教师实践经验显然存在着严重不足。

为了努力建设一支专兼结合的高素质的师资队伍，笔者有以下几点思考：

1. 做好专兼职教师的选聘工作

除了在高等学校和科研院所吸引优秀人才外，还应该在优秀党政领导干部

---

① 童宣军、胡坚：《加强公务员培训的师资队伍建设》，《中共珠海市委党校、珠海行政学院学报》2006年第4期，第53页。

② 《公务员法》第42条规定，公务员因工作需要在机关外兼职，应当经有关机关批准，并不得领取兼职报酬。

和企业家中挑选有志于从事干部教育培训的同志，充实到专兼职教师队伍中去。

为最大限度聘请到最优秀的党政干部兼职，其聘任的对象不应局限于高层干部，一些中层干部也应该列入聘请范围；也不应局限于本级政府管辖范围，还可以考虑上一级政府内的党政干部；不应局限于在职的党政干部，也可以聘请辞职、离休、退休的优秀党政干部。另外，国家应制定相关政策，允许和鼓励在职官员到干部院校任教，并作为其工作的一部分，为干部院校对他们的选聘创造条件。

为了更好地完成专兼职教师的选派工作，我国的干部院校可以设立项目主管或协调员一职，专门负责相关课程的教材的组织和专兼职教师选聘的工作。如法国国立行政学院特地为每门教学课程和研讨课设立了一名协调员，除了设计课程基本框架外，他还肩负着为学院的各门课程挑选教师的重任。这类人员不仅对某一领域既有高深的研究造诣，又必须要有丰富的实践经验，他们能够真正把握各门课程的师资素质，把那些具有丰富理论和实践经验的教师挑选出来。

2. 建立专职教师知识更新机制

更新专职教师的知识结构也是教师队伍建设的一项重要工作。这可以通过以下措施来实施。

（1）落实挂职锻炼政策。挂职锻炼是帮助专职教师熟悉政府运作机制，让其感受和体验政府管理工作并积累政府管理经验的重要途径。但是，挂职锻炼要想真正取得效果，没有挂职单位的积极配合是难以想象的。在这方面法国国立行政学院的实习为我们提供了榜样：一定让其担任重要职务，并有高层次的领导人给予指导，才能达到预想的效果。通过这样的挂职锻炼，在今后的培训工作中，教师会更好地将理论和实践有机地结合在一起。

（2）为专职教师提供进修交流的机会。这是专职教师深入系统掌握专业理论知识、提高自身素质、学习先进培训教学方法和经验的有效途径。除派中青年骨干教师到国内外知名大学进修外，还可以加强与国内外各级行政学院的联合交流，让他们有效地获取和借鉴一些先进的培训、教学和管理的方法和理念。

为此，我们要真正落实《干部教育培训工作条例》第36条的规定："建立专职教师知识更新，保证专职教师每年参加教育培训的时间累计不少于1个月。"[1]通过进修交流和挂职锻炼等途径，提高在职教师的综合素质。

---

① 中共中央组织部干部教育局编著：《干部教育培训工作条例（试行）学习辅导》，北京：党建读物出版社2006年版，第87页。

3. 建立师资库，实现全国和区域师资共享机制

干部教育培训师资库是收集、储存、使用、开发干部教育培训师资资源的信息中心。为了实现全国和区域师资共享机制，干部主管部门和培训机构联手，把各方面符合条件的师资吸纳到干部培训师资库里。为发挥师资更大的作用，应建立全国和各省、自治区、直辖市干部教育培训师资库并实行联网，在一定范围内公开干部师资的信息，根据师资特长和干部教育培训的需要，加以聘请。

我们党历来高度重视干部教育培训工作，始终坚持把干部教育培训工作作为保证党的事业顺利发展的一项基础性工作和党的建设的一项重要内容，培养造就了一批又一批领导骨干和优秀人才。"十五"期间，根据改革开放和现代化建设的需要，党中央作出了大规模培训干部、大幅度提高干部素质的战略部署，干部教育培训事业进入新的大发展时期。总之，深入研究国外领导人才培训工作以及它们如何为本国、本地区的经济建设和社会发展服务，对加快我国干部教育的改革和发展、促进我国实施"科教兴国"战略，加快我国干部培训工作的现代化的建设步伐具有十分重要的借鉴意义。

主要参考文献

（一）中文部分

1. 林玉体编著：《哈佛大学史》，台北：高等教育文化事业公司，2002。

2. （新加坡）李光耀：《经济腾飞路——李光耀回忆录》，北京：外文出版社，2001。

3. 陈剑锋等：《体验哈佛：哈佛 MBA 中国十人组集体汇报》，北京：电子工业出版社，2003。

4. 陈利民：《办学理念与大学发展——哈佛大学办学理念的历史探析》，青岛：中国海洋大学出版社，2006。

5. 陈学飞：《美国、德国、法国、日本当代高等教育思想研究》，上海：上海教育出版社，1998。

6. 陈振明主编：《美国 MPA 十大名校》，北京：中国人民大学出版社，2003。

7. 高健生、张明亮、张茅才、于振江、郭立：《世界各国公务员制度》，太原：山西人民出版社，1989。

8. 龚祥瑞：《文官制度》，北京：人民出版社，1985。

9. 顾明远、梁忠义：《世界教育大系·美国教育》，长春：吉林教育出版社，2000。

10. 郭健：《哈佛大学发展史研究》，石家庄：河北教育出版社，2000。

11. 国家行政学院编：《出访归来：国家行政学院出国团组报告选》，北京：国家行政学院出版社，2004。

12. 贺国庆、王保星、朱文富等：《外国高等教育史》，北京：人民教育出版社，2003。

13. 黄卫平、谭功荣主编：《公务员制度比较》，北京：中央编译出版社，2002。

14. 姜文闵编著：《哈佛大学》，长沙：湖南教育出版社，1988。

15. 李德志：《人事行政学》，北京：高等教育出版社，2001。

16. 李和中：《比较公务员制度》，北京：中共中央党校出版社，2004。

17. 刘君桓、李爽秋编著：《法国国家行政学院》，长沙：湖南教育出版社，1990。

18. 骆沙舟、吴崇伯：《当代各国政治体制——东南亚诸国》，兰州：兰州大学出版社，1998。

19. 马国泉：《美国公务员制和道德规范》，北京：清华大学出版社，1999。

20. 潘小娟：《埃纳与法国行政：法国国立行政学校》，北京：中国法制出版社，2000。

21. 潘小娟：《法国行政体制》，北京：中国法制出版社，1997。

22. 彭锦鹏主编：《文官体制之比较研究》，台北：中央研究院欧美研究所，1996。

23. 钱再见：《公务员制度创新与实施》，广州：广东人民出版社，2002。

24. 石庆环：《20世纪美国文官制度与官僚政治》，长春：东北师范大学出版社，2003。

25. 孙培钧、华碧云主编：《印度国情与综合国力》，北京：中国城市出版社，2001。

26. 吴国庆：《法国政府机构与公务员制度》，北京：人民出版社，1982。

27. 吴林根、石作斌：《中国共产党干部教育概论》，哈尔滨：黑龙江人民出版社，2001。

28. 徐振寰主编：《外国公务员制度》，北京：中国人事出版社，1995。

29. 袁岳等著：《哈佛修炼：亲历肯尼迪政府学院》，北京：中华工商联合出版社，2004。

30. 张修学主编：《国外著名行政院校概览》，北京：国家行政学院出版社，1999。

31. 孙军业：《案例教学》，天津：天津教育出版社，2004。

32. 中共中央组织部干部教育局编：《干部教育培训条例（试行）学习辅导》，北京：党建读物出版社，2006。

33. 周敏凯：《比较公务员制度》，上海：复旦大学出版社，2006。

34. 竺乾威主编：《公共行政学》，上海：复旦大学出版社，2000。

35. 卓越：《比较政府》，福州：福建人民出版社，1998。

36. 李明明：《培养公共领域时代精英的摇篮：哈佛大学肯尼迪政府学院的MPA教育》，《高等教育》，2002（3）。

37. 孔泉：《象牙之塔——恃才傲物的小天地——论法国国立行政学校》，《环球》，1986（1）。

38. 黎尔平：《哈佛大学的人权教育和研究》，《人权》，2005（6）。

39. 李和中：《论法国公务员制度的现代化改革》，《法国研究》，2001（1）。

40. 李世英：《法国行政学院的教学培训制度》，《中国行政管理》，1997（4）。

41. 李世英：《法国行政学院的实习培训制度》，《中国行政管理》，1997（3）。

42. 栗力：《印度文官制度的管理体系》，《中国公务员》，2001（11）。

43. 乔佳义：《哈佛商学院MBA教育的特点及启示》，《高等教育研究》，1996（4）。

44. 史美兰：《ENA：60年后的重大改革》，《国家行政学院学报》，2006（5）。

45. 史美兰：《法国ENA案例教学研究》，《国家行政学院学报》2004（5）。

46. 田兆阳：《法国公务员培训的实习制度》，《中国培训》，1997（3）。

47. 王建民：《哈佛大学公共管理教育：观察与思考》，《高等教育研究》，2005（11）。

48. 吴洁人：《21世纪城市发展理念与创建学习型国际大都市》，《国家行政学院学报》，2003（2）。

49. 奚洁人：《干部教育培训的创新与实践》，《党建研究》，2006（2）。

50. 杨易：《哈佛大学贝尔福研究中心》，《国际问题研究》，1999（2）。

51. 朱欣民：《印度文官的培训工作》，《南亚研究季刊》，1986（1）。

（二）英文部分

1. J. M. Compton, Open Competition and the Indian Civil Service, 1854～1876, The English Historical Review, April 1968.

2. Parris Henry, Twenty Years of I'Ecole Nationale d'Administration, Public Administration, Winter65, Vol. 43, Issue 4.

3. Henry J. Steiner, The University's Critical Role in the Human Rights Movement, Harvard Human Rights Journal, Vol. 15.

4. Lee Kuan Yew, Keynote Speech by Minister Mentor Lee Kuan Yew at the Official Opening of the Lee Kuan Yew School of Public Policy, http：//www. bridgesingapore. com/Keynote% 20Speech% 20by% 20MM% 20Lee% 20at% 20LKY% 20School. pdf.

5. Pearl Forss, Asia Competitiveness Institute set up to develop competitiveness in ASEAN region, http：//www. channelnewsasia. com/stories/singaporelocalnews/view/243810/1/. html.

6. Michael E. Porter, Singapore Competitiveness：A Nation in Transition, http：// www. spp. nus. edu. sg/20061128% 20Singapore% 20ACI% 20Launch% 20 – % 20FINAL% 20 – % 2020061125, pdf.

7. Douglas E. Ashford, Policymaking in France：Illusion and Reconsidered, Comparative Politics, January 1982.

8. David A. Garvin, Making the Case：Professional education for the world of practice, Harvard Magazine, September – October 2003.

9. Taylor, Thomas Fenton, The "Dwight Method", Harvard Law Review, Nov 1893, Vol. 7 Issue 4.

10. Amy Raths McAninch, Teacher Thinking and the Case Method：Theory and Future Direction, Teacher College Press, Columbia University, 1993.

11. M. S. Wetzel, "Problem – Based Learning：An Update on Problem – Based Learning at Harvard Medical School," Annals of Community – Oriented Education, vol. 7（1994）.

12. H. G. Schmidt, Foundations of Problem – Based learning：Some Explanatory Notes, Medical Education, vol. 27（1993）.

13. Ali Farazmand, Handbook of Comparative and Development Public Administration, Marcel Dekker, inc, New York, 2001.

14. George Gary Bush, Harvard, the First American University, Kessinger Publishing, Boston, 2005.

15. Guy Canivet, French, Civil Law between Past and Revival, Loyola Law Review, Vol. 51, No. 1 (Spring 2005).

16. Henery W. Ehrmann, French Bureaucracy and organized interests, Administrative Science Quarterly.

17. Jean – Louis Quermonne, Luc Rouban, French Public Administration and Policy Evaluation: The Quest for Accountability, Public Administration Review, Sep/Oct 1986, Vol. 46 Issue 5.

18. Arthur Schlesinger, Human Rights and the American Tradition, Foreign Affairs, Summer 1978.

19. Nye, Jr., Joseph S., Soft Power and American Foreign Policy, Political Science Quarterly, Summer 2004.

20. Morton Keller, Phyllis Keller, Making Harvard Modern, Oxford University Press, USA, 2001.

21. Michael Swiercz, Paul; Ross, Kathleen T., Rational, Human, Political, and Symbolic Text in Harvard Business 22、School Cases: A Study of Structure and Content, Journal of Management Education, No. 4, Vol 27, 2003.

（三）网站资源

1. 哈佛大学商学院：http：//www. hbs. edu/

2. 哈佛大学和肯尼迪政府学院：http：//www. hks. harvard. edu/

3. 法国国立行政学院：http：//www. ena. fr/

4. 新加坡文官学院：http：//www. cscollege. gov. sg/page. asp

5. 李光耀公共政策学院：http：//www. spp. nus. edu. sg/Home. aspx

6. 印度拉芭斯国家行政学院：http：//www. lbsnaa. ernet. in/

后 记

　　本书是在我同名博士学位论文的基础上修改而成的。我博士所读专业为领导教育学，该专业在中国浦东干部学院和华东师范大学2004年9月首次招生，我非常有幸能成为该专业国内首批4名博士研究生之一，聆听了陈桂生、赵修义、王家范、奚洁人、郑金洲、李宏图等教授亲自为我们开设的专业课程，目睹了这些名师的风采，受益匪浅。

　　在这里，我要特别感谢的是我的博士生导师中国浦东干部学院首任常务副院长奚洁人教授。先生在生活中宽厚豁达，在学术研究中严谨执著，在工作中呕心沥血、力求创新。在该论文选题和撰写的过程中，先生正担任中国浦东干部学院常务副院长，虽然学院行政工作较为繁重，但从我论文的选题到论文的定稿，他都倾注了大量的时间和心血。由于能力与水平所限，论文却始终与恩师之期望相差甚远。

　　在论文的选题过程中，北京师范大学的郑日昌教授、中国浦东干部学院的吴林根教授以及张素玲、翁文艳、林颖、周志平、周光凡、王君、任真等老师从论文的提纲到谋篇布局都提出了许多富有启发性的意见。尤其是郑金洲教授，正是在他的建议之下，论文增加了印度拉芭斯国家行政学院行政文官培训这一块，从而使论文的研究对象更加合理全面。另外，郑老师在访问美国之际，还为我带来了大量的一手资料。上海财经大学党委书记马钦荣教授和华东师范大学教育科学学院院长丁钢教授以及王家范教授、赵修义教授在我论文开题时提出了很多宝贵的意见。同时感谢答辩委员会丁钢、郑金洲、马钦荣、陈桂生、郑日昌、王家范、赵修义等教授对我论文的肯定及所存在问题的宽容。

　　感谢父母和家人多年来对我学业的支持，尤其要感谢爱人张宏菊多年来对我学业和工作的默默支持，她不仅具有传统女性勤俭持家、任劳任怨的美德，同时还有其自强自立的一面。在我撰写博士论文期间，她不仅创造一个良好的环境让我安心写作，还以惊人的毅力坚持学习，并以较好的分数成为华东师范大学硕士研究生，其精神令我敬佩。同为领导教育学专业的李放放、王红霞、李冲锋、房欲飞、文茂伟、黄志明、刘毓航、李玉芳等同学为我博士阶段的学习生活增添了许多色彩，现虽已各奔东西，但这将永远是我人生中最美好的回忆。

　　从一名乡村中学教师走上大学的讲台，并将研究成果公开出版，我想除了个人的不懈努力之外，也与多年来很多老师的热心帮助与指点密不可分。正是因为合肥师范学院教育系主任朱镜人教授的鼓励与帮助，我才鼓起勇气报考华东师大硕士研究生，从而使我的人生之路发生了重大的转折。硕士期间，我师从邓明言老师，导师将我引进了外国教育史广阔的天地，使我的教育研究能力得到了一定的提高。考博竞争较为激烈，奚洁人教授对我不嫌不弃，使我有幸成为他的学生，让我进入了真正的研究领域。在系学习期间，学业上也得到了单中惠教授及其他很多教师的帮助。工作后，系里领导和各位老师在工作上支持我，生活上关心我，精神上鼓励我，让我感受到了集体的温暖。

　　在我的博士论文即将出版之际，我衷心地感谢教育部社科中心将我的博士论文资助出版。最后还要感谢光明日报出版社编辑为本书的出版付出的辛勤劳动。由于水平有限，书中如有不妥之处，敬请批评指正。

杨光富

2009 年 12 月 26 日于华东师大丽娃河畔